DAVE GOULSON

Bienenweide und Hummelparadies

EINE PRAKTISCHE ANLEITUNG FÜR BIENENLIEBHABER

Aus dem Englischen
von Elsbeth Ranke

Carl Hanser Verlag

Titel der Originalausgabe:
Gardening for Bumblebees. A Practical Guide to Creating a Paradise for Pollinators.
London, Square Peg, an imprint of Vintage, 2021

2. Auflage 2021

ISBN 978-3-446-26929-3

Fachliche Beratung: Dr. Alexandra Kehl, Tübingen
Umschlag: Birgit Schweitzer, München
Motiv: © Pieter Haringsma
Satz im Verlag
Druck und Bindung: Friedrich Pustet, Regensburg
Printed in Germany

FSC
www.fsc.org
MIX
Papier aus verantwortungsvollen Quellen
FSC® C014889

Inhalt

Dank

Mein Dank gilt insbesondere Pieter Haringsma, dem Fotografen von vielen der allerbesten Bienenbilder, sowie Marta Rossi, Steven Falk und Laurie Jackson, die ebenfalls grandiose Bilder beisteuerten. Die eher unscharfen sind alle von mir.

Einführung

Hummeln faszinieren mich, seit ich fünf oder sechs Jahre alt bin, und wissenschaftlich untersuche ich sie seit inzwischen beinahe dreißig Jahren. Hummeln sind groß, pelzig und hübsch, und ihr träge brummender Flug liefert den perfekten Soundtrack für einen Sommertag beim Werkeln im Garten oder beim Spaziergang durch die Natur. 41 verschiedene Hummelarten gibt es in Deutschland, weltweit etwa 250. Wenn Sie genau hinsehen, finden Sie in Ihrem Garten oder im Stadtpark leicht sechs oder sieben Arten, vorausgesetzt, es gibt dort ein paar Blumen, um sie anzulocken. Zu Beginn des Frühlings können Sie riesige Königinnen sehen, später kleinere Arbeiterinnen und dann Männchen mit flauschigen gelben Gesichtern, die im Hochsommer auf Blüten faulenzen.

Hummeln gehören zu unseren wichtigsten Insekten, denn sie sind grandiose Bestäuber und sorgen dafür, dass Wildblumen Samen ansetzen und jedes Jahr wiederkehren und dass unsere Gemüse- und Obstpflanzen uns üppige Ernten liefern. Daher sollte uns der Rückgang unserer Wildbienenbestände große Sorgen machen. Einige Hummeln, etwa die Cullumanushummel und die Erdbauhummel, sind in Großbritannien inzwischen ausgestorben. Erst kürzlich ist die Franklin-Hummel, eine nordamerikanische Art, global ausgestorben. Viele Arten halten sich nur noch in winzigen Populationen in weit verstreuten Naturschutzgebieten, weil sie den Belastungen der modernen Welt nicht gewachsen sind. Wir müssen uns um diese liebenswerten Tierchen kümmern und ihnen Rückzugsorte bieten, an denen sie sich ernähren, vermehren und gesund leben können.

Das Gute daran ist, dass das ganz einfach ist: Man kann jeden Garten zu einer Oase für Hummeln und andere wilde Insekten machen. Es ist ganz egal, wie klein er ist; schon eine Pflanztasche auf einem Balkon kann so üppige Blumen hervorbringen, dass sie hungrige Bienen zu einem Festmahl lädt. Alle unsere Gärten und Stadtparks könnten Teil eines ausgedehnten Netzes bestäuberfreundlicher Habitate werden. Dieses Buch schreibe ich in der Hoffnung, dass ich noch ein paar Gärtner mehr dazu anregen kann, ihr Grundstück bienenfreundlicher zu gestalten. Vielleicht werden eines Tages alle unsere Gärten so sein, und unsere Stadtkinder wachsen dann in der Gewissheit auf, dass immer irgendwo die Hummel brummt.

Gartenprodukte, die auf Insekten als Bestäuber angewiesen sind:

Nutzpflanze	kurzrüsselige Hummeln	langrüsselige Hummeln	Honigbienen	Solitärbienen	andere
Äpfel	●		●	●	Fliegen
Aprikosen	●		●	●	
Auberginen	●				
Birnen	●		●	●	
Brombeeren	●		●	●	Fliegen, Käfer, Wespen, Schmetterlinge
Chili	●				
Erdbeeren	●		●	●	Fliegen
Feuerbohnen		●			
Gurken	●	●	●		
Heidelbeeren	●				
Himbeeren	●		●	●	
Kirschen	●		●	●	
Kiwis	●		●		
Kürbisse	●	●	●	●	
Loganbeeren	●		●	●	

Nutzpflanze	kurzrüsselige Hummeln	langrüsselige Hummeln	Honigbienen	Solitärbienen	andere
Mandeln	●		●	●	
Mispeln	●		●	●	
Passionsfrüchte	●		●	●	Nachtfalter, Wespen
Paprika	●				
Pfirsiche	●		●	●	
Pflaumen	●		●	●	
Quitten	●		●	●	
Rote Johannisbeeren	●		●	●	
Saubohnen		●			
Schwarze Johannisbeeren	●		●	●	
Stachelbeeren	●		●	●	
Tomaten	●				
Weiße Johannisbeeren	●		●	●	
Zucchini	●	●	●		
Zwetschgen	●		●	●	

KAPITEL 1

Was ist ein Bestäuber?

Alle Organismen müssen sich irgendwie fortpflanzen. Täten sie das nicht, dann wäre ihre Art längst ausgelöscht. Einen Artgenossen des anderen Geschlechts zu finden ist für die meisten Tiere relativ einfach: Wir können gehen, fliegen, hüpfen, krabbeln oder rennen, um einen zu finden. Schon viel schwieriger wird es dann natürlich, einen potenziellen Partner zu überzeugen, sich auch wirklich mit uns zu paaren. Für Pflanzen dagegen ist der ganze Prozess unendlich komplizierter, weil sie nun einmal im Boden verwurzelt sind; sie können nicht losziehen, um sich einen Partner zu angeln.

Bei der geschlechtlichen Fortpflanzung müssen Geschlechtszellen, die sogenannten Keimzellen oder Gameten, von einem Individuum auf ein anderes übertragen werden. Die Keimzellen männlicher Tiere – wir nennen sie Spermien – müssen die Eizelle eines Weibchens finden und mit ihr verschmelzen, um Nachkommen hervorzubringen. Bei Pflanzen heißen die männlichen Keimzellen Pollen, und um einen Samen hervorzubringen, müssen sie irgendwie zu einer weiblichen Eizelle finden. Einige Pflanzen, etwa Gräser und Nadelbäume, vertrauen ihren Pollen dem Wind an und hoffen, dass er ihn zufällig auf die weiblichen Geschlechtsteile einer anderen Pflanze weht. Ihr Pollen ist daher meist sehr leicht und hat manchmal Flügel oder andere merkwürdige Anhängsel, um besser fliegen zu können. Trotzdem ist Windbestäubung ein spektakulär ineffizienter Prozess, und weit über 99 Prozent dieses Pollens sind von Anfang an für die Tonne. Windbestäubende Pflanzen müssen daher Unmengen dieser Pollenwolken produzieren – wer an Heuschnupfen leidet, weiß ein trauriges Lied davon zu singen.

Vor etwa 140 Millionen Jahren, im Zeitalter der Dinosaurier, kam die planlos herumstolpernde Evolution mit einem neuen Lösungsvorschlag für dieses Problem auf. Die Pflanzen fingen an, für den Pollentransport zwischen den einzelnen Exemplaren Insekten einzuspannen. Damals strotzte die Natur wahrscheinlich von Insekten, und viele von ihnen konnten fliegen, sodass es in den Wäldern aus Nadelbäumen, Schlangenbäumen und Palmfarnen summte und brummte. Einige Insekten saugten wohl an den Blüten der Pflanzen oder an dem nahrhaften Pollen, und bei ihrer Bewegung von Pflanze zu Pflanze übertrugen sie zufällig Pollenkörnchen. Diese frühen Blüten waren winzig und grün, so wie heute noch Grasblüten, weil sie sich nicht eigens angepasst haben, um Insekten anzulocken. Einige Pflanzen begannen, zuckrige Säfte auszuscheiden, um noch mehr Insekten anzuziehen, dann bildeten sie als Werbung für diese Belohnung farbige Blütenblätter – und es begann ein Wettrüsten, welche Pflanzenart die meisten Insekten anzog. Die Welt erlebte eine bunte Blütenexplosion.

Diese frühesten Bestäuber waren nicht auf den Blütenbesuch spezialisiert. Wahrscheinlich waren sie opportunistische Allesfresser, vielleicht Käfer. Die frühesten bekannten Blüten waren die Vorfahren der heutigen Magnolien. Mit der Zeit entwickelten sich immer raffiniertere Blüten mit ganz unterschiedlichen Farben und komplexen Blütenblättern. Der Pollen wurde größer und klebriger, denn er sollte an Insekten hängen bleiben und nicht mehr im Wind treiben. Gleichzeitig fingen einige Insekten an, sich auf die Ernährung mit Pollen und Nektar zu spezialisieren. Vor etwa 120 Millionen Jahren gab es die ersten Bienen: Insekten, die sich ausschließlich von Pollen und Nektar ernähren, und das nicht nur als ausgewachsene Tiere, sondern bereits in ihren Jugendstadien. Im Grunde sind Bienen also Wespen, die auf vegetarische Kost umgestiegen sind.

Heute werden etwa drei Viertel der verschiedenen Arten von Nutzpflanzen, die Menschen weltweit anbauen, durch Insekten bestäubt. Einige, etwa die Mandeln, würden ohne sie fast gar nichts produzieren. Etwa ein Drittel der Nahrung, die wir essen, ist auf Insekten angewiesen. Stellen wir uns eine Welt ohne Heidelbeeren vor, ohne Tomaten, Brombeeren,

Himbeeren, Avocados, Erdbeeren, Gurken, Johannisbeeren, Kürbisse, Chili, Kaffee und Schokolade – das wäre ja kaum noch lebenswert! Und dabei sind das erst ein paar von den vielen Pflanzen, deren Untergang besiegelt wäre, wenn die Bestäuber verschwinden würden. Getroffen wären davon nicht nur die Menschen; auch beinahe 90 Prozent aller Wildpflanzenarten sind auf Insektenbestäubung angewiesen. Ohne Bestäuber gäbe es auf unseren Wiesen und Hecken keine bunten Blumen, und wichtiger noch: Ganze Ökosysteme würden kollabieren. Es gibt einen Spruch, der Einstein zugeschrieben wird: »Wenn die Biene einmal von der Erde verschwindet, hat der Mensch nur noch vier Jahre zu leben.« Es ist sehr fraglich, ob Einstein das wirklich gesagt hat, und auch über die Frage, ob es wirklich exakt so zutrifft, lässt sich debattieren, aber es bringt die Sache schön auf den Punkt: Wir brauchen Bienen und andere Bestäuber für unser eigenes Wohlergehen.

KAPITEL 2

Die Vielfalt der Bestäuber

Kein Geräusch bringt den Sommer besser auf den Punkt als das träge Summen der Hummeln, die in Lavendel und Katzenminze eines Staudenbeets oder in Klee und Wicken einer alten Heuwiese von Blüte zu Blüte brummen. Hören Sie genau hin. Eine Hummel summt sonor und tief, aber zum Gesamtklang tragen noch weitere Stimmen bei: das etwas hellere Summen der Honigbienen und das schrillere Surren anderer, kleinerer Insekten, die alle geschäftig von Blüte zu Blüte eilen. Wenn Sie in die Hocke gehen und genau hinsehen, werden Sie bald feststellen, dass die Blumen in Ihrem Garten von allen möglichen unterschiedlichen Insekten besucht werden. Am sichtbarsten sind meistens die Hummeln: Sie sind groß, und viele haben knallgelbe Streifen und farbige Hinterleiber – rot, weiß oder rostbraun. Auch Honigbienen sind normalerweise recht verbreitet – diese schlanken, bräunlichen Insekten versorgen uns schließlich mit Honig und werden daher weltweit in Bienenstöcken gezüchtet.

Dabei sind sie nur die Spitze des Eisbergs: Außerdem fliegen noch Blattschneiderbienen, Schmalbienen, Mauerbienen, Kuckucksbienen, Holzbienen und viele mehr – in Deutschland insgesamt etwa 565 Arten. Weltweit kennen wir verblüffende 20 000 Bienenarten (und bestimmt sind noch viel mehr wissenschaftlich bisher nur noch nicht beschrieben). Die allermeisten von ihnen leben solitär, das heißt, das Weibchen baut sein eigenes kleines Nest und lebt nicht in einer Kolonie mit Königin und Arbeiterinnen, wie wir es von Honigbienen und Hummeln kennen. Ein Großteil der Menschen nimmt diese Tierchen ihr Leben lang nicht einmal wahr – dabei sind sie überall, sie bestäuben unsere Gartenblumen und das Gemüse, und sie sorgen dafür, dass Wildblumen Samen ansetzen.

Da Bienen die bei Weitem bekanntesten Bestäuber sind, erhalten sie auch die allermeiste Aufmerksamkeit, aber es gibt noch viele andere. Am vertrautesten sind uns vielleicht noch die Schmetterlinge, die allerdings in Europa nicht wesentlich zur Bestäubung beitragen. Etwas zahlreicher sind ihre meist nachtaktiven Verwandten, die Nachtfalter, die auch schon mehr leisten; sie bestäuben häufig blasse Blüten mit schwerem Duft, zum Beispiel Waldgeißblatt. Als Nächstes kommen die heimischen Schwebfliegenarten (in Deutschland sind es 450): Diese hübschen, schnell herumflitzenden Insekten, die mit ihren gelb-schwarzen Streifen gerne Bienen oder Wespen imitieren, besuchen im Vergleich zu Bienen eher Blüten mit weniger tiefen Kelchen. Außerdem werden Blüten noch von den unzähligen Käfern, Wespen und Fliegen bestäubt. Schätzungen zufolge gibt es allein in Deutschland mindestens achttausend Bestäuberarten; für die ganze Welt hat sich noch nie jemand an so eine Schätzung herangewagt. Wichtig sind sie alle: Denn jede Art besucht tendenziell andere Blüten, gedeiht an anderen Orten, kommt und geht in anderen Jahren. In anderen Erdteilen sind an der Bestäubung auch Vögel wie Kolibris, Papageien und Nektarvögel beteiligt, sogar manche Fleder- und Beutelmäuse haben ihre Finger im Spiel. Trotzdem sind und bleiben die wichtigsten Bestäuber die Insekten.

Es macht einen demütig, wenn man überlegt, wie wenig bis gar nichts wir über die meisten der ungefähr eine Million Insekten wissen, die bisher wissenschaftlich benannt worden sind. Tag für Tag werden neue beschrieben, und wahrscheinlich warten noch mehrere Millionen Arten auf ihre Entdeckung. Von den bereits entdeckten besitzen wir in der Regel nicht mehr als den Namen und einen Referenzbeleg auf einer Nadel in einem Museum; wir haben keine Ahnung, was sie treiben. Es muss viele Hunderttausend, vielleicht Millionen Arten geben, die an der Bestäubung beteiligt sind. Wir haben viele wissenschaftliche Studien über Honigbienen und etliche über Dunkle Erdhummeln (weil sie verbreitet und relativ leicht in Gefangenschaft zu züchten sind, sich also verhältnismäßig einfach untersuchen lassen). Selbst in Großbritannien, dem am besten untersuchten Land der Welt mit einer langen Tradition ökologischer Forschung, wissen wir wenig oder gar nichts über die Naturgeschichte unserer an die viertausend Bestäuber. Häufig ist unklar, welche Trachtpflanzen sie bevorzugen und ob sie die Blüten, die sie besuchen, tatsächlich auch bestäuben. Es kann vorkommen, dass ein Insekt, ein Vogel oder eine Fledermaus eine Blüte besucht, ohne Pollen zu übertragen, vielleicht weil er oder sie falsch geformt ist und nicht mit den Fortpflanzungsorganen der Pflanze in Berührung kommt (in diesem Fall handelt es sich nicht um einen Bestäuber, obwohl diese Unterscheidung häufig ignoriert wird). Natürlich kann eine bestimmte Fliege oder ein Käfer, der Blüten besucht, aber nicht bestäubt, eine andere Aufgabe erfüllen: Er kann Vögeln oder Spinnen als Nahrung dienen oder Schädlinge eindämmen oder Kot recyceln. Da wir von den meisten Insekten im Grunde nicht wissen, was sie tun, wären wir gut beraten, sie so gut wie möglich zu schützen, weil es sehr wahrscheinlich ist, dass sie wichtig sind. Und selbst wenn manche das nicht sind, steht ihnen trotzdem ihr Platz zu, so wie uns, würde ich sagen. Schließlich haben wir doch eine moralische Pflicht, uns um unsere Mitreisenden auf dem Planeten Erde zu kümmern.

KAPITEL 3

Das Hummeljahr

Ende Oktober. Hier in Südengland gab es noch keinen Frost, und von meinem Bürofenster aus kann ich die letzten Ackerhummeln an den Berg-Astern weiden sehen. Schon bald wird wieder ein Jahr zu Ende sein.

Aber es dauert nicht lange bis zum Neuanfang. In vier Monaten, bei Sonne schon Ende Februar, erwachen die ersten Hummeln aus ihrer Winterruhe. Sie sind dann völlig ausgehungert, weil sie sich mindestens sechs, häufig bis zu acht Monate lang von ihren Fettreserven ernährt haben. Die wenigen bereits geöffneten Blüten sind überlebenswichtig: Schneeheide, Christrosen und Krokusse dürften bald von gierigen Hummelköniginnen gestürmt werden. Die ersten Königinnen, die sich zeigen, sind normalerweise Dunkle oder Helle Erdhummeln, aber im März kommen alle anderen verbreiteten Hummelarten dazu: Wiesenhummeln, Ackerhummeln, Steinhummeln, Baumhummeln und Gartenhummeln. Es ist die Blütezeit der Salweiden, der ersten natürlichen Hauptnahrungsquelle für Hummeln, gefolgt von Lungenkräutern und Johannisbeeren.

Sofern sie genügend Nahrung finden, suchen die Königinnen dann nach einem Nistplatz; dafür fliegen sie in einer typischen Seitwärtsbewegung dicht über den Boden und suchen nach Löchern. Finden sie eines, krabbeln sie zur Besichtigung hinein und hoffen, einen trockenen, dunklen, geschützten Hohlraum mit einem verlassenen Haus- oder Wühlmausnest vorzufinden. Ich vermute, dass solche Löcher oft Mangelware oder zumindest schwer auffindbar sind, denn an den ersten sonnigen Frühlingstagen kundschaften häufig Dutzende Königinnen den Boden aus, kriechen in jede dunkle Öffnung, kommen aber oft enttäuscht wieder heraus.

Finden sie, was sie gesucht haben, so nisten sie sich ein. Jede Königin sammelt eine Pollenkugel, legt eine Ladung Eier hinein und bedeckt sie mit Wachs. Sie bebrütet sie fast wie ein Vogel, indem sie ihren Körper an die Brut presst und durch Zittern Wärme erzeugt. Wenn alles gut geht, schlüpfen aus den Eiern kleine weiße Larven; jetzt muss sie immer wieder ausfliegen, um für sie und für sich selbst mehr Nahrung zu sammeln. Diese Phase ist gefährlich, denn die Brut bleibt ungeschützt zurück und kühlt augenblicklich aus, und wenn es in der Nähe nicht genug Trachtpflanzen gibt, wird diese Kolonie wahrscheinlich eingehen. Erfolgreiche Königinnen werden etwa einen Monat nach der ersten Eiablage mit ihren ersten ausgewachsenen Arbeiterinnen belohnt, die alle ihre Töchter sind. Sie übernehmen jetzt die Nahrungsbeschaffung, und die Königin bleibt für den Rest ihres Lebens im Nest, legt weitere Eier und pflegt sie. Deswegen verschwinden etwa im April die meisten Königinnen, bis auf ein paar Herumtreiberinnen, die keinen Nistplatz gefunden haben oder spät aufgewacht sind; hauptsächlich sieht man jetzt die kleineren Arbeiterinnen.

Über den Frühling wächst die Kolonie und besteht aus immer mehr Arbeiterinnen. Bei einigen Arten, zum Beispiel der Dunklen Erdhummel, kann eine Kolonie bis zu 400 Arbeiterinnen umfassen, andere dagegen, etwa die Wiesenhummel, haben selten mehr als 50 oder 60.

Irgendwann beschließt die Königin, dass jetzt genügend Arbeiterinnen produziert worden sind, und verlegt sich auf neue Königinnen und Männchen. Bei den meisten Hummelarten geschieht das im Juli oder August, aber Wiesen- und Baumhummeln stellen schon viel früher um, im Mai oder Juni. Die jungen Männchen und Königinnen verlassen das Nest und paaren sich, die meisten Königinnen nur einmal mit einem einzigen Männchen. Wenige Tage danach graben sich diese Jungköniginnen im Boden ein und warten allein in einer kleinen Erdkammer auf den nächsten Frühling. Für die Männchen ist die Paarung der einzige Lebenszweck – Arbeit für die Kolonie leisten sie nicht –, aber häufig sieht man sie noch bis zum Spätsommer herumhängen; träge hocken sie auf Blüten und schlürfen Nektar.

Am Ende stirbt die alte Königin, etwa 13 Monate nach ihrer Geburt. Auch die Arbeiterinnen sterben nach und nach ab, und das verbrauchte Wachs und den übrigen Futtervorrat im Nest verzehren Raupen, Asseln,

Hummelnest

Milben und Käfer. Im Oktober ist der Kreislauf geschlossen, auch die letzten Nester sind verschwunden, aber wenn alles gut gegangen ist, hat jedes Nest ein Vermächtnis von Jungköniginnen hinterlassen, die in ihrem unterirdischen Unterschlupf auf den Frühling warten.

Ein paar Hummeln sind in den letzten 30 Jahren aus diesem Jahreszyklus ausgeschert. Einige Dunkle Erdhummeln sind irgendwann schon im späten Herbst aus der Winterruhe erwacht und ernähren sich von den exotischen winterblühenden Büschen, die wir in unseren Gärten haben. Wenn ich die Nase an mein Bürofenster presse und zur Seite schiele, kann ich gerade so einen Mahonien-Busch sehen, der ab Dezember blüht, und jedes Jahr tauchen wie durch ein Wunder ein paar Erdhummel-Arbeiterinnen auf und sammeln dort Pollen und Nektar. Offenbar haben diese Hummeln sich an das neue winterliche Futterangebot angepasst, das es historisch nicht gab, und können sogar das frostige Winterwetter wegstecken. Selbst über schneebedecktem Boden habe ich sie schon auf Futtersuche gehen sehen. Damit habe ich auch in den Wintermonaten ein bisschen Hummelbegleitung, um mir über die Runden zu helfen, bis im Vorfrühling das Hummeljahr wieder ins Leben summt.

KAPITEL 4

Ursachen des Bestäubersterbens

Wenn man bedenkt, dass auf der Erde nur wenige Lebewesen so wichtig sind wie Bestäuber, ist es sehr besorgniserregend, dass sie so unter Druck stehen. Die moderne Welt bedroht Bienen und ihre Verwandten auf vielerlei Weisen: Unsere Landschaft bietet weniger Blumen als früher und weniger ruhige Nistplätze. Fast alle unsere Heuwiesen und blumenreichen Magerrasenflächen wurden im 20. Jahrhundert umgepflügt, und über Tausende Kilometer wurden Hecken gerodet. Die Hecken, die noch übrig sind, sind durchtränkt mit dem Dünger der benachbarten Felder, sodass dort vor allem noch grobe, aggressive Pflanzen wachsen, die nährstoffreiche Standorte mögen, etwa Brennnesseln, Ampfer und Bärenklau. Mithilfe von Herbiziden können Landwirte unkrautfreie Bestände anbauen, und wo an Feldrändern und Hecken Wildblumen stehen bleiben, sind sie oft mit ganzen Cocktails von Insektiziden kontaminiert, häufig auch mit unglaublich starken neurotoxischen Insektiziden, den sogenannten Neonicotinoiden, die Bienen lähmen und töten oder in niedrigeren Dosen benommen, verwirrt und navigationsunfähig machen. Ständig werden neue Generationen von Insektiziden entwickelt, die angeblich immer besser sind als die vorigen – aber Bienen töten sie alle.

Obendrein haben wir versehentlich neue Parasiten und Krankheiten aus dem Ausland eingeschleppt, die Honigbienen und unsere heimischen Wildbienen und auch andere Bestäuber bedrohen. Viren, etwa der Flügeldeformationsvirus, übertragen sich von Honigbienenstöcken auf wilde Bestäuber, und der asiatische Bienenparasit *Nosema ceranae* verursacht bei unseren wilden Hummeln neuerdings tödliche Durchfallerkrankungen.

Als wäre das alles noch nicht genug, ziehen Hummeln ein kühleres Klima vor; wärmere Sommer und die anhaltende Trockenheit, die wir bereits erleben und die wohl noch viel ausgeprägter werden, wenn der Klimawandel erst richtig durchschlägt, mögen sie gar nicht.

Das alles kommt zusammen, und unsere armen Bienen sind überhitzt, durch Infektionen geschwächt, und das Futter ist knapp. Wenn sie doch etwas zu fressen finden, ist es wahrscheinlich mit einem Giftcocktail kontaminiert. Kein Wunder also, dass es um die Bestäuber in unserer modernen Welt nicht gut steht.

Angesichts der vielen eklatanten Umweltprobleme auf unserem Planeten kann man sich schnell überfordert fühlen – dabei können wir alle zur Rettung unserer Bienen beitragen. Ja, sie stehen vielfach unter Beschuss, aber wenn wir einige der Gefahren lindern, werden sie mit dem Rest besser zurechtkommen. Züchten Sie einige der unten aufgelisteten Trachtpflanzen – Blumen mit viel nahrhaftem Nektar und Pollen –, und schon

können Ihre Bienen leichter Infektionen abwehren. Wenn Sie für pestizidfreies Futter sorgen, indem Sie in Ihrem Garten keine Pestizide verwenden, verringern Sie die Auswirkungen von Giften, die sie vielleicht anderswo aufnehmen. Wenn Sie ihnen Nistplätze anbieten, können Sie zum Lohn mit etwas Glück zusehen, wie sie ein und aus fliegen und auf Ihren Gartenblumen Futter für ihre Brut sammeln. Dieses Buch soll Ihnen alles bieten, was Sie wissen müssen, um Ihren Garten zu einem Paradies für Hummeln und andere Bestäuber zu machen. Gemeinsam können wir dafür sorgen, dass unsere Bienen eine Zukunft haben.

KAPITEL 5

Bee-Watching

Glauben Sie mir: Es lohnt sich, sich einfach eine Zeit lang hinzusetzen und den Bienen in Ihrem Garten zuzuschauen. Stellen Sie an einem warmen Tag einen Gartenstuhl neben das Blumenbeet, holen Sie sich einen kühlen Drink und beobachten Sie einfach, was passiert. Gleich zu Beginn wird Ihnen auffallen, dass die Besucher auf den Blüten sehr unterschiedlich sind: braune Bienen, große Bienen, winzige schwarze, Bienen mit gelben und schwarzen Streifen, daneben schwarze mit rotem Hinterleib. Mich verblüfft es immer wieder, wie viele Menschen meinen, es gäbe nur eine Bienenart, obwohl man doch nur ein paar Sekunden lang einen Blumenstreifen beobachten muss, um zu sehen, dass es jede Menge gibt. Natürlich sind das nicht nur Bienen: Die meisten Beete ziehen auch verschiedene Schwebfliegen an, außerdem normale Fliegen und vielleicht eine Auswahl von Käfern, Fransenflüglern, Wespen, tagaktiven Nachtfaltern und Schmetterlingen.

Nehmen Sie sich etwas Zeit und schauen Sie dieser Insektenschar genau zu – so können Sie viel über ihre Biologie erfahren und vielleicht sogar etwas Brandneues entdecken. Einige meiner interessantesten wissenschaftlichen Entdeckungen habe ich gemacht, als ich einfach nur zum Spaß Bienen beobachtete. Mein berufliches Interesse für Bienen ist sogar dadurch erwacht, dass ich vor beinahe 30 Jahren faul herumsaß und Hummeln beim Beweiden von Beinwellblüten zusah. Mir fiel auf, dass die Hummeln oft nah an eine Blüte heranflogen, im letzten Moment aber abdrehten, ohne sie auch nur zu berühren, als würde irgendetwas nicht stimmen. Das taten sie manchmal mehrmals, bevor sie endlich eine Blüte fanden, die ihnen genehm war, und sich darauf niederließen, um Nektar zu trinken oder Pollen zu sammeln. Inzwischen habe ich festgestellt, dass dieses Verhalten sehr verbreitet ist, und das bei allen möglichen verschiedenen Blüten – jeder kann es sehen, aber offenbar war es noch niemandem tatsächlich *aufgefallen*. Ich fragte mich, was sie da bloß taten. Was stimmte nicht mit den Blüten, die sie mieden?

Es dauerte beinahe fünf Jahre, bis klar war, was genau da los war; einen Großteil der Arbeit erledigte meine Doktorandin Jane Stout. Wir stellten fest, dass die Blüten, die die Bienen mieden, tendenziell wenig Nektar enthielten, aber wir stellten auch fest, dass die Bienen die Nektarmenge in Blüten nicht direkt bestimmen können. Vielmehr schnuppern sie an den Blütenblättern nach der schwachen Duftspur eines Vorbesuchers. Bienen hinterlassen nämlich beim Landen auf einer Blüte unbeabsichtigt einen Geruchs-Fußabdruck aus öligen Kohlenwasserstoffverbindungen aus ihrer Haut. Den können andere Bienen wahrnehmen, und der Geruch eines vor Kurzem hinterlassenen Fußabdrucks sagt ihnen, dass die Blüte wahrscheinlich leer ist, sodass sie gar nicht erst darauf landen. Das erspart ihnen vielleicht eine halbe Sekunde, was nicht nach viel klingt; aber da eine Biene etwa 10 000 Blüten pro Tag besucht, summiert es sich doch auf. Das war für die Wissenschaft eine brandneue Entdeckung – dabei tun Bienen das direkt vor unserer Nase, seit wir Blumen anbauen. Ich fand das sehr aufregend.

Auch Darwin beobachtete gerne Bienen. Natürlich faszinierte ihn fast alles an der Natur, aber Hummeln tauchen in seinen Schriften besonders häufig auf. Er beschreibt, wie individuelle Hummeln wieder und wieder Blüten derselben Art besuchen, auch in bunten Beeten mit vielen verschiedenen Blumen. Bis heute wird debattiert, warum genau sie das tun. Der bevorzugten Theorie zufolge müssen Bienen erst lernen, wie sie in jedem Blütentyp an die Belohnung kommen; wenn sie zwischen verschiedenen Blüten abwechseln würden, müssten sie immer innehalten, um sich zu erinnern, wie es bei jeder einzelnen funktioniert, und das würde sie wertvolle Zeit kosten. Doch nach den Worten eines Entomologen gilt für Bienen: »Zeit ist Honig.«

Darwin beschrieb auch als Erster das sonderbare Balzverhalten von

Hummeln; von seinen Kindern hatte er sich helfen lassen, die »Patrouillen«-Flüge von Hummeldrohnen aufzuzeichnen, die in seinem Garten in Kent auf festen Routen auf und ab sausten. Als einer der Ersten beobachtete er auch Nektarraub: Einige Hummelarten, etwa die Dunkle Erdhummel, beißen seitlich Löcher in Blütenkelche und rauben den Nektar. Das tun sie, weil manche Blumen versuchen, ihren Nektar in tiefen Röhren zu verstecken, sodass er für die kurzrüsseligen Dunklen Erdhummeln außer Reichweite liegt. Darwin wurde Zeuge, wie Honigbienen, die mit ihren schwachen Mundwerkzeugen keine Blüten durchbeißen können, trotzdem durch die von Erdhummeln gebissenen Löcher ihren eigenen Nektar stahlen. Sehr viel später fanden meine Studierenden heraus, dass individuelle Bienen in der Regel entweder links- oder rechts»händige« Räuber sind, weil sie Blüten fast immer auf derselben Seite anzapfen. Das war vorher noch niemandem aufgefallen.

Wer weiß, was Sie entdecken, wenn Sie nur lange genug hinsehen? Um Neues herauszufinden, brauchen Sie kein Wissenschaftler zu sein. In den letzten Jahren wuchs das Interesse an der sogenannten Citizen Science (»Bürgerwissenschaft«): Da arbeiten Wissenschaftler mit der Öffentlichkeit zusammen, um Daten zu sammeln und interessante wissenschaftliche Fragen zu beantworten. Beim *Galaxy Zoo Project* etwa halfen Laien den Wissenschaftlern, die Formen von einigen der etwa eine Milliarde Galaxien zu klassifizieren, die mit starken Teleskopen gesichtet wurden, und trugen damit erheblich zu neuen Erkenntnissen über unser Universum bei. Auch im *Project Discovery* halfen Laien im Rahmen eines Online-Spiels herauszuarbeiten, wie sich einzelne Proteine auffalten. Für die Wissenschaftler sind solche Projekte eine Möglichkeit, sehr viel mehr Datenvolumen zu verarbeiten, als sie alleine schaffen würden; beim *Project Discovery* etwa leisteten in den ersten sechs Wochen 300 000 Menschen die Arbeit, für die ein Einzelner 163 Jahre gebraucht hätte. Die Freiwilligen können sich bei solchen Projekten amüsieren und etwas lernen, und so hat jeder etwas davon.

Zu Bestäubern gibt es eine ganze Reihe von Citizen-Science-Aktivitäten. Bei *iSpot* kann man Naturfotos hochladen und fremde Fotos bestim-

men; damit helfen die Teilnehmer beim Sammeln von Informationen über die Verteilung unserer Tiere und Pflanzen und schulen sich selbst in der Artenbestimmung. Der *Bumblebee Conservation Trust* betreibt unter dem Namen *BeeWatch* ein ähnliches Projekt speziell zu Hummeln und bietet auch eine fortgeschrittene Option, die *BeeWalks*. Dafür werden Freiwillige aufgefordert, einmal im Monat denselben Weg abzuschreiten und dabei Hummeln zu zählen und zu identifizieren. Mit der Zeit werden wir so ablesen können, wie die Hummelbestände sich mit der Zeit verändern und wie dieser Wandel landesweit variiert – dringend benötige Informationen, wenn wir sie schützen wollen.

Ich bin an einem kleinen Citizen-Science-Club namens *Buzz Club* beteiligt; dort bitten wir unsere Mitglieder um Mithilfe bei Projekten, um herauszufinden, welche Unterstützung sich für Bestäuber am besten eignet. Unter anderem haben wir in landesweiten Versuchen untersucht, welche Typen von Insektenhotels am besten funktionieren, wie wirksam »Schwebfliegen-Lagunen« Bruthabitate für Schwebfliegen liefern und ob Mischkulturen die Bestäubung von Erdbeeren fördern. Alle Aktivitäten sind einfach, amüsant und für alle Altersgruppen geeignet.

Es gibt ständig neue Citizen-Science-Projekte; was ich hier schreibe, ist vielleicht, bis Sie es lesen, längst vorbei. Aber im Internet können Sie sich ganz einfach einen aktuellen Überblick über die laufenden Projekte verschaffen.

Ob im Rahmen eines formalen Projekts oder einfach zum Spaß – ich lege es Ihnen dringend ans Herz, ein bisschen Zeit darauf zu verwenden, die Bienen und anderen Insekten in Ihrem Garten zu beobachten. Wer weiß, was Sie womöglich entdecken?

KAPITEL 6

Häufige Bestäuber im Garten

Es gibt so einschüchternd viele Sorten von Insekten, die Blüten bestäuben, dass bei jemandem, der sie zu bestimmen lernen will, ziemlich schnell Verwirrung aufkommen kann. Viele sind winzig und/oder einander sehr ähnlich, und sogar für Experten sind sie oft schwer zu bestimmen. Daher gebe ich hier eine kurze Einführung zu einigen der größeren und einfacher zu identifizierenden Arten, denen Sie vielleicht begegnen. Wenn Sie weiter ins Detail gehen wollen, können Sie jetzt glücklicherweise auf ein paar hervorragende Bestimmungsführer für unsere Bienen, Schmetterlinge, Nachtfalter und Schwebfliegen setzen, die zu jeder Art sehr viel mehr Informationen bieten (siehe »Leseempfehlungen«).

HUMMELN

Mit ihrer Größe und ihrer bunten Färbung sind Hummeln wohl die sichtbarsten und häufigsten Vertreter der Familie der Echten Bienen, die Gartenblumen besuchen. Eigentlich ist es daher erstaunlich, dass die Bestimmung von Hummeln ziemlich kniffelig sein kann, obwohl es bei uns nur 41 Arten gibt; leider sehen sich einige Arten sehr, sehr ähnlich. Um es noch schwieriger zu machen, variiert die Pelzfärbung innerhalb der Arten, und mit dem Alter bleichen sie aus oder werden allmählich schütter, sodass ältere Hummeln sehr anders aussehen können als junge. Obendrein sehen

Drohnen oft ganz anders aus als Arbeiterinnen oder Königinnen. Das kann wirklich mal ganz schnell für Verwirrung und Frust sorgen!

Aber lassen Sie es sich nicht vermiesen: Mit ein bisschen Übung und Beharrlichkeit lassen sich die meisten unserer häufigen Arten relativ einfach bestimmen. Wenn Sie es einmal versuchen wollen, empfehle ich, dass Sie der Einfachheit halber zu Beginn des Frühjahrs anfangen, wenn nur die Königinnen unterwegs sind. Bei ihrer Größe sind Unterscheidungsmerkmale leichter auszumachen, und da Drohnen und Arbeiterinnen zu dieser Jahreszeit noch nicht fliegen, ist das Ganze weniger verwirrend. Ich beschreibe hier die acht häufigsten Hummeln, die 99 Prozent der Hummeln in Ihrem Garten oder Stadtpark abdecken dürften.

Dunkle Erdhummel, *Bombus terrestris*

Die bei Weitem verbreitetste Hummel fast überall in Großbritannien und in weiten Teilen Europas, die Dunkle Erdhummel, haben wahrscheinlich die meisten Menschen vor Augen, wenn sie das Wort »Hummel« hören. Besonders die Königinnen zu Beginn des Frühjahrs sieht man normalerweise sehr viel häufiger als die anderer Arten; außerdem sind sie am einfachsten zu bestimmen. Dunkle Erdhummeln sind schwarz mit zwei goldgelben Querbinden sowie, bei der Königin, einem grauweißen Ende. Unglücklicherweise ist das Schwanzende bei den Arbeiterinnen mehr oder weniger weiß, was es fast unmöglich macht, sie mit Sicherheit von der Hellen Erdhummel (siehe unten) zu unterscheiden. Doch machen Sie sich keinen Kopf darum – selbst die Profis haben Mühe damit. Die Drohnen ähneln den Arbeiterinnen, sind also ebenfalls nur schwer sicher zu bestimmen.

Dunkle Erdhummeln haben einen kurzen Rüssel und besuchen daher eher kurzkelchige Blüten, aber mit Begeisterung betätigen sie sich auch als Nektarräuber. Dazu beißen sie mit ihren scharfen, kräftigen Mundwerkzeugen seitlich oder am Boden Löcher in tiefkelchige Blüten wie die von Beinwell oder Akeleien und stehlen den Nektar. Ihre Nester bauen Dunk-

Dunkle Erdhummel

le Erdhummeln üblicherweise unter der Erde, wo sie in der Tiefe von Maulwurf-, Kaninchen- oder Mäuselöchern sichere, gemütliche Höhlen finden. Ihre Kolonien können auf stattliche vierhundert Arbeiterinnen anwachsen. Dunkle Erdhummeln sind etwa auf den Britischen Inseln in fast allen Lebensräumen mit Blüten verbreitet und fehlen nur ganz im Nordwesten von Schottland.

Die Art ist eine globale Handelsware: Millionen Kolonien werden in niederländischen und belgischen Fabriken gezüchtet und in so entfernte Länder wie Japan und Chile exportiert, wo sie vor allem zur Bestäubung von Gewächshauskulturen wie Tomaten eingesetzt werden. Leider hat dieses Geschäft dazu geführt, dass Dunkle Erdhummeln sich in Japan und Südamerika als invasiver Schädling breitgemacht haben.

Helle Erdhummel, *Bombus lucorum*

Eine nahe Verwandte der Dunklen ist die Helle Erdhummel. Sie ist sogar noch flächiger verbreitet, nämlich überall in Großbritannien bis in den äußersten Nordwesten und auf die schottischen Inseln, wo die Dunkle Erdhummel fehlt. Dennoch ist diese Art, vor allem im Süden, längst nicht so häufig. Die Königinnen beider Arten lassen sich relativ einfach unterscheiden, denn die Helle Erdhummel macht ihrem Namen Ehre: Ihr Ende ist schneeweiß, und die beiden Querbinden sind auch etwas heller als bei der Dunklen Erdhummel; oft werden sie als zitronengelb beschrieben, wobei der Unterschied doch eher subtil ist. Wirklich problematisch wird es, wenn man die Arbeiterinnen auseinanderhalten möchte, denn der einzige Unterschied zu den Arbeiterinnen der Dunklen Erdhummel (die wie gesagt auch weiße Enden haben) besteht im helleren Gelbton der Querbinden. Die Drohnen der Hellen Erdhummel ähneln den Arbeiterinnen, aber sie haben flaumige gelbe Gesichter, und häufig sind die gelben Querbinden sehr viel breiter, sodass sie insgesamt sehr gelb wirken.

Helle Erdhummel

Die Ökologie der Hellen Erdhummel ähnelt der der Dunklen Erdhummel. Auch sie haben kurze Rüssel und sind unverbesserliche Nektarräuber, besuchen also, ob von vorn oder von hinten, viele unterschiedliche Blüten. Ihre Nester sind meistens unterirdisch, aber offenbar nisten sie auch häufig unter den Holzböden von Gartenschuppen.

Wiesenhummel, *Bombus pratorum*

Wiesenhummelköniginnen haben zwei gelbe Querbinden und ein rostrotes Ende, im Frühjahr eine einzigartige Farbkombination. Sie sind deutlich kleiner als die Königinnen von oberflächlich ähnlichen Arten wie der Dunklen Erdhummel. Die Arbeiterinnen ähneln der Königin, allerdings ist die zweite gelbe Querbinde häufig sehr blass oder fehlt ganz. Wiesenhummeln gehörten zu unseren allerkleinsten Hummeln, manche Arbeiterinnen sind geradezu winzig. Die Drohnen haben flaumige gelbe Gesichter und breitere gelbe Querbinden – sie sehen wirklich richtig gut aus.

Wiesenhummel

Wiesenhummeln haben kurze Rüssel und besuchen daher tendenziell kurzkelchige Blüten. Königinnen trifft man häufig auf Salweiden und Johannisbeerblüten an, während die Arbeiterinnen und Männchen besondere Fans von Himbeeren, Zwergmispeln und Storchschnabel sind. Diese Hummeln haben stumpfe Kiefer und können keine Löcher beißen, um Nektar zu rauben, aber in meinem Garten nutzen sie routinemäßig Löcher, die andere Hummeln hinterlassen haben, um Beinwellnektar zu rauben. Wiesenhummeln sind eine frühe Art; ihre Kolonien werden nie sehr groß, ihr Jahreszyklus endet im Mai und Juni, und den ersten Männchen kann man in warmen Jahren bereits Ende April begegnen. Manchmal scheint es eine sehr kleine zweite Generation zu geben, aber normalerweise bekommt man die Art nach Anfang Juli nicht mehr zu Gesicht. Ihre Nester legen sie opportunistisch an allen möglichen Orten an, entweder in Hohlräumen direkt unter oder über dem Boden, zum Beispiel unter den Rabatten eines Steingartens, manchmal auch weit über dem Boden in Meisenkästen oder verlassenen Vogelnestern. Wiesenhummeln sind extrem friedfertig und greifen nicht einmal an, wenn etwas in ihr Nest eindringt.

Steinhummel, *Bombus lapidarius*

Die Königinnen der Steinhummel sind sehr auffällig, groß und glänzend schwarz bis auf ihr hellrotes Ende. Die Arbeiterinnen weisen dieselbe Färbung auf, Drohnen dagegen haben ein gelbes Gesicht, eine dicke gelbe Querbinde hinter dem Kopf und eine schmalere gelbe Querbinde hinten am Thorax (so nennt man den Brustteil eines Insekts). Mit ihrem roten Ende sind die Drohnen sehr attraktiv; äußerlich ähneln sie zwar den Wiesenhummeln, aber sie fliegen sehr viel später, normalerweise erst ab Juli.

Steinhummelköniginnen erwachen etwas später als die zuerst genannten Arten, normalerweise im April. Die kurzrüsselige Art findet man vor allem auf Hülsenfrüchtlern wie Hornklee, und sie ist eine der häufigsten Hummeln auf Raps. Interessanterweise haben Steinhummeln offenbar eine große Vorliebe für gelbe Blüten. Die Steinhummel ist üblicherweise

Steinhummel

die häufigste Hummelart auf Agrarflächen sowie insbesondere auf Magerrasen, der im August von ihren Drohnen oft geradezu strotzt; häufig sitzen sie in Gruppen auf Flockenblumen und Distelblüten. Am verbreitetsten sind Steinhummeln im Süden, in Cumbria und einem Großteil Schottlands dagegen findet man sie selten. In Deutschland sind sie überall verbreitet. Sie nisten sowohl ober- als auch unterirdisch, häufig unter großen Steinen oder in Mauerspalten.

Gartenhummel, *Bombus hortorum*

Die Gartenhummel ähnelt auf den ersten Blick der Hellen Erdhummel, sie hat aber vor dem weißen Ende drei und nicht zwei gelbe Querbinden. Dieses Muster weisen alle Arbeiterinnen und Drohnen auf, allerdings haben die Männchen manchmal auch etwas Gelb am Kopf. Der Kopf der Gartenhummel ist länglich, beinahe wie bei einem Pferd und ganz anders als bei allen anderen verbreiteten Hummeln; infolgedessen ist auch ihr Rüssel mit bis zu 15 Millimetern sehr lang; damit holen sie sich Nektar, der sich in den Tiefen von Röhrenblüten versteckt. Entsprechend besuchen sie tendenziell ganz andere Trachtpflanzen als die meisten Hummeln und weisen uns damit recht deutlich auf ihre Identität hin. Die Königinnen lieben im Frühjahr Weiße Taubnesseln, die Arbeiterinnen dagegen Fingerhut, Waldgeißblatt, Rotklee und Löwenmäulchen. Wenn Sie eine Gartenhummel sehen wollen, brauchen Sie einfach nur einen blühenden Fingerhut zu betrachten – an warmen Tagen taucht fast garantiert in wenigen Minuten eine auf.

Gartenhummeln gibt es überall in Deutschland, allerdings selten in großen Populationen. Aus der Winterruhe erwachen sie im April, und ihre Nester bauen sie über oder gleich unter dem Boden, manchmal auch in Meisenkästen. Sehr groß werden diese Nester nie.

Gartenhummel

Baumhummel, *Bombus hypnorum*

Die Baumhummel ist vielleicht die am einfachsten zu bestimmende Hummelart, weil sie ein einzigartiges, distinktives Farbmuster aufweist. Bei Königin und Arbeiterinnen ist der Thorax von einem warmen Fuchsbraun und der Hinterleib schwarz mit weißem Schwanz. Drohnen sind identisch oder sehr ähnlich gefärbt mit dem einzigen Unterschied, dass das Braun sich manchmal bis auf den vorderen Hinterleib fortsetzt.

In Großbritannien war diese Art unbekannt, bis ich zufällig 2001 am Rand des New Forest die erste fing. Seither hat sie sich schnell ausgebreitet, inzwischen erreicht sie Südschottland, und in Gärten ist sie inzwischen sehr häufig. Ihren Namen hat sie von ihrer Gewohnheit, in Baumhöhlen zu nisten, aber genauso bereitwillig nimmt sie Vogelkästen an und dringt auch häufig in Dachböden ein, um unter der Isolierung zu nisten. Baumhummeldrohnen umschwirren in erregten Wolken Nester mit Jungköniginnen und jagen damit Hausbesitzern manchmal einen gehörigen Schrecken ein, sodass sie um Hilfe rufen, um mit dem »Schwarm« fertig-

Baumhummel

zuwerden. Dabei sind die stachellosen Drohnen in Wirklichkeit völlig harmlos, und da die Kolonie Jungköniginnen entlässt, wird sie ganz bald ohnehin von alleine verschwinden.

Mit ihrem kurzen Rüssel bevorzugt die Baumhummel meist kurzkelchige Blüten; besonders gerne mag sie Salweide, Schnittlauch, Zwergmispel, Schlangen-Knöteriche, Storchschnabel und Säckelblume. Ähnlich wie die Wiesenhummel hat diese Art einen kurzen Koloniezyklus, sodass es Ende Juni in der Regel um die Baumhummel geschehen ist.

Ackerhummel, *Bombus pascuorum*

Verglichen mit anderen Arten sieht die Ackerhummel relativ langweilig aus, nämlich ganz braun mit einem Hauch Schwarz (bei Königinnen, Arbeiterinnen und Drohnen). Trotzdem finde ich diese Art besonders liebenswert. Sie hat zwei äußerst seltene Verwandte, die Veränderliche Hummel und die Mooshummel, die eine ähnliche Färbung aufweisen; aber dass sie in einem Garten auftauchen, ist so unwahrscheinlich, dass Sie eine ganz braune Hummel mit großer Sicherheit als Ackerhummel identifizieren können.

Ackerhummeln haben mittellange Rüssel und bevorzugen Blüten, die ihren Nektar in Röhren verstecken, sodass kurzrüsselige Arten nur sehr mühsam herankommen. Mit am liebsten mögen sie Klee, Taubnesseln, Ziesten und Katzenminze. Ihre Nester bauen sie typischerweise am Boden zwischen Grasbüscheln, unter Laubhaufen und in Dornengestrüpp. Nach einer anderen Strategie als sonstige Hummelarten wachsen die Kolonien der Ackerhummel nur langsam, dafür aber bis in den Spätsommer und sogar in den Herbst hinein. Daher ist diese Art häufig die letzte Hummel, die im Herbst noch fliegt (mit Ausnahme der winteraktiven Königinnen der Dunklen Erdhummel, die im November erwachen).

Ackerhummel

Gefleckte Kuckuckshummel,
Bombus vestalis

In Deutschland leben acht Arten von Kuckuckshummeln, und jede von ihnen parasitiert eine bestimmte Hummelart als Wirtstier. Der Name Kuckuckshummel ist sehr treffend, denn wie der gleichnamige Vogel kapert sie fremde Nester.

Weibliche Kuckucksbienen (man unterscheidet nicht zwischen Königinnen und Arbeiterinnen) erwachen etwas später als ihre Wirte aus der Winterruhe und suchen nach einem Wirtsnest. Haben sie eines gefunden, dringen sie dort ein und versuchen es zu übernehmen, indem sie die dort lebende Königin töten oder überwältigen. Kuckucksbienenweibchen sind daher besonders große und kräftige Insekten. Im Unterschied zu ihren Wirten haben sie außerdem an den Hinterbeinen keine Pollenkörbchen, weil sie sich nicht die Mühe machen, für ihre Brut Nahrung zu sammeln.

Nach der Übernahme der Kolonie legt das Kuckucksbienenweibchen

Gefleckte Kuckuckshummel

eigene Eier, während die Arbeiterinnen seines Wirts als seine Sklavinnen weiterhin Nahrung sammeln und die von der Invasorin stammende neue Brut pflegen. Die Kuckucksbrut besteht wiederum aus den kräftigen Weibchen und viel kleineren Drohnen, die beide ihre Geburtskolonie verlassen und sich paaren wie andere Hummeln. Danach überwintern die begatteten Jungköniginnen bis ins nächste Frühjahr.

In weiten Teilen Deutschlands ist die Gefleckte Kuckuckshummel die verbreitetste Kuckuckshummel, vermutlich weil ihr Wirt, die Dunkle Erdhummel, normalerweise unsere häufigste Art ist. Farblich ähneln Kuckuckshummeln meist ungefähr ihrem Wirt. Das Weibchen der Gefleckten Kuckuckshummel ist schwarz mit einer breiten gelben Querbinde hinter dem Kopf sowie einem weißen Ende, allerdings mit einer gelben Franse an dessen vorderem Rand. Die Drohnen sehen genauso aus, nur mit einem zusätzlichen gelben Streifen am vorderen Hinterleib. Dennoch ist es sehr knifflig, Kuckucksbienen sicher zu bestimmen; man braucht dazu einen speziellen Bestimmungsschlüssel (siehe »Leseempfehlungen«). Die Männchen der Gefleckten Kuckuckshummel sieht man sehr viel häufiger als die Weibchen, und im Juli können sie sich auf Brombeerblüten in Massen tummeln.

SCHEMA ZUR HUMMELBESTIMMUNG

Auf den folgenden Seiten werden 24 Hummelarten schematisch dargestellt. Die häufigsten Arten, abgebildet in den beiden ersten Schemata, werden Sie am ehesten im Garten antreffen. 6 der 24 Arten sind Kuckuckshummeln, also Parasiten von anderen Arten – sie stehen im dritten Schema. Einige von ihnen können häufig sein, vor allem die Keusche Kuckuckshummel. Leider nehmen Hummelbestände insgesamt ab – drei hier nicht aufgeführte Arten sind bereits ausgestorben, mehrere weitere sind gefährdet.

Die Abbildungen zeigen Königinnen und Drohnen (♂). Wenn nicht anders vermerkt, sehen die Arbeiterinnen aus wie die Königin, nur kleiner.

Häufige Hummeln

Königin Arbeiterin oder ♂

Dunkle Erdhummel,
Bombus terrestris.

Sehr häufig.

Königin ♂

Steinhummel,
Bombus lapidarius.

Häufig.

Königin ♂ Arbeiterin

Wiesenhummel,
Bombus pratorum.

Häufig.
Bei Arbeiterinnen fehlt oft die gelbe Binde auf dem Hinterleib.

Königin

Gartenhummel,
Bombus hortorum.

Häufig.
Rüssel und Kopf auffällig lang.

Königin ♂

Helle Erdhummel,
Bombus lucorum
Komplex

Von diesen drei Arten lassen sich nur die Königinnen bestimmen, und zwar an der Seite des Thorax – siehe rechts.

Helle Erdhummel,
Bombus lucorum.
Häufig.

Kryptarum-Erdhummel,
Bombus cryptarum.
Häufig.

Große Erdhummel,
Bombus magnus.
Von Nordwesten nach Südosten vebreitet.
Notabene: Diese Merkmale sind nicht absolut verlässlich.

Königin

Ackerhummel,
Bombus pascuorum.

Überall sehr häufig. Meist schwarze Behaarung an den Seiten des Hinterleibs.

Königin

Heidehummel,
Bombus jonellus.

Kleine Hummel, verbreitet in Heiden, Mooren und manchmal in Gärten. Kürzerer Kopf als bei der Gartenhummel.

Königin

Distelhummel, *Bombus soroeensis.*

Abnehmende, im Norden verbreitete Art. Ähnelt der Dunklen oder Hellen Erdhummel, ist aber kleiner. Gelbe Binde auf dem Abdomen reicht seitlich weiter nach vorn, manchmal mittig unterbrochen.

Königin

Königin

Königin

Feldhummel, *Bombus ruderatus.*

Seltene, gefährdete Art. Kopf und Rüssel sehr lang. Sehr große Königinnen. Verschiedene Färbungen. Schwer von der Gartenbiene zu unterscheiden; zu beachten die Form der gelben Binde am Thoraxende.

Königin

Veränderliche Hummel, *Bombus humilis.*

Seltene, gefährdete Art in ganz Deutschland. Zu beachten die braune Binde.

Königin

Mooshummel, *Bombus muscorum.*

Sehr selten, in Deutschland stark gefährdet.

Königin

Waldhummel, *Bombus sylvarum.*

Seltene Art. Auffällig schrilles Summen.

Königin

Berglandhummel, *Bombus monticola.*

Seltene Art, in Deutschland nur in den bayrischen Alpen.

Königin

Grashummel, *Bombus ruderarius.*

Gefährdete Art in ganz Deutschland; zu beachten die roten Körbchenhaare auf dem Hinterbein.

Königin

Baumhummel, *Bombus hypnorum.*

Erst kürzlich aus Frankreich nach Großbritannien eingewandert.

Königin

Deichhummel, *Bombus distinguendus.*

Sehr seltene küstennahe Art.

Kuckuckshummeln

Keusche Kuckuckshummel, *Bombus vestalis.*

In ganz Europa häufig. Wirt: vor allem Dunkle Erdhummeln.

Wald-Kuckuckshummel, *Bombus sylvestris.*

Verbreitet. Wirt: vor allem Wiesenhummeln.

Felsen-Kuckuckshummel, *Bombus rupestris.*

Europäische Art. Wirt: vor allem Steinhummeln. Bei den Weibchen sind die Flügel viel dunkler als bei Steinhummeln.

Bärtige Kuckuckshummel, *Bombus barbutellus.*

Verbreitet. Wirt: vor allem Gartenhummeln.

Feld-Kuckuckshummel, *Bombus campestris.*

Verbreitet. Wirt: vor allem Ackerhummeln. Drohne in zwei Formen.

Angebundene Kuckuckshummel, *Bombus bohemicus.*

Verbreitet. Wirt: vor allem Helle Erdhummeln.

Hummel oder Kuckuckshummeln, Weibchen oder Drohne?

Ein paar Tipps: Schauen Sie auf die Hinterbeine. Weibliche Hummeln haben ein glänzend schwarzes Pollenkörbchen mit einer langen Haarbürste. Männchen besitzen weniger ausgeprägte »Körbe«, längere Fühler und keinen Stachel. Kuckuckshummeln haben gar keine Pollenkörbchen und dunklere Flügel.

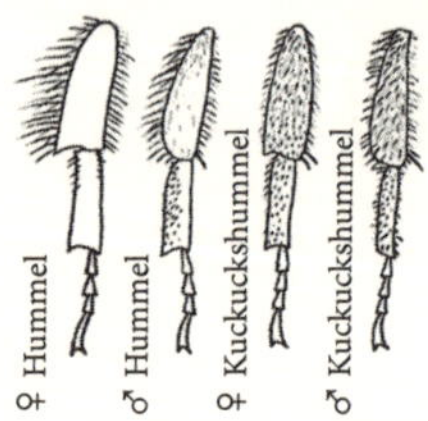

SOLITÄRBIENEN

Die meisten Menschen staunen, wenn sie hören, dass die Familie der Echten Bienen allein in Großbritannien etwa 270 Arten umfasst. Hummeln fallen uns auf, weil sie groß und häufig bunt sind, und wir haben auch alle schon Honigbienen und Bienenstöcke gesehen, aber unsere allermeisten Bienenarten sind vielen von uns nie aufgefallen, weil sie häufig klein sind. Anders als Honigbienen und Hummeln leben die meisten von ihnen allein. Sie haben keine Königin und kein gemeinsames Nest. Jedes Weibchen paart sich und baut dann sein eigenes Nest – das kann ein kleiner Tunnel im Boden sein, ein Loch in einem toten Baum, ein hohler Pflanzenstängel oder auch ein leeres Schneckenhaus. Manchmal nisten mehrere Weibchen nebeneinander in sogenannten Aggregationen, aber sie kooperieren nicht bei der Aufzucht ihrer Jungen. Viele Solitärbienen haben nur eine Generation pro Jahr, das heißt die ausgewachsenen Bienen fliegen nur relativ kurz. Wenn Sie über diese Bienen mehr erfahren möchten, lege ich Ihnen sehr den *Field Guide to the Bees of Great Britain and Ireland* von Steven Falk und Richard Lewington ans Herz, der fast alle der am weitesten in Deutschland verbreiteten Bienen abdeckt. Ich stelle Ihnen hier nur als Appetizer ein paar der auffälligeren, verbreiteten Solitärbienen vor; diese Arten können Sie alle gut in Ihren Garten locken.

Aschgraue Sandbiene,
Andrena cineraria

Aschgraue Sandbienen, eine recht häufige und verbreitete Art, sind etwas größer als Honigbienen und tragen graues Haar mit einem glänzend schwarzen Hinterleib. Die einzige Generation pro Jahr fliegt von Ende März bis Juni. Wie andere Sandbienen nisten sie im Boden, am liebsten in vegetationsfreier Erde oder kurzem Rasen, in den sie ihre Löcher graben. An Südhängen findet man oft große Aggregationen. Zur Ernährung nutzt die Aschgraue Sandbiene ein breites Blütenspektrum, aber am liebsten mag sie offenbar Sträucher wie Weiden, Weißdorn, Schwarzdorn und Äpfel. Auch für die Bestäubung von Rapsfeldern kann sie eine wichtige Rolle spielen.

Efeu-Seidenbiene, *Colletes Hederae*

Diese hübsche Biene wurde erst 1993 wissenschaftlich beschrieben, aber heute wissen wir, dass sie in Europa weitverbreitet ist. Ganz einfach: Offenbar war sie vorher einfach niemandem aufgefallen. In Westeuropa, auch in Deutschland, ist sie weitverbreitet. Seither hat sie sich bis in die nördlichen Midlands und nach Süd-Wales verbreitet, und im Süden ist sie inzwischen sehr häufig, vor allem in Gärten trifft man sie in großer Zahl an. Sie erscheint immer als letzte Biene im Jahr, erwacht erst Ende August und fliegt bis in den November. Diese späte Saison ist auf die Efeublüte abgestimmt, ihre bevorzugte Pollen- und Nektarquelle; daneben besuchen Efeu-Seidenbienen allerdings auch viele weitere Herbstblüher, etwa Gartenastern. Diese Art ist relativ leicht zu erkennen an ihrer mit goldenen Haaren bedeckten Brust und einem ordentlich gelb-schwarz gestreiften Hinterleib.

Efeu-Seidenbienen graben ihre Niströhren in den Boden, häufig in Rasen und Blumenbeeten; einige Nestaggregationen im Süden werden sehr groß und füllen ganze Gärten. Im Umfeld dieser Aggregationen kann erheblicher Bienenverkehr herrschen, wenn die Weibchen mit dem Pollen kommen und gehen und die Männchen herumhängen und sich mit ihnen zu paaren versuchen. Frisch geschlüpfte jungfräuliche Weibchen werden manchmal von Hunderten Drohnen bedrängt, die eine Kugel um sie bilden. All diese geschäftigen Bienen können schon einmal Hausbesitzer alarmieren, die im Extremfall nach dem Kammerjäger rufen; dabei besteht gar kein Grund zur Sorge. Die Weibchen können zwar stechen, aber sie tun es fast nie, und der Stich ist viel weniger schmerzhaft als der einer Honigbiene. Man kann durchaus mitten in einer Aggregation weiter gärtnern, ohne gestochen zu werden. In der Hecke vor meinem Haus sind jeden Herbst Efeu-Seidenbienen auf Futtersuche. Bisher bin ich in meinem

Von oben nach unten:

(l) Aschgraue Sandbiene

(r) Frühlings-Pelzbiene

Efeu-Seidenbiene

Fuchsrote Sandbiene

Garten noch nie auf Nester gestoßen, aber ich wäre begeistert, wenn sie bei mir einziehen würden.

Frühlings-Pelzbiene,
Anthophora plumipes

Diese wunderhübschen Tierchen gehören zu meinen Lieblingsbienen. Sie sind mit die größten Solitärbienen und werden leicht für kleinere Hummeln gehalten, aber ihr Flug ist ziemlich charakteristisch: Sie schießen pfeilartig vorwärts und bleiben zwischendrin immer wieder in der Luft stehen. Sie haben nur eine einzige Flugsaison und tauchen zu Beginn des Frühlings gemeinsam mit den ersten Hummelköniginnen auf, manchmal schon im Februar; sie hegen eine große Vorliebe für Lungenkräuter und etwas später im Jahr für Taubnesseln und Gundermann. Die Weibchen sind vollständig schwarz bis auf eine vorstehende orange Pollenbürste an den Hinterbeinen, die Männchen dagegen sind überwiegend blassbraun. Am mittleren Beinpaar der Drohnen sitzt über dem Fuß ein Büschel langer Fransen, mit dem das Männchen während der Paarung dem Weibchen über das Gesicht streicht und die Augen verdeckt. Die Frühlings-Pelzbiene ist in Deutschland recht häufig. Sie baut kannenförmige Niströhren in kompaktem Boden, gewöhnlich an Küstensteilwänden, in Lehmhängen oder im bröckelnden Mörtel einer alten Backsteinmauer. Häufig liegen die Nester mehrerer Weibchen in Clustern beieinander.

Fuchsrote Sandbiene, *Andrena fulva*

Die Weibchen dieser Art sind vielleicht die am einfachsten zu bestimmenden Solitärbienen; sie sind etwa so groß wie eine Honigbiene, aber mit dichtem orangerotem Pelz, schwarzem Kopf und schwarzen Beinen. Schwieriger zu erkennen sind die Drohnen, die kleiner sind und weniger pelzig als die Weibchen, womit sie mehreren anderen Sandbienen ähneln. Fuchsrote Sandbienen sind relativ weitverbreitet, zahlreich in Gärten und

Parks und sogar in dicht besiedelten Gebieten. Wie viele andere Sandbienen haben sie nur eine Generation pro Jahr; die adulten Bienen fliegen von März bis Juni und besuchen die unterschiedlichsten Frühlingsblüten wie Weißdorn, Schwarzdorn, Obstbäume und Weiden. In meinem Garten bestäuben sie häufig am fleißigsten die Stachelbeeren, die Schwarzen und die Roten Johannisbeeren. Die Nisthöhlen finden sich normalerweise in Aggregationen im vegetationsfreien Boden oder Rasen; dabei schichten die Weibchen mit ihrem Aushub saubere Häufchen, die sehr ordnungsliebende Gärtner auf die Palme bringen können.

Garten-Wollbiene,
Anthidium manicatum

Diese großartigen, kräftigen Bienen sind etwa so lang wie eine Honigbiene, aber sehr viel stabiler gebaut, überwiegend schwarz mit hellgelben Flecken seitlich auf dem Hinterleib. Ihre einzige Generation pro Jahr fliegt von Mai bis August. Garten-Wollbienen sind in England und Wales recht häufig, im Süden aber verbreiteter; in Gärten zeigen sie sich regelmäßig. In Deutschland sind sie überall verbreitet. Im Allgemeinen sind männliche Bienen (und überhaupt männliche Insekten) meist kleiner als die Weibchen. Die müssen groß sein, um ausreichende Mengen an Eiern produzieren zu können, während die Drohnen nur beweglich genug sein müssen, um Weibchen zu jagen. Garten-Wollbienen sind hier die Ausnahme: Die Männchen sind größer und an ihrem Hinterleib mit Dornen bewehrt. Sie sind äußerst aggressiv und verteidigen einen Blumenflecken, indem sie darüber schweben und eindringende Bienen mit Kopfstößen angreifen; oder sie rammen den Feind mitten in der Luft mit ihrem Dreizack am Hinterleib, manchmal sogar tödlich. In Festland-Europa habe ich beobachtet, wie sie Holzbienen abwehrten, die bestimmt fünfmal so groß waren wie sie. Wenn eine weibliche Garten-Wollbiene eine der Blüten besuchen will, muss sie sich zuvor mit dem territorialen Männchen paaren.

Von oben nach unten:

(l) Wespenbiene

(r) Rostrote Mauerbiene

Totholz-Blattschneider-biene

Garten-Wollbiene

Garten-Wollbienen werden eng mit Ziesten assoziiert, insbesondere mit Woll-Ziest, den sie nicht nur wegen ihrer Blüten besuchen, sondern zumindest die Weibchen auch, um den wolligen weißen Flaum abzuschaben, der die Blätter bedeckt. Auch die Behaarung der Kleinblütigen Königskerze sammeln sie. Ihre Nester legen sie in fertigen Löchern an, häufig in vom Menschen gefertigten Gegenständen, merkwürdigerweise allerdings nur selten in Bienenhotels. Manchmal finde ich ihre Nester in nach unten offenen Löchern in meinem Gartentisch. Mit der Pflanzenwolle kleiden sie die Nester aus und trennen die Brutkammern voneinander ab.

Rostrote Mauerbiene, *Osmia bicornis*

Eine unserer Solitärbienen mit der größten Verbreitung, die Rostrote Mauerbiene, ist die Hauptbewohnerin der meisten Bienenhotels. Es handelt sich um ziemlich pelzige kleine Bienen, einen Hauch kleiner als eine Honigbiene. Die Weibchen tragen einen schwarzen Kopf, einen braunen Thorax und einen rötlichen/orangefarbenen Hinterleib, die Drohnen besitzen außerdem ein weißliches Gesicht. Sie fliegen in einer Generation pro Jahr; die erwachsenen Tiere erwachen im März und bleiben bis Anfang Juli aktiv.

Diese Art ist offenbar besonders stark mit Gärten und städtischen Landschaften assoziiert, während sie auf dem Land eher schwer zu finden ist. Rostrote Mauerbienen besuchen die Blüten vieler verschiedener Pflanzen und mögen ganz besonders frühjahrsblühende Bäume wie Weiden, Pflaumen, Äpfel und Birnen. Angeblich bestäuben sie Obstbäume sehr viel effizienter als Honigbienen, weshalb sich eine kleine Handelssparte gebildet hat, um diese Art für die Obstbaumbestäubung zu züchten. Rostrote Mauerbienen nisten in natürlichen Löchern und Spalten, etwa in Fraßgängen von Käfern in Totholz, in Rissen in den Pfosten von Gartenschuppen, Löchern im weichen Mörtel alter Mauern oder in hohlen Pflanzenstängeln. Die Weibchen sammeln feuchte Erde zum Auskleiden der Niströhre, um die Brutzellen voneinander abzutrennen und am Ende das Loch zu versiegeln. Am Kopf tragen sie zwei Hörnchen, die eigens der Bearbeitung von Lehm dienen. In meinem Garten strömen die Mauerbienen in Scharen in die Senke, wo ein im Sturm umgelegter Baum mit seinen Wurzeln den Boden aufgerissen und ein tiefes, feuchtes Loch hinterlassen hat, das ich zum Glück nie aufgefüllt habe.

Totholz-Blattschneiderbiene, *Megachile willughbiella*

Dies ist die verbreitetste von mehreren verwandten Bienenarten, den sogenannten Blattschneiderbienen; sie heißen so, weil sie saubere Halbkreise aus Blättern ausschneiden, um damit ihre Nester auszukleiden. Sie sind ähnlich groß wie eine Honigbiene, ihre Behaarung ist graubraun. Blattschneiderbienen transportieren Pollen zwischen der dichten Behaarung auf der Unterseite ihres Hinterleibs und nicht wie Honigbienen oder Hummeln an den Beinen. Charakteristisch ist ihr wiederholtes Aufstellen des Hinterleibs während der Beweidung von Trachtpflanzen; es sieht so aus, als wollten sie ihre mit Pollen bedeckte Bauchbürste herzeigen. Die Drohnen ähneln den Weibchen, aber ohne den behaarten Unterbauch und dafür mit weiß behaarten Vorderbeinen, mit denen sie aussehen, als trügen sie saubere weiße Handschuhe. Diese Art hat eine Generation pro Jahr, die von Ende Mai bis August fliegt. Fast überall in England ist sie in der Regel häufig, in Wales und Schottland aber selten. In Deutschland kommt sie häufig vor, insbesondere in Städten. Blattschneiderbienen ernähren sich meist unspezifisch, lieben aber vor allem Hülsenfrüchtler wie Hornklee, außerdem Disteln, Flockenblumen und Brombeeren. Sie nisten in Löchern und besiedeln häufig Bienenhotels, es sei denn, die früher aktiven Rostroten Mauerbienen haben vorher schon alles belegt. Ihre Nester sind leicht zu erkennen: Während Mauerbienennester mit einer Lehmschicht verschlossen werden, schließen Blattschneiderbienen ihre Röhren mit Bündeln von Blattschnipseln. In meinem Garten verwenden sie dafür am liebsten Flieder und Rosen.

Wespenbienen, *Nomada marshamella*

Über 100 verschiedene Kuckucksbienen gibt es in Deutschland; 7 davon sind Kuckuckshummeln (greifen also Hummelnester an), die übrigen Kuckucks unserer vielen Solitärbienenarten. Kuckucksbienen sind jeweils auf ein oder zwei nah verwandte Wirtsarten spezialisiert. Typischerweise lokalisieren sie ein Nest, schleichen sich dort ein und legen ihre eigenen Eier, wenn die Besitzerin auf Nahrungssuche ist; die Nachkommen des Kuckucks verzehren dann sowohl die Brut des Wirts als auch deren Futtervorrat. Viele Kuckucksbienen sind relativ selten – sie müssen auch seltener sein als ihre Wirte – und häufig klein, weshalb sie leicht übersehen werden. Nach meiner Erfahrung sind Kuckucksbienen in Gärten am häufigsten Wespenbienen, eine große Gruppe von gelb-schwarz oder gelb-orange-schwarz gestreiften, fast haarlosen Bienen, die ganz ähnlich aussehen wie Wespen. Sie besuchen nicht so viele Blüten wie normale Bienen, weil sie ja für ihre Nachkommen kein Futter sammeln müssen, aber trotzdem sieht man sie oft auf Korb- und Doldenblütlern. Die meisten Wespenbienen greifen Sandbienen an, und wenn irgendwo weibliche Wespenbienen herumlungern, ist das normalerweise ein gutes Zeichen dafür, dass in der Nähe ihre Wirte nisten.

HONIGBIENE, *APIS MELLIFERA*

In Asien finden sich mehrere Honigbienenarten – in Europa dagegen nur eine. Die Honigbiene ist natürlich die Art, die Imker züchten und von der unser Honig kommt. Die Art ist sehr ungewöhnlich, bildet sie doch riesige Kolonien mit bis zu 50 000 Arbeiterinnen und einer Königin. Sie ist die einzige soziale Biene in Europa, die in ganzen Kolonien überwintert; genau deswegen produzieren Honigbienen ja so viel Honig: damit sie es

durch den Winter schaffen. Im Frühling teilen sich gesunde, sich selbst überlassene Kolonien auf, indem sie einen Schwarm mit einer Königin und mehreren Tausend Arbeiterinnen losschicken, die eine neue Kolonie gründen sollen. Imker versuchen das möglichst zu verhindern, weil sie die Bienen nicht verlieren wollen. Wilde Honigbienen nisten in hohlen Bäumen oder in Felshöhlen. In Europa können wilde Honigbienen heute nur schwer überleben, obwohl gelegentlich Kolonien entstehen, die aus Kulturstöcken ausschwärmen; diese belegen häufig Hohlräume in Gebäuden.

Wenn es in der Nähe Ihres Gartens Bienenstöcke gibt, dürften Honigbienen für Sie wohl die häufigsten Bienen sein. Sie sind relativ einfach zu erkennen, denn sie sind viel schlanker als eine Hummel mit viel geringerer Behaarung und normalerweise blassbrauner Färbung.

Es ist umfassend belegt, dass Honigbienen mit unseren wilden Bestäubern konkurrieren können, denn sie verleiben sich einen erheblichen Teil des zur Verfügung stehenden Pollens und Nektars ein, besonders wenn viele Bienenstöcke an einem Ort stehen. Honigbienenstöcke können auch Krankheiten auf wilde Insekten übertragen. Ich möchte es niemandem ausreden, Honigbienen zu züchten, weil die Imkerei ein faszinierendes und befriedigendes Hobby ist und ich auch selbst gerne Honig esse, aber bitte behalten Sie diese Probleme im Kopf. Wenn Sie Honigbienenstöcke halten, sorgen Sie dafür, dass genügend Trachtpflanzen zur Verfügung stehen, damit das Futter für alle reicht. Als Faustregel kann man sich merken, dass eine Honigbienenkolonie sämtlichen Nektar und Pollen auf einem halben Hektar blumenreichem Lebensraum verbraucht.

SCHWEBFLIEGEN, *SYRPHIDAE*

Es gibt 447 deutsche Schwebfliegenarten, etwas weniger als Bienen, und viele von ihnen gehören zu den buntesten, attraktivsten Insekten, die Sie im Garten zu Gesicht bekommen. Nicht wenige von ihnen betreiben hervorragende Mimikry von Wespen oder Bienen; mit dieser Strategie halten sie sich potenzielle Räuber vom Leib, denen sie mit ihrem Äußeren vortäuschen, sie hätten einen Stachel. Immer wieder sieht man in der Presse, dass Artikel über Bienen oder Wespen versehentlich mit Bildern von Schwebfliegen illustriert werden – die Verkleidung funktioniert also, zumindest bei einigen Menschen. Schwebfliegen unterscheiden sich von Bienen und Wespen durch ihre größeren Augen, ihre winzigen Fühler und dadurch, dass sie nur ein Flügelpaar besitzen (Bienen und Wespen dagegen zwei).

Gemeine Schnauzenschwebfliege, *Rhingia campestris*

Der schnabelartig vorstehende Fortsatz an ihrem Gesicht sowie der orangefarbene Hinterleib mit einem schwarzen Streifen an den Seiten macht sie zu einer unserer am leichtesten zu erkennenden Schwebfliegen. Mit ihren verlängerten Mundwerkzeugen kann sie tiefkelchige Blumen wie Kriechenden Günsel, Taubnesseln und Rote Lichtnelken beweiden – diese Blumen meiden die meisten Schwebfliegen –, ich sehe sie aber auch oft an kurzkelchigen Blüten wie Apfel. Die Larven dieser Art brüten in Kuhmist und vielleicht im Dung anderer Tiere. Die Gemeine Schnauzenschwebfliege ist, wie ihr Name sagt, eine sehr häufige Art, die von April bis Oktober Gärten in ländlichen und urbanen Gegenden anfliegt. Halten Sie auch Ausschau nach der weniger verbreiteten Schwesterart *Rhingia rostrata* (bei ihr fehlen die schwarzen Streifen am seitlichen Hinterleib). Vom Lebenszyklus dieser letztgenannten Art ist noch gar nichts bekannt – es wurden noch nie Larven gesichtet, aber wahrscheinlich leben sie auch irgendwo im Dung, für den Fall, dass Sie danach suchen möchten.

Gemeine Sumpfschwebfliege

Gemeine Sumpfschwebfliege, *Helophilus pendulus*

Wegen der gelb-schwarzen Längsstreifen auf dem Thorax sieht diese Art so aus, als hätte sie ein Fußballtrikot an, und trägt daher den Beinamen »the Footballer« oder auch »Tigerschwebfliege«. Die gut aussehende, verbreitete Fliege kommt überall in Deutschland von April bis November vor. Die Gemeine Sumpfschwebfliege nimmt alle Blüten, die ihr vor den Rüssel kommen, und fliegt Vergissmeinnicht, Korbblütler wie Disteln, Falschen Löwenzahn, Löwenzahn und Astern an, aber auch Gewöhnlichen Teufelsabbiss und Efeu. Mit am eifrigsten besiedelt sie künstliche Schwebfliegen-Lagunen, wobei häufig adulte Männchen sie zu ihrem Revier erklären und die Lagunen verteidigen in der Hoffnung, sich mit jedem Weibchen paaren zu können, das dort Eier ablegen möchte. Ihre im Wasser lebenden Larven haben kürzere Atemrohre als die der Mistbiene. Die Gattung umfasst fünf ähnliche Arten.

Hainschwebfliege, *Episyrphus balteatus*

Eine schlanke, zartgliedrige Schwebfliege, die mit ihren gelben und schwarzen Streifen oberflächlich einer Wespe ähnelt. Man erkennt die Hainschwebfliege leicht an zwei schmalen schwarzen Streifen auf dem Hinterleib, die aussehen wie ein Schnurrbart. In Europa ist sie eine der am häufigsten, am weitesten verbreiteten Schwebfliegenarten, die man das ganze Jahr hindurch antreffen kann, obwohl sie natürlich im Sommer häufiger ist. In manchen Jahren explodiert die britische Population dieser Art durch Massen von Migranten vom Festland. Hainschwebfliegen beweiden die verschiedensten kurzkelchigen Blüten wie Jakobs-Greiskraut, Löwenzahn, Falschen Löwenzahn und Wiesen-Kerbel. Offenbar lassen sie sich am stärksten von gelben Blüten anziehen. Ihre madenartigen, grünlichen, halb durchscheinenden Larven sind kein schöner Anblick, aber sie tragen sehr viel zum biologischen Pflanzenschutz in Gärten und in der

Landwirtschaft bei, weil sie als Räuber auf Blattläuse spezialisiert sind. Wenn Sie zum Beispiel einblütige Studentenblumen (*Tagetes*) oder Liebstöckel pflanzen, um die erwachsenen Insekten anzulocken, ist das eine sehr gute, umweltfreundliche Methode, um Ihr Gemüse zu schützen.

Hornissenschwebfliege,
Volucella zonaria

Diese sehr auffällige Art imitiert mit gelb-schwarz gestreiftem Hinterleib, braunem Thorax und gelbem Gesicht erfolgreich unsere heimische Hornisse. Bis in die 1940er-Jahre galt diese Art in Großbritannien als seltene Migrantin aus Südeuropa, siedelte sich dann aber hier an. Inzwischen ist sie im Süden recht verbreitet und taucht von Mai bis Oktober regelmäßig in Gärten und Parks auf, sogar in dicht besiedelten Gebieten; häufig sieht man sie in Londoner Parks und Gärten. Wie bei der Hummel-Waldschwebfliege leben die Larven als Aasfresser in den Nestern sozialer Insekten, in diesem Fall bei der Gemeinen Wespe (*Vespula vulgaris*). Interessanterweise gibt es keine Belege für eine Präsenz in Hornissennestern. Erwachsene Hornissenschwebfliegen kann man oft beim Beweiden von Sommerflieder sehen, außerdem fliegen sie verschiedene andere Blüten an, etwa Gewöhnlichen Wasserdost, Gewöhnlichen Teufelsabbiss, Brombeeren und Rosen.

Hummel-Waldschwebfliege,
Volucella bombylans

Eine großartige Schwebfliege, eine der größten und eine, die auf den ersten Blick überzeugend wie eine Hummel wirkt. Sie existiert in zwei Farbvarianten: eine schwarz mit rotem Ende, die sehr der Steinhummel ähnelt, und eine schwarz mit gelben Querbinden und weißem Ende, die der Hellen Erdhummel ähnelt. Sie ahmt sogar die Hummelgewohnheit nach, ein Mittelbein zu heben, wenn sie gestört wird oder vor Kälte nicht auffliegen

Von oben nach unten:

(l) Gemeine Schnauzenschwebfliege

(r) Hornissenschwebfliege

Hainschwebfliege

Hummel-Waldschwebfliege
(beide Farbvarianten)

kann. Die Eiablage erfolgt in Hummel- oder Wespennestern, und falls das Schwebfliegenweibchen beim Betreten des Nests getötet wird, legt es automatisch alle seine übrigen Eier ab. Die hässlichen, dornenbewehrten Larven ernähren sich von Abfällen im Hummel- oder Wespennest und tun dabei, soweit wir wissen, niemandem etwas zuleide; durch die Aufräumarbeiten nutzen sie ihrem Wirt vielleicht sogar.

Die Hummel-Waldschwebfliege ist weitverbreitet; sie hat zwei Generationen pro Jahr und fliegt von Mai bis September. Sie ernährt sich von den unterschiedlichsten Blüten, zum Beispiel Doldenblütlern, Brombeeren, Flockenblumen und Acker-Witwenblumen.

Mistbiene, *Eristalis tenax*

Die Mistbiene ist eine der verbreitetsten Schwebfliegen Europas und weltweit und wird sehr häufig mit der Honigbiene verwechselt, weil sie von ähnlicher Größe und Färbung ist. Mit ihren großen Augen ähnelt sie noch

stärker männlichen Honigbienen, den Drohnen, als den häufiger zu beobachtenden Arbeiterinnen. Mistbienen kann man das ganze Jahr über beobachten, weil die Weibchen als erwachsene Insekten in Nischen und Spalten überwintern und an wärmeren Tagen mitten im Winter plötzlich auffliegen. Als Futterpflanzen dienen der Mistbiene die unterschiedlichsten kurzkelchigen Blüten, besonders Doldenblütler; im Herbst sitzen sie häufig in Massen auf Efeublüten und Berg-Astern. Im Frühling und Sommer verteidigen die Männchen manchmal ein Revier und zeigen ein charakteristisches Verhalten, bei dem sie längere Zeit in der Luft auf der Stelle schweben. Wie bei der Totenkopfschwebfliege entwickeln sich die Larven im Wasser und atmen durch ein Luftrohr an ihrem Fußende. Sie leben in kleinen Pfützen mit verwesenden organischen Substanzen oder in feuchtem Dung und Abwässern; manchmal beziehen sie auch künstliche »Schwebfliegen-Lagunen«. Übrigens gibt es innerhalb dieser Gattung mehrere ähnliche Arten.

Totenkopfschwebfliege

Totenkopfschwebfliege,
Myathropa florea

Diese gelb-schwarze Schwebfliege hat eine charakteristische schwarze Markierung auf dem Thorax, die je nach Betrachtung aussieht wie das Batman-Logo oder wie ein Totenkopf. Diese Art fliegt von Mai bis Oktober. Die adulten Tiere mögen offenbar besonders gern weiße Blüten: viele Doldenblütler, Weißdorn und Brombeeren. Die Larven entwickeln sich im Wasser, zum Beispiel in Mulmlöchern in Bäumen, in ausfließendem Baumsaft an Verletzungen eines Baumstamms oder in kleinen Pfützen. An ihrem Hinterende sitzt ein langes, haarartiges Atemrohr, das sie als Schnorchel verwenden – ihm verdankt die Larve die Bezeichnung als Rattenschwanzlarve (auch gebräuchlich für die Larven der Gemeinen Sumpfschwebfliege und der Mistbiene, siehe dort). Wahrscheinlich ernähren diese Larven sich von Bakterien auf verrottendem Laub und anderem organischen Material.

ANDERE FLIEGEN

Über neuntausend Fliegenarten beherbergt Deutschland, und bestimmt könnte man in jedem britischen Garten Hunderte finden, wenn man die Zeit und Geduld hätte nachzusehen; zur Bestimmung sind aber meist Spezialisten gefragt. Fliegen sind für die meisten Menschen sicherlich nicht gerade Lieblingsinsekten, aber wichtig sind sie trotzdem. Sehr viele von ihnen besuchen und bestäuben Blüten; andere leisten essenzielle Arbeit etwa beim Recycling von Dung und Aas, und außerdem dienen sie als Nahrung für viele größere Organismen wie Schwalben, Fliegenschnäpper, Frösche und Fledermäuse.

Großer Wollschweber, *Bombylius major*

Meine absolute Lieblingsfliege, eine goldige, pelzige fliegende Puderquaste aus braunem Haar, die in der Luft steht wie ein Kolibri und mit ihrem langen Saugrüssel in Blüten nach Nektar bohrt. Man kann sie mit Hummeln verwechseln, obwohl der lange, steife Saugrüssel und der schnelle, schwirrende Flug klar dagegensprechen. Wollschweber fliegen im Frühling, von März bis Juni, und werden häufig in Gärten gesichtet, wo sie auf dem Boden in der Sonne baden oder von Blüte zu Blüte fliegen. Dank ihres Saugrüssels können sie aus tiefkelchigen Blüten wie Lungenkraut, Erd-Primeln, Traubenhyazinthen und Roten Lichtnelken trinken, wobei sie nicht besonders wählerisch sind.

Weibliche Wollschweber stehen vor den Nestern von Mauerbienen in der Luft und schießen mit einem leichten Schlag ihres Hinterleibs Eier in die Eingänge der Niströhren. Wie bei Kuckucksbienen verzehren ihre Larven im Lauf der Entwicklung die Larven des Wirtstiers und ihren

Nahrungsvorrat. Manchmal werden die Eier auf Blüten gelegt, und dann schwingt sich der junge Wollschweber auf besuchende Bienen und reist als blinder Passagier mit in deren Nest. Diese Gattung umfasst mehrere verwandte Arten, aber bis auf den Großen Wollschweber sind sie alle selten und kaum in Gärten anzutreffen.

WESPEN

Es gibt auf der Welt um die 100 000 Wespenarten, in Deutschland etwa 10 000, von der winzigen parasitischen Wespe, die nur ein paar Millimeter lang ist, bis hin zur Hornissenkönigin, die beinahe vier Zentimeter erreichen kann. Sie besitzen alle zwei Flügelpaare, gut sichtbare Fühler und üblicherweise eine schlanke Taille. Sehr viele verschiedene Wespen sind auf

Blüten beim Nektar- oder Pollenverzehr anzutreffen, obwohl wir kaum eine Vorstellung davon haben, wie viele von ihnen erheblich zur Bestäubung beitragen. Wie bei Fliegen sind Amateure (und wohl auch die meisten professionellen Entomologen) mit der Bestimmung häufig überfordert. Die meisten Wespen sind solitäre Insekten, aber eine Handvoll Arten leben auch in großen sozialen Kolonien mit Königin und Arbeiterinnen, darunter auch die typischen gelb-schwarz gestreiften Insekten, die die meisten Menschen vor Augen haben, wenn sie das Wort Wespe hören.

Gemeine Wespe, *Vespula vulgaris*

Die Gattung besteht aus verschiedenen ähnlichen Arten, doch diese ist die häufigste und verbreitetste in Deutschland. Ihr Lebenszyklus ähnelt dem von Hummeln: Die Kolonien werden im März von der Königin allein ge-

gründet und sterben im Herbst ab, nachdem neue Königinnen und Männchen produziert wurden. Anders als Hummeln verwenden diese Wespen zum Nestbau kein Wachs, sondern einen Papierbrei; angelegt werden die Nester üblicherweise in trockenen, dunklen Hohlräumen, häufig in Dachböden oder wenig genutzten Gartenschuppen oder in einem Loch im Boden, etwa einem Kaninchenbau. Manchmal können diese sozialen Wespen beim Picknick lästig werden, und wenn ihr Nest gestört wird, stechen sie bereitwillig; trotzdem sollten wir versuchen, sie zu schätzen zu wissen: Sie können nicht nur fleißige Bestäuber sein, sondern zählen auch zu den wichtigsten Fressfeinden von Raupen und Blattläusen, den Schädlingen auf unseren Gemüsepflanzen. Unter den vielen Insektenarten, die im Herbst Efeublüten anfliegen, sind diese Wespen die häufigsten. Früher im Jahr mögen sie meiner Beobachtung nach gerne die Blüten von Echtem Schwarzkümmel und anderen Doldenblütlern.

KÄFER

Über siebentausend Käferarten leben in Deutschland, und viele Hunderte von ihnen ernähren sich an Blüten. Eine Handvoll der häufigeren und charakteristischen von ihnen sind unten beschrieben. Als Gruppe sind Käfer recht gut zu erkennen: Ihre Vorderflügel sind auffällig zu Deckflügeln verändert, die gewöhnlich glänzend und hart sind; darunter werden die Hinterflügel, wenn sie nicht in Gebrauch sind, ordentlich aufgefaltet. Damit haben Käfer eine typische Form, häufig rundlich und ohne sichtbare Flügel.

Echter Widderbock, *Clytus arietis*

Wie ihr Zweitname Wespenbock verrät, weisen diese hübschen Insekten mit ihren leuchtend gelben Streifen vor schwarzem Hintergrund mehr als eine oberflächliche Ähnlichkeit zu Wespen auf. Dabei ist diese Mimikry, wie bei den Schwebfliegen, ein einziger Bluff, denn sie haben keinen Stachel und auch sonst nichts, um sich zu verteidigen. Der Echte Widderbock ist in Deutschland moderat verbreitet, am häufigsten sieht man ihn auf Doldenblütlern wie Wilde Möhre, Liebstöckel, Engelwurzen oder auf den Blütenständen von Pastinaken. Ihre Larven fressen sich durch Totholz; mit einem Haufen alter Holzscheite oder ungefällten toten Bäumen kann man diese Art also fördern.

Goldglänzender Rosenkäfer, *Cetonia aurata*

Goldglänzende Rosenkäfer sind juwelenartige, große und kräftige metallisch-grüne Käfer mit weißem Querband. Die Bauchseite ist ebenfalls hübsch golden bis kupferfarben. Wie bei den meisten anderen metallisch schillernden Insekten entsteht die Farbe durch Lichtbrechung an der strukturierten Hautoberfläche und nicht durch Farbpigmente. Eigentlich ist diese Art in Deutschland nicht häufig, doch an vereinzelten Standorten tritt sie regelmäßig in Gärten auf. Die erwachsenen Käfer lieben Rosenpollen, Brombeeren und Bärenklau, ihre Flugzeit ist im ausgehenden Frühjahr und im Sommer. Ihr Flugstil ist auffallend plump, dazu brummen sie laut. Die fetten weißen Maden leben in verrottenden Baumstümpfen, Kompost und Laubhaufen, wo sie sich von dem langsam zerfallenden Pflanzenmaterial ernähren. Ungewöhnlich für Insekten ist der häufig über zwei Jahre ausgedehnte Lebenszyklus.

Grüner Scheinbockkäfer, *Oedemera nobilis*

Diese hübschen, länglichen, metallisch-grünen Käfer verbringen viel Zeit beim Beweiden von Blüten und finden sich in der Südhälfte Deutschlands von April bis August. Offenbar haben sie eine besondere Vorliebe für Bärenklau, Brombeeren, Greiskraut und Margeriten. Wozu die beim Männchen verdickten Hinterschenkel dienen, ist unklar. Die Larven ernähren sich innerhalb von vertrockneten Halmen von Disteln und wahrscheinlich auch von anderen Pflanzen mit markhaltigen Stängeln.

Roter Weichkäfer, *Rhagonycha fulva*

Rote Weichkäfer erkennt man leicht an ihrer länglichen Form und der rostroten Farbe mit schwarzen Enden an den Deckflügeln. In meinem Garten sind sie mit Abstand die häufigsten Käfer auf den Blumen. Ihre Flugzeit reicht vom späten Frühjahr bis in den Frühherbst; im Sommer hocken sie meistens in Paaren kopulierend aufeinander, während sie gleichzeitig den Pollen von Doldenblütlern und Korbblütlern abweiden. Besonders mögen sie Liebstöckel, Wiesen-Kerbel, Bärenklau und Acker-Kratzdistel. Neben Blütenpollen erbeuten Rote Weichkäfer auch kleine Insekten wie Blattläuse und leisten damit wertvolle Hilfe bei der Schädlings-

Von oben nach unten:

(l) Grüner Scheinbockkäfer

(r) Echter Widderbock

Goldglänzender Rosenkäfer

Roter Weichkäfer

bekämpfung im Gemüsebeet. Auch die Larven sind Räuber: Zur Freude der Gärtner verzehren sie Schnecken mit und ohne Haus. Am liebsten halten sich die Larven in dichtem, büscheligem Gras auf – mit einer ungemähten Wiese können Sie also zu ihrer Vermehrung beitragen.

SCHMETTERLINGE

Schmetterlinge und ihre Cousins, die Nachtfalter, gehören alle zur Insektenordnung der Lepidoptera, deutsch Schuppenflügler. Das klingt nicht gerade appetitlich; allerdings entstehen ihre hübschen Farben nur durch die farbigen Schuppen, mit denen ihre Flügel besetzt sind, und wenn man sie anfasst, bleiben diese Schuppen auf dem Finger kleben.

Viele Gärtner wollen von allen Insekten vor allem Schmetterlinge in ihre Gärten locken. Ich erinnere mich, dass in meiner Kindheit in unse-

Kleiner Feuerfalter

rem Garten der Sommerflieder Dutzende Pfauenaugen, Kleine Füchse, Admirale und Kohlweißlinge anzog. Leider finden sich heute bestimmt viel weniger Schmetterlinge in den Gärten als früher, aber wenn Sie die richtigen Blumen pflanzen, können Sie immer noch damit rechnen, ein paar Schönheiten zu Gesicht zu bekommen. Auf einem Sommerflieder werden die genannten Arten alle irgendwann auftauchen, außerdem vielleicht auch C-Falter und Distelfalter. Ein weiterer Magnet für Schmetterlinge ist Echter Dost: Wenn Sie in der Nähe von großen offenen Flächen wohnen oder selbst einen großen Garten haben, kann Echter Dost Rotbraune und Große Ochsenaugen anlocken, Hauhechel-Bläulinge und mit sehr viel Glück sogar Schachbretter und Braune Waldvögel. Auch Jakobs-Greiskraut ist ideal, weil beliebt bei Dickkopffaltern und Kleinen Feuerfaltern, während Disteln und Flockenblumen viele verschiedene Schmetterlinge anlocken.

Mit das Beste, was ein Gärtner tun kann, ist die Bereitstellung passender Trachtpflanzen im Herbst und zu Beginn des Frühlings für die Arten, die als ausgewachsene Falter überwintern. Efeu und Prächtige Fetthennen sind wichtige Herbstressourcen, mit denen besonders Admiral und Kleiner Fuchs sich Wintervorräte anlegen. Im Frühling sind Löwenzahn, Salweide und Atlantisches Hasenglöckchen mit ihrem süßen Saft ein schöner Willkommensgruß nach der Überwinterung.

Vielleicht sind Sie auch versucht, Geld für eines der vielen »Schmetterlingshotels« auszugeben, die man heute überall online oder in Gartencentern kaufen kann und die Schmetterlingen angeblich passende Überwinterungsquartiere liefern. Einige sind sehr attraktiv für das menschliche Auge, doch meiner Erfahrung nach zeigen Schmetterlinge nicht das geringste Interesse daran.

Für Bienen sind praktisch alle Bedürfnisse gedeckt, wenn für ausreichend passende Blumen und ein Bienenhotel zum Nisten gesorgt ist; Schmetterlinge dagegen brauchen etwas anderes. Hotels sind unnötig, und die meisten Wissenschaftler meinen, dass Schmetterlingspopulationen normalerweise auch nicht durch den zur Verfügung stehenden Nektar in ihrer Größe begrenzt werden. Natürlich müssen sie hin und wieder an einer Blüte saugen, um Energie zu tanken, aber anders als Bienen brauchen sie keine großen Nektarmengen für ihre Brut und interessieren sich auch nicht für Pollen. Die entscheidende Ressource, an denen es ihnen oft fehlt, sind Futterpflanzen für ihre Raupen. Das Kapitel »Nisthilfen für andere Bestäuber« liefert ein paar Vorschläge für Schmetterlingspflanzen, die sich leicht in einen Naturgarten integrieren lassen.

Diese Schmetterlingsarten dürften in einem stadtnahen Garten am ehesten auftreten:

Hesperiidae

Diese liebenswerte Familie mit dem deutschen Namen Dickkopffalter enthält kleine, eher unauffällige Schmetterlinge mit pfeilschnellem Flug und einer charakteristischen Sitzhaltung mit halb geöffneten Flügeln. Sie finden sich am häufigsten auf Wiesen, und die Raupen der meisten Arten ernähren sich von Gräsern.

Braunkolbiger Braun-Dickkopffalter, *Thymelicus sylvestris*

Wie sein größerer Cousin fliegt der Braunkolbige Braun-Dickkopffalter im Hochsommer, nämlich von Juni bis August, mit nur einer Generation pro Jahr. Die charmanten goldbraunen Falter trifft man verbreitet beim Trinken an verschiedenen Trachtpflanzen an, etwa an Wiesen-Platterbse, Distel und Jakobs-Greiskraut. Wie der Rostfarbige Dickkopffalter verbringt er den größten Teil seines Lebens als Raupe in Grasröhren, und zwar besonders gern in Wolligem Honiggras (*Holcus lanatus*), glücklicherweise eine sehr häufige Grassorte. Man findet den Braunkolbigen Braun-Dickkopffalter auf Wiesen, Feldrändern, Seitenstreifen an Straßen und an sonnigen Waldwegen – fast überall, wo Gras hoch wachsen darf. Wenn Sie ihn in Ihrem Garten ansiedeln wollen, reicht dazu wohl schon

Braunkolbiger Braun-Dickkopffalter

ein kleiner Flecken hohes Gras in der Sonne. Braunkolbige Braun-Dickkopffalter sind in Deutschland relativ weitverbreitet.

Rostfarbiger Dickkopffalter, *Ochlodes sylvanus*

Die hübschen, orangebräunlichen Insekten unterscheiden sich vom verwandten Braunkolbigen Braun-Dickkopffalter durch ihre Größe und auf den Flügeln durch ein Karomuster mit dunklerem Braun. Die Männchen können streitlustig sein, wenn sie in einem Sonnenfleck auf einem vorstehenden Blatt sitzen und plötzlich aggressiv auf vorbeikommende Insekten losschießen. Rostfarbige Dickkopffalter fliegen im Juli und August, und fast elf Monate des Jahres verbringen sie als langsam wachsende, unauffällige bräunliche Raupe. Die Raupen bauen sich selbst einen Unterschlupf, indem sie mit Seidenfäden Grashalme zu einer Röhre zusammenweben,

Rostfarbiger Dickkopffalter

weshalb sie nicht so leicht auffindbar sind. Ihre liebste Futterpflanze ist Gewöhnliches Knäuelgras (*Dactylis glomerata*). Der Schmetterling ist verbreitet, wo diese Pflanze nicht gemäht wird, an Waldwegen und Lichtungen, Feldrainen, in überwucherten Kirchhöfen und wildem Grasland. Um diese Art mit einiger Gewissheit anzulocken, brauchen Sie in Ihrem Garten eine Wildblumenwiese. Rostfarbige Dickkopffalter sind in Deutschland weitverbreitet, in Schottland dagegen nur ganz im Süden.

Lycaenidae

Zur großen Familie der Bläulinge gehören kleine, zarte und manchmal ausgesprochen hübsche Schmetterlinge; viele von ihnen sind blau, manche aber auch braun oder gar kupferrot schimmernd. Die Raupen vieler Bläulinge stehen in komplizierten gegenseitigen Abhängigkeiten zu Ameisen, für deren Schutz sie sich mit ihren proteinreichen Sekreten revanchieren.

Faulbaum-Bläuling

Faulbaum-Bläuling, *Celastrina argiolus*

Die meisten heimischen Bläulinge sind mit Wiesen assoziiert – nicht so der Faulbaum-Bläuling, der an Stechpalmen und älterem Efeu an Mauern und Bäumen herumflattert. Seine Flügeloberseiten sind von einem schön warmen Himmelblau, das man aber nur selten zu Gesicht bekommt, weil diese Art selten mit geöffneten Flügeln dasitzt. Die Unterseite, die man normalerweise gezeigt bekommt, ist sehr blassblaugrau mit kleinen schwarzen Flecken.

Der Faulbaum-Bläuling ist der Schmetterling, der mit Abstand am frühesten im Jahr fliegt; wenn Sie also im April oder Mai einen eher kleinen blauen Schmetterling sehen, ist es ganz bestimmt diese Art. Der Frühlings-Schlüpfer legt seine Eier auf Stechpalmen, und die Raupen fressen dann Knospen, Beeren und Blätter; die zweite Generation erscheint im August und legt ihre Eier auf die Knospen von Efeublüten. In warmen Jahren kann im Oktober eine kleinere dritte Generation fliegen, besonders in Südengland. Faulbaum-Bläulinge sind in Gärten, Parks und Friedhöfen in der ganzen Südhälfte Großbritanniens noch relativ verbreitet; allerdings schwankt ihre Populationsgröße regelmäßig in einem Vier- bis Sechsjahreszyklus in Abhängigkeit von der spezialisierten parasitischen Wespe *Listrodomus nycthemerus*, die ausschließlich den Faulbaum-Bläuling angreift und periodisch sehr zahlreich wird. Fördern können Sie diesen Falter ganz einfach, indem Sie Efeu wachsen und blühen lassen und ihn, wenn es überhaupt sein muss, nur in den Wintermonaten zurückschneiden. Wenn Sie wirklich Lust auf den Falter haben, pflanzen Sie außerdem noch eine Stechpalme.

Hauhechel-Bläuling, *Polyommatus icarus*

Prächtige kleine Schmetterlinge mit unterschiedlichen Ober- und Unterseiten: Oben sind die Flügel der Männchen himmelblau mit einer schwarzweißen Umrandung und die der Weibchen entweder bläulich oder scho-

Hauhechel-Bläuling

koladenbraun mit orangen Flecken. Die Unterseiten sind bei beiden Geschlechtern blassbraun mit einem komplexen Muster aus weißen, schwarzen und orangefarbenen Flecken. Leider ist der andere Name des Falters, Gemeiner Bläuling, nicht mehr ganz passend, weil er längst nicht mehr so allgemein verbreitet ist wie früher; doch er zeigt sich immer noch regelmäßig in Gärten am Stadtrand und in ländlicheren Gegenden. Auf dem Land lebt diese Art vor allem auf blumenreichen Wiesen, aber er frequentiert auch Industriebrachen, überwucherte Kirchhöfe, Böschungen an Straßen und Bahndämmen sowie Sanddünen. Die Art tritt in zwei oder drei klar definierten Bruten pro Jahr auf, am zahlreichsten ist er im Juni, August und Ende September. Die Larven ernähren sich an verschiedenen Hülsenfrüchtlern wie Klee, aber ihr absolutes Lieblingsfutter ist Gewöhnlicher Hornklee – eine sehr pflegeleichte Pflanze, die Sie in einer Wiese auswildern oder auch im Beet kultivieren können.

Kleiner Feuerfalter

Kleiner Feuerfalter, *Lycaena phlaeas*

Der lebhafte, hübsche Kleine Feuerfalter ist mit seinen kupferrot schimmernden Flügeln mit braunen Flecken unverwechselbar. Die Männchen zeigen ein deutliches Territorialverhalten, wenn sie von einem hervorstehenden Stängel aus jeden anderen Schmetterling angreifen, der es wagt, in sein Privatrevier einzudringen. Der Kleine Feuerfalter ist bis auf die Bergregionen überall in Deutschland und Europa weitverbreitet, allerdings selten in großen Populationen. Er hat drei Generationen pro Jahr, sodass von April bis Oktober fast durchgehend Falter fliegen, wenngleich sie im Lauf des Jahres eher mehr werden. Die Raupen ernähren sich von Sauerampfer und Kleinem Sauerampfer; den im Garten zu haben lohnt sich auch, weil Sie Ihren Salaten damit eine aromatische Note verleihen können. Der Kleine Feuerfalter bevorzugt eher warme, trockene Standorte und besiedelt wilde Wiesen, Industriebrachen, Heideland, Sanddünen und Steinbrüche. Ich habe fast immer ein paar auf der Blumenwiese in meinem Garten, wo die erwachsenen Falter sich am Nektar von Jakobs-Greiskraut laben.

Nymphalinae

Viele unserer vertrautesten, buntesten Schmetterlinge gehören zu dieser weltweit verbreiteten Familie. Sie sind häufig sehr flugstark; viele überwintern als Falter, und bei uns ernähren sie sich oft von Brennnesseln. Merkwürdigerweise verwenden sie meist nur vier ihrer sechs Beine und halten das Vorderpaar unter dem Kopf gefaltet.

Admiral, *Vanessa atalanta*

Eine sehr charakteristische, gut aussehende Art, die man überall in Deutschland antrifft. Als ich jünger war, dachte man, diese Art könne in Großbritannien nicht überwintern, weil jedes Jahr im Frühling Migranten aus dem europäischen Festland und Nordafrika kamen. Doch regelmäßige Sichtungen von Faltern, die sehr spät im Herbst Nektar saugen und an warmen Wintertagen wieder auftauchen, legen nahe, dass zumindest einige von ihnen so robust sind, dass sie im Süden Englands auch den Winter überleben können. Einer wurde lebendig und tief schlafend im Februar in einem Kaninchenbau gefunden, andere wurden beobachtet, wie sie im ausgehenden Winter aus Kaninchenbauten krochen – vielleicht ist das also ein beliebter Unterschlupf für ihre Überwinterung. Die Futterpflanze der Raupen sind Brennnesseln, aber anders als die Verwandten Pfauenauge und Kleiner Fuchs leben die Raupen des Admirals solitär und bauen sich ein kleines Zelt aus Brennnesselblättern, das sie mit Seide verweben. Die Falter ernähren sich von überreifem Obst wie Brombeeren und sind im Herbst ganz besonders der Efeublüte zugeneigt.

C-Falter, *Polygonia c-album*

Der C-Falter ist einer meiner liebsten Schmetterlinge. Seine aufwendig herausmodellierten Flügel, die ihn im Ruhezustand aussehen lassen wie ein krauses totes Blatt, tragen eine kleine weiße Markierung in Form des Buchstabens C. Nach der Überwinterung als Falter fliegt der C-Falter von den ersten warmen Märztagen an. Seine Eier legt er vor allem auf Brennnesseln, früher allerdings überwiegend auf Hopfen, sodass diese Art auf Hopfenplantagen als Schädling galt. Die unheimlichen, sporntragenden Raupen sind dunkelbraun oder orange, dazu ein Spritzer Weiß, womit sie aussehen wie Vogeldreck. Er ist in Deutschland weitverbreitet, wenn auch nie besonders zahlreich. Die Falter mögen faulendes Obst wie Pflaumen und zeigen sich bei mir als besondere Liebhaber von Lauchblüten-Nektar.

Distelfalter, *Vanessa cardui*

Ich erinnere mich noch an meine Erregung, als ich als Teenager meinen ersten Distelfalter erblickte. Er war ziemlich angeschlagen, und ich stellte mir vor, was er wohl alles schon erlebt hatte, denn diese Falter migrieren jedes Frühjahr aus Nordafrika nach Deutschland. In manchen Jahren können sie im Spätsommer sehr häufig werden, wenn sie auf Distelgruppen ihre Eier ablegen (Disteln sind die Hauptfutterpflanze der Raupe). Die Raupen leben versteckt in mit Seide verklebten Blattzelten, aber sie sind ziemliche Dreckspatzen; an den Flecken im Seidengewebe sind die Zelte leicht ausfindig zu machen. Frisch geschlüpfte Distelfalter sind unglaublich schön, ihre kräftig orangefarbenen Flügel sind mit einem charakteristischen schwarz-weißen Muster verziert. Wie viele andere Schmetterlinge mögen die Falter besonders gern Sommerflieder, aber auch Disteln, Flockenblumen und Brombeere. Sie fliegen ab April, wenn die ersten tapferen Migranten die Südküste erreichen, bis in den Oktober, wenn sie wohl wieder gen Süden aufbrechen.

Kleiner Fuchs, *Aglais urticae*

In meiner Jugend war der Kleine Fuchs der häufigste Falter auf unserem Sommerflieder; heute ist er viel seltener, wenn auch immer noch weitverbreitet. Das britische Überwachungsprojekt *Butterfly Monitoring Scheme* zeigt für die Jahre 1976 bis 2012 einen Rückgang um 76 Prozent. Der Kleine Fuchs hat zwei Generationen pro Jahr und überwintert als Falter; ausreichend nektarreiche Blumen wie Prächtige Fetthennen im Spätsommer helfen ihm, den langen winterlichen Schlaf durchzuhalten. Wie bei den nah verwandten Pfauenaugen leben die Raupen des Kleinen Fuchses in Gespinsten auf Brennnesselständen, sind aber leicht zu erkennen durch ihre bräunliche Färbung mit cremegelben Streifen. Wie die Pfauenaugen legen die Weibchen des Kleinen Fuchses ihre Eier auf junge Brennnesselpflanzen; wenn Sie also größere Brennnesselbestände haben, versuchen

Von oben nach unten:

(l) Pfauenaugenraupe

(r) Pfauenauge

Admiral

(l) Distelfalter

(r) C-Falter

Kleiner Fuchs

Sie Anfang Juni, einen Teil davon rigoros zurückzuschneiden. Damit kommt es Ende des Monats zu einem neuen Wachstumsschub – und um diese Zeit sucht die Sommerbrut nach einem Ort für die Eiablage.

Pfauenauge, *Aglais io*

Das Pfauenauge ist unter allen Faltern wohl am einfachsten zu erkennen und bleibt überall verbreitet. Der charakteristische blaue Augenfleck, von dem der Falter seinen Namen hat, ist eine Strategie der Evolution, um Räuber abzuschrecken. Pfauenaugen überwintern als Falter, häufig in Gartenschuppen; wenn sie mit geschlossenen Flügeln in einer Ecke hocken, sehen sie aus wie totes Laub. Werden sie von einem potenziellen Räuber, etwa einer Maus, aufgeschreckt, so schlagen sie ruckartig die Flügel auf und legen die großen Augen frei; gleichzeitig reiben sie ihre Flügel aneinander und erzeugen dadurch ein zischendes Geräusch – alles in der Hoffnung, dass die Maus davon erschrickt und wegläuft. Pfauenaugen und ihr Verwandter, der Kleine Fuchs, dringen zur Überwinterung oft in Häuser ein, aber wegen der modernen Heiztechnik sind die meisten Häuser heute viel zu warm, und diese Falter werden nicht überleben. Wenn es nicht allzu kalt ist, sollten Sie sie nach draußen setzen; ansonsten bringen Sie sie in einen kühlen Schuppen oder an einen anderen geschützten Ort, aber achten Sie darauf, dass sie beim Erwachen im Frühling leicht nach draußen finden. Das Pfauenauge hat eine Generation pro Jahr, und die gemeinschaftlich lebenden samtschwarzen, gespornten Raupen legen im Juni und Juli auf ihrer Hauptfutterpflanze, der Brennnessel, zum Schutz Gespinste an.

Pieridae

Aufgrund ihrer überwiegend weißen oder gelben Färbung heißen die Schmetterlinge dieser Familie auch »Weißlinge«. Zu den Pieridae zählen einige unserer häufigsten Schmetterlinge, und die meisten ihrer Raupen ernähren sich von Kreuzblütlern. Zu dieser Familie gehören die beiden einzigen deutschen Schmetterlingsarten, die als signifikante Schädlinge gelten können.

Aurorafalter, *Anthocharis cardamines*

Der hübsche, im Frühjahr aktive Aurorafalter überwintert als Puppe und fliegt von April bis Juni mit nur einer Generation pro Jahr. Männliche Aurorafalter sind unverwechselbar, ihre orangefarbenen Flügelspitzen leuchten geradezu beim Fliegen, aber die Weibchen, denen diese Färbung fehlt, ähneln oberflächlich dem Rapsweißling. Unterscheiden lassen sie sich an der Fleckzeichnung auf der Flügelunterseite, die bei ihnen viel stärker ins Grüne tendiert.

Der Aurorafalter legt seine Eier an sehr ähnliche Futterpflanzen wie der Rapsweißling, so an Wiesen-Schaumkraut und Knoblauchsrauke. Verbreitet sind diese Arten an eher feuchten Standorten, etwa an Baum-

Von oben nach unten:

(l) Zitronenfalter

(r) Rapsweißling

Aurorafalter

(l) Kleiner Kohlweißling

(r) Großer Kohlweißling

hecken und Waldsäumen; dort begegnet man also auch am häufigsten diesem Falter. Die Raupen fressen am liebsten die sich entwickelnden Samenschoten ihrer Wirtspflanzen und sind auf den verwelkten Blütenständen des Wiesen-Schaumkrauts relativ leicht zu finden. Wenn Sie passende Futterpflanzen haben, dürften Aurorafalter gerne in Ihrem Garten brüten; nur schneiden Sie im Winter nicht zu viel ordentlich ab, weil man damit allzu leicht die überwinternden Puppen zerstört, die gern an Pflanzenstängeln hängen.

Großer Kohlweißling, *Pieris brassicae*

Der Große und der Kleine Kohlweißling sind trotz des ähnlichen Namens ziemlich unterschiedliche Arten – allerdings fressen zufällig beide gerne unsere kultivierten Kohlarten. Der Große Kohlweißling ist sehr flugstark, und die britische Population wird häufig durch Migranten aufgestockt, die über den Ärmelkanal geflogen sind. Abgesehen von der Größe unterscheiden die beiden Arten sich auch in der Form der schwarzen Markierung auf der Oberseite der Flügelspitzen, die sich beim Großen Kohlweißling weit über den Flügelrand hinzieht. Viel einfacher zu unterscheiden sind die Raupen, denn die des Großen Kohlweißlings sind senfgelb mit schwarzen Tupfen und leben gemeinschaftlich in großen Clustern, während die des Kleinen Kohlweißlings grün und solitär und daher viel schwieriger zu entdecken sind. Beide Arten lassen sich vom Kohl im Garten leicht durch die Aufspannung von Netzen fernhalten; bei kleinen Kohlpflanzungen kann man auch einfach regelmäßig nach den gelben Eiern suchen oder nach nebeneinanderliegenden kleinen Löchern, die die jungen Larven gefressen haben, und sie zerdrücken. Hilfe bei ihrer Bekämpfung leistet häufig die winzige Schlupfwespe *Cotesia glomerata,* die mit ihrem Legstachel in jede Raupe bis zu fünfzig Eier injiziert. Die arme Raupe wird dann bei lebendigem Leib von innen aufgefressen, bis die Wespenlarven schließlich aus ihrem Wirt ausbrechen und sich in einem Cluster hellgelber Puppen einspinnen. Doch auch für diese Wespen läuft nicht alles ganz nach Plan, denn sie werden wiederum von einer noch winzigeren Wespe, der *Lysibia nana,* parasitiert, sodass die Raupe, die *Cotesia* und die *Lysibia* wie russische Matrjoschka-Puppen ineinander verschachtelt sind.

Kleiner Kohlweißling, *Pieris rapae*

Gemeinsam mit seinem großen Cousin ist der Kleine Kohlweißling ein signifikanter Schädling unserer Kohlpflanzungen im Garten, obwohl er sich auch an verschiedenen wilden Kreuzblütlern wie Knoblauchsrauke und Weg-Rauke gütlich tut (Tipps zur Entfernung und Bekämpfung siehe unter »Großer Kohlweißling«). Pro Jahr gibt es zwei Generationen, die Falter fliegen vor allem im Mai und Juni und dann wieder im August. Kleine Kohlweißlinge gibt es in fast allen Regionen Deutschlands; am häufigsten sieht man sie in unseren Schreber- und Gemüsegärten ihre Futterpflanzen umschwirren.

Rapsweißling, *Pieris napi*

Einer unserer verbreitetsten Falter mit einer Flugzeit in zwei sich überlappenden Generationen von April bis September. Der Rapsweißling ist in Gärten und Parks häufig. Auf dem Land findet man ihn auch an Waldwegen, im Gebüsch, an Hecken und seltener auf offenen Wiesen. Mit ihren überwiegend weißen Flügeloberseiten mit schwarzen Markierungen ähnelt diese Art dem Kleinen und Großen Kohlweißling, lässt sich aber anhand der sehr hübschen grünlichen Streifen auf der Unterseite leicht unterscheiden. Der Rapsweißling legt seine Eier auf verschiedene wilde Kreuzblütler wie Wiesen-Schaumkraut, Ackersenf und Weg-Rauke, aber zum Glück nicht auf kultivierte Kreuzblütler. Den Winter verbringt er als Puppe, die mit einem zarten Seidengürtel an einem Pflanzenstängel hängt.

Zitronenfalter, *Gonepteryx rhamni*

Wenn zum ersten Mal die leuchtend gelben Flügel eines männlichen Zitronenfalters durch den Garten flattern, ist es jedes Jahr ein willkommenes Zeichen, dass der Frühling naht. Diese prächtigen Schmetterlinge haben nur eine Generation pro Jahr, die Falter leben etwa neun Monate lang von August bis Mai und überwintern im Laub. Wissenschaftler sprechen beim Zitronenfalter von »sexuellem Dimorphismus«, weil die Männchen auf der Oberseite ihrer Flügel kräftig gelb gefärbt sind, die Weibchen dagegen pastellgrün. Beide Geschlechter imitieren nahezu perfekt Blätter, wenn sie mit geschlossenen Flügeln still sitzen, etwa bei der langen Überwinterung. Auf ihren älteren Namen *butter-colored fly* (»butterfarbige Fliege«) geht angeblich das englische Wort *butterfly* zurück. Wo auch immer Sie in Deutschland leben, werden Sie mit großer Wahrscheinlichkeit Zitronenfalter im Garten haben, und wenn Sie ihr Raupenfutter anpflanzen (Kreuzdorn oder Faulbaum, beides Sträucher oder kleine Bäume), werden sie sehr wahrscheinlich auch Eier legen; allerdings brauchen Sie Adleraugen, um die exzellent getarnten grünen Raupen und Puppen zu entdecken.

Satyrinae

Die Familie der Augenfalter, deren Arten überwiegend braun sind, enthält einige unserer häufigsten und bekanntesten Schmetterlinge, etwa das Große und das Rotbraune Ochsenauge. Trotzdem brüten nur wenige Augenfalter in Gärten, außer Sie haben Platz für eine großformatige Wiese. Die Raupen fast aller Mitglieder dieser Familie ernähren sich von verschiedenen Grassorten, sind in der Regel in Grün- und Brauntönen gut getarnt und zudem nachtaktiv, werden also selten zur Kenntnis genommen.

Brauner Waldvogel, *Aphantopus hyperantus*

Von Weitem wirken Braune Waldvögel ziemlich plump braun, aber aus der Nähe sind sie hübsch samtig und schokoladenbraun und geschmückt mit Ansammlungen von sahnegelben Ringen. Die Art bewohnt feuchte Wiesen und Waldsäume, und ich finde immer ein paar in überwucherten Ecken meines Gartens, wo sie häufig an Brombeerblüten trinken. Wie die meisten Augenfalter haben Braune Waldvögel nur eine Generation pro Jahr; die Falter fliegen im Juli und August. Den Großteil des Jahres verbringen sie als Raupen und knabbern langsam an Gräsern wie Gewöhnlichem Knäuelgras (*Dactylis glomerata*) und Wald-Zwenke (*B. sylvaticum*); brüten werden sie in Ihrem Garten also nur, wenn Sie ein paar Stellen mit langem, nicht gemähtem Gras stehen lassen.

Waldbrettspiel, *Pararge aegeria*

Die bräunlichen Falter mit hell gelblichen Flecken halten sich vor allem im Wald und am Waldrand auf und fühlen sich auch in reifen Gärten und Parks wohl, sofern es dort Bäume und hoch stehendes Gras gibt. Das Waldbrettspiel scheint eine relativ anpassungsfähige Art zu sein: Als einziger Schmetterling kann es in zwei Lebensstadien überwintern, entweder als Raupe oder als Puppe; und je nach Lage und Wetter hat es flexibel zwei oder drei Generationen pro Jahr. Die Falter sieht man von April bis Oktober mehr oder weniger ständig. Männchen verteidigen häufig sonnige Flecken im Wald und verjagen dort andere Männchen, die vielleicht in ihr Revier eindringen wollen, in spiralförmig aufsteigenden Luftschlachten. Diese Männchen können tagelang an einer Stelle sitzen bleiben. Sie besuchen nur selten Blüten zum Trinken, ich frage mich also, woher sie die Energie für all ihre Aktivitäten nehmen. Die Weibchen legen ihre Eier angeblich auf verschiedene eher harte Gräser, aber in meinem Garten gilt ihre Vorliebe eher der Wald-Zwenke (*Brachypodium sylvaticum*).

Von oben nach unten:

Waldbrettspiel

Brauner Waldvogel

(l) Großes Ochsenauge

(r) Rotbraunes Ochsenauge

NACHTFALTER

Nachtfalter gelten oft als die unheimlichen, plumpen nächtlichen Verwandten der Schmetterlinge, die sich im Dunkeln gerne an Lampen werfen und selbst pulverisieren. Der Film *Das Schweigen der Lämmer* (1991), wo ein Serienkiller sich als Hobbyzüchter von Nachtfaltern betätigt, konnte ihren Ruf nicht aufpolieren. Und zu allem Übel sind ein paar Arten auch noch so dreist, sich in unseren Kleiderschränken einzunisten und Löcher in unsere Wollsachen zu knabbern. Trotzdem ist die Verachtung, die Nachtfaltern entgegenschlägt, unberechtigt, denn viele von ihnen sind einfach schön. Ja, ziemlich viele decken vor allem verschiedene Grau- und mehr oder weniger rostige Brauntöne ab, aber sie haben herrliche Tarnmuster, mit denen sie aussehen wie vertrocknete Blätter, Flechten, tote Zweige oder Vogeldreck. Blutströpfchen oder Jakobskrautbär stellen mit ihren prächtigen Farben locker Schmetterlinge wie das tristbraune Große Ochsenauge in den Schatten. Gegen 189 deutsche Schmetterlingsarten stehen beinahe 3500 Arten von Nachtfaltern. Wenn Sie irgendwo in Großbritannien an einem warmen Sommerabend eine Lichtfalle in einen Garten stellen (sie lockt mit UV-Licht Nachtfalter in einen reusenartigen Käfig), werden Sie Dutzende, vielleicht Hunderte Arten fangen. In meinem Garten in Sussex fing einmal ein eifriger Nachtfalter-Enthusiast innerhalb von zwei Nächten 169 verschiedene Nachtfalterarten, von winzigen, nicht einmal einen Zentimeter langen »Kleinschmetterlingen« bis hin zu riesigen Schwärmern.

Ohne Lichtfalle werden Sie die meisten Nachtfaltersorten nie zu sehen bekommen, denn in der Regel sind sie nun einmal nachtaktiv und verstecken sich tagsüber vor den räuberischen Vögeln. Einige fliegen auch tagsüber – unter ihnen die buntesten Arten, etwa die schon erwähnten Jakobskrautbären und Blutströpfchen. Es ist kein Zufall, dass diese farbenprächtigen Arten am Tag unterwegs sind: Sie sind nämlich giftig und weisen mit ihren kräftigen Farben genau darauf hin; damit brauchen sie keine Tarnung und kein Versteckspiel im Tageslicht.

Wenn Sie Nachtfalter in Ihrem Garten fördern wollen, sollten Sie blasse Blüten pflanzen, die abends ihren Duft freisetzen, etwa Waldgeißblatt, Jasmin, Weiße Lichtnelke, Nachtkerze und *Nicotiana.* Auch Sommerflieder ist gut, während Flockenblumen eher tagaktive Falter wie Blutströpfchen locken. Lavendel und Baldrian mag das tagaktive Taubenschwänzchen. Wie für Schmetterlinge ist es auch für Nachtfalter wahrscheinlich wichtiger, Futterpflanzen anzubieten als Nektar, aber da es so viele Arten gibt, wird praktisch jede heimische Pflanze in Ihrem Garten für einige von ihnen als Futter dienen. Weitere Hinweise finden Sie im Kapitel »Nisthilfen für andere Bestäuber«.

Hier folgt eine Auswahl von Nachtfaltern, die vielleicht in Ihrem Garten aufkreuzen und tagsüber aktiv sind, sodass Sie sie wohl am ehesten wirklich sehen.

Gammaeule, *Autographa gamma*

Von diesem Falter sieht man normalerweise nichts weiter als ein graues Flattern, das eilig von Blüte zu Blüte flitzt. Wenn irgendwann einmal einer lange genug still sitzt, könnten Sie vielleicht erkennen, dass er zart bemusterte graue Flügel mit einem deutlichen cremeweißen Y auf dem Vorderflügel hat. Die Gammaeule migriert, in den meisten Jahren kommt sie ab der Mitte des Frühlings in großen Mengen vom Mittelmeer. Die Art muss bemerkenswert robust sein, einige Individuen fliegen nämlich bis nach Island. Wenn sie erst einmal da sind, brüten sie schnell und bringen es auf drei oder vier Generationen, bevor die ersten Fröste sie hinstrecken oder wieder gen Süden treiben. Die grün getarnten Raupen fressen verschiedenste krautige Pflanzen, zum Beispiel Hülsenfrüchtler, Kreuzblütler und Rüben, weshalb sie oft als Schädlinge gesehen werden; ich dagegen finde, dass sie selten so viele sind, dass man sich Sorgen machen müsste.

Von oben nach unten:

(l) Sechsfleck-Widderchen

(r) Goldzünsler

Jakobskrautbär

(l) Jakobskrautbär, Raupe

(r) Gammaeule

Goldzünsler, *Pyrausta aurata*

Dieser kleine, aber hübsche schokoladenbraune Falter mit goldenen Flecken ist inzwischen in Gärten mäßig häufig, obwohl er wild vor allem mit Magerrasen assoziiert wird. Die Raupen fressen Pfefferminze und verwandte Pflanzen wie Echten Dost, Echten Salbei, Thymian und Katzenminze. Vielleicht befürchten Sie daher Schaden für Ihren Kräutergarten, aber ich habe sie noch nie so zahlreich werden sehen, dass sie eine ernsthafte Bedrohung geworden wären. Die grünlich braunen Raupen verstecken sich in selbst gebauten Blätterzelten, die mit Seide zusammengehalten werden. Die adulten Falter hocken häufig recht auffällig auf Minzblättern zusammen; sie fliegen in zwei Bruten im Mai und Juni und wieder von Juli bis September.

Jakobskrautbär, *Tyria jacobaeae*

Dieser unverwechselbare Nachtfalter mit zinnoberroter Zeichnung auf Schwarz ist überall da häufig, wo seine namensgebende Futterpflanze, das Jakobs-Kreuzkraut, wächst. Die ausgewachsenen Falter sitzen auf Blüten herum, häufig saugen sie am Jakobs-Kreuzkraut und flattern bei einer Störung ziemlich matt davon – es sieht aus, als wären sie dem Tod nahe. Ihre Flugzeit dauert von Mai bis August. Jakobs-Kreuzkraut ist eine krautige Pflanze auf stark beweideten Wiesen, Brachland, Bahndämmen und Industriebrachen; wenn man sie ab Juni genauer unter die Lupe nimmt, findet man dort normalerweise die gelb-schwarz gestreiften Raupen, die anfangs in Gruppen fressen, sich dann aber trennen und, wenn sie größer werden, alleine leben. Die leuchtenden Farben der Raupen und der Falter sind ein Warnsignal an potenzielle Fressfeinde wie hungrige Vögel, dass die Insekten die toxischen Alkaloide eingelagert haben, die das Jakobs-Kreuzkraut giftig machen.

Sechsfleck-Widderchen, *Zygaena filipendulae*

Diese prächtig bunten und eher faulen, pummeligen, langsam fliegenden Falter findet man überall in Deutschland; häufig trinken sie den Nektar von Flockenblumen, Acker-Witwenblumen oder Disteln. Wie beim Jakobskrautbär sind die leuchtenden Farben des Sechsfleck-Widderchens ein Warnsignal für seine Giftigkeit; in diesem Fall rührt sie von der Blausäure, die er als Raupe von seiner Futterpflanze, dem Gewöhnlichen Hornklee, einlagert. Sechsfleck-Widderchen fliegen im Hochsommer, von Juni bis August, und können in geeigneten Habitaten wie Magerrasen sehr zahlreich werden, aber sie zeigen sich häufig auch in anderen Lebensräumen wie sonnigen Waldwegen, Sanddünen, Straßenböschungen und Gärten. Die fetten gelb-schwarzen Raupen sind im ausgehenden Frühling leicht auf der Futterpflanze auszumachen, genauso die pergamentartigen gelben Kokons an hohen Grashalmen. Weibliche Sechsfleck-Widderchen werden oft schon Sekunden nach dem Schlüpfen begattet, wenn ihre Flügel noch nicht ganz aufgefaltet sind; oft hängen die Paare dabei am leeren Kokon des Weibchens.

Taubenschwänzchen, *Macroglossum stellatarum*

Jedes Mal, wenn ich eines dieser großartigen Insekten sehe, setzt für einen Schlag mein Herz aus. Auf den ersten Blick sehen sie aus wie Kolibris, so groß sind diese Falter, die extrem schnell fliegen und vor Blüten in der Luft stehen bleiben, um den Nektar zu trinken. Sie haben große Augen und einen sehr langen Rüssel – etwa so lang wie ihr Körper –, den sie beim Saugen nach vorne ausrollen. Ihre Lieblingsblüten, etwa Rote Spornblume, Lavendel, Geißblatt und Sommerflieder, verbergen ihren Nektar in tiefen Röhren. Seine Eier legt das Taubenschwänzchen auf Echtes Labkraut, Kletten-Krapp und Wiesen-Labkraut, und mit etwas Glück finden Sie von

Juni bis Oktober seine Raupen. Diese Falter strömen als Migranten aus dem Mittelmeerraum nordwärts und schaffen es in guten Jahren bis auf die Shetlandinseln. Man vermutet, dass ein paar Falter in wärmeren Wintern in Südengland überwintern können.

KAPITEL 7

Die besten Gartenpflanzen für Bestäuber

Viele bekannte Garten- und Wildblumen sind hervorragende Nektar- und Pollenquellen für Bestäuber. Einer verbreiteten Fehlannahme zufolge muss ein Naturgarten ungepflegt, überwuchert und voller Brennnesseln und Brombeergestrüpp sein. Das ist Unsinn (wenngleich ich zugeben muss, dass Brombeeren für viele Insekten ein absolutes Lieblingsfutter sind). Hummeln, Schmetterlingen und anderen Tieren ist es schnurzpiepegal, ob Ihr Garten gepflegt ist oder nicht, solange er ihnen Nahrung und Unterschlupf bietet. Es ist absolut möglich, einen Garten zu besitzen, der gleichzeitig schön ist und ein Paradies für die Natur. Allerdings haben viele der Gartenblumen, die in Gartencentern containerweise verkauft werden, für die wilde Gartenfauna wenig oder gar nichts zu bieten; erfolgreiche Naturgärtner brauchen also vor allem ein solides Wissen darüber, welche Blumen die richtigen sind.

Wenn Sie glückliche Bienen wollen, sollten Sie viele der knallbunten Beetpflanzen, die überall vor Gartencentern, Bau- und Supermärkten ausgestellt sind, am besten meiden. So sind etwa Geranien, Begonien, Fleißiges Lieschen, Stiefmütterchen, Petunien, Lobelien und so weiter für Bestäuber alle völlig zwecklos. Über Jahrzehnte hinweg nahmen die Züchter bei diesen Pflanzen eine extrem künstliche Selektion vor, um größere, spektakulärere Blüten in allen Farben oder längere Blütezeiten zu produzieren. Daran ist im Prinzip nichts auszusetzen – allerdings ist den Blüten in diesem Prozess häufig der Nektar verloren gegangen, der die Bienen anlockt, oder die Blütenform wurde so verunstaltet, dass Insekten an Nektar

oder Pollen schlicht nicht mehr herankommen. In Extremfällen sind die Blüten sterile Hybride und produzieren überhaupt keinen Pollen mehr. Auch gefüllte Blüten sind Mutanten, bei denen einige oder alle Staubbeutel (die männlichen Blütenteile, die Pollen produzieren) in Kronblätter umgewandelt sind; die verbauen häufig Insekten den Weg in die Blüte hinein, und wenn sie sich doch bis ins Innere vorkämpfen, werden sie enttäuscht feststellen, dass es keinen Pollen gibt. Ein bekanntes Beispiel dafür ist die klassische Edelrose, wie Sie sie vielleicht gerne zum Valentinstag verschenken, aber wenn Sie die Pflanzen in Ihrem örtlichen Gartencenter durchgehen, werden Sie Dutzende andere entdecken: gefüllte Stockrosen, Gartennelken, Kamelien, Akeleien, Dahlien und Pfingstrosen, um nur einige zu nennen. Diese wuscheligen Anhäufungen von Blütenblättern mögen für uns schön aussehen, aber für eine Biene sind sie schlicht unbrauchbar.

Daher sind einblütige Sorten altmodischer Bauerngarten-Blumen wie Lavendel, Salbei, Akeleien und Lupinen grundsätzlich sehr viel besser. Sie ähneln häufig stark den Wildblumen, von denen sie abstammen, haben also nicht die natürlichen Verbindungen zu ihren Bestäubern verloren. Außerdem sind sie in der Regel ziemlich robust und leicht zu kultivieren, und die meisten sind außerdem Stauden, die man nicht jedes Jahr neu zu pflanzen braucht. Überwiegend gedeihen sie gut in einem traditionellen Blumenbeet; und wenn Sie nur wenig Platz haben, gibt es jede Menge bestäuberfreundliche Pflanzen, die bestens in einem Topf auf dem Hof oder Balkon, in einer Pflanztasche oder sogar in einem Kasten vor dem Fenster wachsen. Viele sind zudem noch leckere Küchenkräuter: Schnittlauch, Oregano (Echter Dost), Salbei und Rosmarin zum Beispiel sind alle bei Bienen äußerst beliebt.

Gar keine intensive Züchtung nach Menschengeschmack haben natürlich Wildblumen durchgemacht, und viele von ihnen sind für Insekten höchst attraktiv. Wildblumen sind auf dem Land inzwischen selten, weil es immer weniger Hecken, Heuwiesen und Magerrasen gibt, aber auch wegen des verbreiteten Einsatzes von Herbiziden und wegen der Überdüngung der Landschaften. Wenn Sie in Ihrem Garten Platz für heimische Wildblumen schaffen, gewinnen Sie gleich doppelt: Sie schützen damit die Blumen selbst und in ihnen auch den Wirt für Tiere, die sie ernähren, unter anderem Bienen.

Einige unserer selteneren Bestäuberarten besuchen sehr ungern exotische Gartenblumen, sondern ziehen heimische Wildblumen vor. Viele dieser heimischen Wildblumen sind außerordentlich schön und würden auch dann einen Platz im Garten verdienen, wenn sie nicht obendrein noch für Insekten attraktiv wären. Oft vergessen wir, dass viele konventionelle Gartenblumen wie Fingerhut heimische Wildblumen sind und dass alle Gartenblumen irgendwann irgendwo in der Welt aus Wildblumen entstanden sind.

Wie Bauerngartenblumen sind auch Wildblumen normalerweise leicht anzubauen, weil sie in der Regel winterhart und viel resistenter gegen Schnecken, Mehltau und Ähnliches sind als exotischere Gartensorten. So macht sich etwa Gewöhnlicher Natternkopf (*Echium vulgare*) bestens als Blickfang in einem Blumenbeet, und seine bis zu zwei Meter hohen kräftig blauen Blütenähren locken im Hochsommer ganze Bienenscharen an.

Bienenarten haben unterschiedlich lange Rüssel und bevorzugen dementsprechend unterschiedliche Trachtpflanzen. Den längsten Rüssel von allen deutschen Bienenarten hat die Gartenhummel (*Bombus hortorum*); er misst etwa 15 Millimeter, und sie liebt es, den Nektar aus tiefkelchigen Blüten wie Waldgeißblatt und Fingerhut zu saugen. Kurzrüsselige Bienen dagegen, etwa die Wiesenhummel mit einem nur etwa 7 Millimeter langen Rüssel, müssen aus kurzkelchigen Blüten wie Storchschnabel und Zwergmispel trinken. Einige Arten, vor allem die Dunkle Erdhummel, haben zwar kurze Rüssel, betreiben aber Nektarraub: Mit ihren scharfen Mundwerkzeugen durchbeißen sie seitlich oder am Boden tiefkelchige Blüten und verschaffen sich so Zugang zum Nektar. In meinem Garten endet fast jede Beinwell- und Akeleiblüte durchbohrt von Räuberlöchern. Andere kurzrüsselige Bienenarten wie Wiesenhummel oder Honigbiene, die selbst keine Löcher beißen können, lernen oft, die Löcher zu nutzen, die Dunkle Erdhummeln angelegt haben, und so selbst auf krummen Wegen an Nektar zu kommen.

Auf den folgenden Seiten liste ich die Blumen, die sich meines Erachtens am besten für Bestäuber eignen, und zwar sowohl Wildblumen als auch Bauerngartenblumen. Wo immer möglich, beruht die Auswahl auf wissenschaftlichen Studien oder zumindest auf Erfahrungen aus erster Hand, nämlich der Sichtung zahlreicher Bestäuber auf der Pflanze. Die meisten Pflanzen kultiviere ich selbst, und ich kann bestätigen, dass sie zumindest in meinem Garten wahre Bestäubermagneten sind. Allerdings fehlen uns häufig noch viele Erkenntnisse darüber, welches die geeignetsten Sorten sind. Es gab ein paar Direktvergleiche, wie attraktiv zum Beispiel verschiedene Lavendel- und Asternsorten für Bestäuber sind, aber für viele häufige Gartenpflanzen wie Glockenblumen oder Bartfaden wurde nie versucht, die besten Arten oder Sorten herauszuzählen. Da besteht also noch jede Menge Spielraum für Eigenversuche eifriger Naturgärtner!

Die Liste ist alles andere als vollständig. Wenn etwas nicht daraufsteht, soll das keinesfalls heißen, dass sich etwas nicht zu pflanzen lohnt, denn bestimmt gibt es viele andere hervorragende Trachtpflanzen, die ich nur noch nicht kenne.

Ich ordne die Blumen nach Pflanzenfamilien, damit auch sichtbar wird, welche Familien sich für Insekten am besten eignen. Auf diese Weise entdecken Sie vielleicht noch Blumen, die ich übersehen habe – allerdings muss ich so auch ein paar eher abschreckende lateinische Langnamen nennen.

Wenn Sie irgendeine der hier genannten Blumen pflanzen, garantiere ich Ihnen, dass Sie Insekten anlocken. Bauen Sie mehrere an, sind Sie schon auf sehr gutem Weg, den Bestäubern ein Festmahl zu bereiten. Die Sternchen-Wertung * gibt meine Meinung zur Attraktivität der Pflanze für Insekten wieder, von * = gut bis ***** = grandios. Für jede Pflanzenart gebe ich auch ein paar grundlegende Tipps zur richtigen Vermehrung. Weitere Details dazu finden sich im Kapitel »Vermehrungsmethoden«.

Spargelgewächse, Asparagaceae

Eine eher unbekannte Pflanzenfamilie mit Hyazinthen, Atlantischem Hasenglöckchen und natürlich Spargel. Letzterer braucht keine Bestäubung, um seine essbaren Sprossen zu produzieren, aber die kleinen gelben Blüten sind bei Hummeln durchaus beliebt.

Armenische Traubenhyazinthe****, *Muscari armeniacum*

Die Traubenhyazinthe ist eine ausdauernde Pflanze aus Südeuropa, die erstaunlich robust ist. Die kleine, etwa 20 Zentimeter hohe Pflanze trägt im Frühling Trauben blauvioletter, eiförmiger Blüten. Die Armenische Traubenhyazinthe ist anspruchslos, eignet sich hervorragend zur Beeteinfassung, im Steingarten und zum Beispiel unter Buschrosen. Sie ist attraktiv für Hummelköniginnen und außerdem Liebling von zwei meiner liebsten Frühlingsinsekten, der Frühlings-Pelzbiene (*A. plumipes*) und den Wollschwebern (*Bombylius*-Arten). Zur Vermehrung trennt man am besten die Tochterzwiebeln von der Mutterzwiebel ab, wenn die Blätter abgestorben sind.

Atlantisches Hasenglöckchen*, *Hyacinthoides non-scripta*

Eine häufige, ausdauernde heimische Pflanze, die für ihre blauen Blütenteppiche in einigen alten Frühlingswäldern bekannt ist. Hasenglöckchen werden nicht von vielen Insekten besucht, weil ihre Blüten für die meisten zu tief sind; deshalb summen sogar in einem Wald voller Hasenglöckchen nur wenige Hummeln herum. Die, die man sieht, sind fast immer Königinnen von Arten mit längeren Rüsseln, etwa der Gartenhummel (*B. hortorum*), und für sie sind Hasenglöckchen wohl eine wichtige Nahrungsquelle. Atlantische Hasenglöckchen wachsen natürlich perfekt an schat-

Atlantisches Hasenglöckchen

tigen Standorten, besonders unter Laubbäumen. Meiden Sie das Spanische Hasenglöckchen, das häufig in Gartencentern verkauft wird und sich inzwischen mit unserer heimischen Art hybridisiert. Hasenglöckchen lassen sich aus dem Samen ziehen oder vermehren, indem man im Sommer oder Herbst, wenn die Blätter sich zurückgezogen haben, die Zwiebeln teilt.

Affodillgewächse, Asphodelaceae

Zu diesen Verwandten aus der Ordnung der Spargelartigen gehört die verbreitet kultivierte Arzneipflanze *Aloe vera*, ansonsten ist die Familie eher wenig bekannt.

Fackellilie***, *Kniphofia*

Merkwürdigerweise waren Fackellilien als Gartenpflanzen vor dem Zweiten Weltkrieg äußerst beliebt, kamen aber danach aus der Mode, obwohl sie prächtige ausdauernde Pflanzen sind mit großartigen, architektonischen, steifen Laubblättern und theatralischen roten oder orangefarbenen Blütenähren, die bis zu 1,2 Meter hoch werden können. Fackellilien stammen aus dem südlichen Afrika, und ihre Blüten sollen zur Bestäubung eigentlich Nektarvögel anlocken – Rot ist für Vögel eine attraktive Farbe und findet sich bei vogelbestäubten Pflanzen entsprechend häufig. Die Röhrenblüten tropfen von Nektar, und da sich hier keine Vögel dafür interessieren, schlemmen Bestäuber wie Honigbienen und Hummeln; trotzdem stehen Fackellilien auf sehr wenigen Listen mit Bienenweiden. Fackellilien bevorzugen sonnige Standorte und brauchen eine gute Entwässerung – ideal ist sandiger Boden mit beigefügtem Humus. Züchten kann man sie aus dem Samen oder durch das Abtrennen von Ablegern, die in Bodenhöhe als Seitentriebe der Hauptachse austreiben.

Von oben nach unten:

(l) Borretsch

(r) Fackellilie

Glockenblume

(l) Riesen-Natternkopf

(r) Armenische Traubenhyazinthe

Glockenblumengewächse, Campanulaceae

Diese Familie enthält mehrere attraktive heimische Wildblumen wie verschiedene Sorten von Glockenblumen. Die Untersuchung des Pollens an alten Hummelexemplaren lässt darauf schließen, dass Glockenblumen für sie in der Wildnis früher eine sehr bedeutende Pollenquelle waren, doch leider sind diese Blumen heute auf dem Land eher selten.

Glockenblume***, *Campanula*

Es gibt viele Arten und Sorten von Glockenblumen, und meiner Erfahrung nach sind sie bei Bienen alle beliebt. Außerdem sind es recht elegante Stauden, die im ausgehenden Frühling und im Sommer Scharen von glockenförmig hängenden, blauen oder lila Blüten produzieren. Einige eignen sich bestens als Bodendecker, weil sie niedrig und dicht wachsen und den Boden mit Blüten übersäen, während andere große, nickende Blütenstände an bis zu 1 Meter hohen Stängeln bilden. Einer meiner Lieblinge ist die Knäuel-Glockenblume (*Campanula glomerata*), eine hübsche Pflanze auf Magerrasen und Dünen. Sie bevorzugt einen durchlässigen, neutralen oder alkalischen Boden an sonnigen oder halbschattigen Standorten. Ich finde, Glockenblumen sind aus dem Samen oder durch Stockteilung leicht zu vermehren.

Borretschgewächse, Boraginaceae

Die Familie der Borretschgewächse mit ein paar eher raublättrigen ein- und mehrjährigen Pflanzen enthält einige der absoluten Highlights für Hummeln, etwa Lungenkräuter, Beinwell, Borretsch und Gewöhnlichen Natternkopf – sie sollten in keinem Garten fehlen. Neben den hier gelisteten Pflanzen sind für Bestäuber auch Vergissmeinnicht, Schminkwurz und Hundszungen wertvoll.

Beinwell*****, *Symphytum officinale*, »Bocking 14«

Beinwell ist eine sehr robuste mehrjährige Pflanze, hervorragend geeignet im Hintergrund eines Staudenbeets oder in einer vergessenen Ecke, wo er ganz allein zurechtkommt. Theoretisch mag er feuchte Standorte, aber meiner Erfahrung nach ist das gar nicht so wichtig. Beinwell blüht sehr lange; nach einem Höhepunkt Ende Mai und im Juni zeigen sich etwas weniger Blüten bis in den Oktober hinein. Bienen und Hummeln lieben ihn, sowohl lang- als auch kurzrüsselige Arten besuchen ihn; Letztere rauben oft Nektar durch Löcher am oberen Blütenende. Beinwell kann regelmäßig abgeschnitten und für einen hervorragenden, stickstoffreichen Kompost verwendet werden; in Wasser angesetzt, ergibt er einen stinkenden, aber äußerst nährstoffreichen Flüssigkompost für Tomaten. Nach dem Rückschnitt treibt er kräftig wieder aus und produziert erneut viele Blüten. Beinwell kann Wuchshöhen von 1,5 Metern oder noch mehr erreichen, kleinere Nachbarpflanzen unterdrückt er. Er lässt sich unglaublich einfach aus Wurzelschnittlingen vermehren, und daher ist es auch eher schwierig, ihn wieder loszuwerden, wenn Sie das einmal wollen: Jedes noch so winzige Wurzelfragment, das Sie vergessen auszureißen, bildet schon bald eine neue Pflanze.

Es gibt weitere, kleinere Beinwell-Sorten, deren Anbau sich ebenfalls lohnt, zum Beispiel der cremeweiße Kriechende Beinwell (*S. ibericum*), der langsam wächst und sich hervorragend als Bodendecker im Schatten eignet, oder auch der attraktive blaublütige Kaukasische Beinwell (*S. caucasicum*).

Von oben nach unten:

(l) Beinwell

(r) Wiesenhummel am Beinwell

Große Wachsblume

(l) Kriechender Beinwell

(r) Kaukasischer Beinwell

Borretsch****, *Borago officinalis*

Borretsch ist eine einfach anzubauende, einjährige krautige Pflanze, die von Nektar trieft und über Monate hinweg schier endlos blüht. Wenn der Boden nur etwas aufgelockert wird, sät sie sich bereitwillig selbst aus, mit einem Samentütchen dürften Sie also lange Zeit auskommen. Borretsch ist in Südeuropa heimisch, bevorzugt also einen sonnigen Standort, aber auch Halbschatten toleriert er. Unter guten Bedingungen kann er bis zu 1 Meter hoch werden und bietet vom Frühsommer bis zum ersten Frost eine üppige, kräftig blaue Blütenpracht. Borretsch ist besonders beliebt bei Honigbienen und auch bei kurzrüsseligen Hummeln. Die Blüten sind essbar und stellen einen ausgefallenen Farbtupfer für Ihre Salate dar.

Felsen-Moltkie****, *Molktia petraea*

Eine kompakte, dichte Staude von bis zu 30 Zentimeter Höhe und ideal für gut entwässerte Standorte wie etwa einen Steingarten. Die auf dem Balkan heimische Pflanze produziert im Mai und Juni massenweise blaue Röhrenblüten, die für Hummeln unglaublich attraktiv sind.

Geflecktes Lungenkraut****, *Pulmonaria officinalis,*
»Blue ensign« oder »Trevi Fountain«

Wunderbare Nektarquelle für hungrige Hummelköniginnen ganz zu Beginn des Frühjahrs; mit etwas Glück lockt es sogar die Frühlings-Pelzbiene an. Die Röhrenblüten sind recht ungewöhnlich, weil sie beim Aufblühen zunächst rosa gefärbt sind, beim Reifen aber blau werden, sodass insgesamt immer mehrere Farben zu sehen sind. Diese in Kontinentaleuropa heimische Pflanze ist eine leicht anzubauende Staude, die mit Sonne und Schatten gleich gut zurechtkommt. Lungenkraut wird nur etwa 25 Zentimeter hoch, es steht in einem Beet also besser vorne; auch lässt es sich gut unter Bäumen oder an anderen schattigen Stellen auswildern, wo sonst vielleicht nicht viel wächst. Die Rhizome breiten sich langsam aus und können im Herbst oder Winter geteilt werden.

Gewöhnlicher Natternkopf*****, *Echium vulgare*

Die verblüffende Wildblume mit einer Wuchshöhe bis zu etwa 1,5 Meter blüht im Juli und August und wird von Bienen aller Arten für ihren reichlichen Nektar geradezu vergöttert. Natternkopf mag einen sonnigen, durchlässigen Standort. In der Natur gedeiht er am Kiesstrand von Dungeness und entlang den Panzerpisten des Salisbury Plain – womit er diese beiden Stellen zu den besten Hummelstandorten in ganz Großbritannien macht. Natternkopf leidet bei Feuchtigkeit unter Mehltau, und im Winter wird er auf schweren Lehmböden leicht faulig. Er lässt sich sehr leicht aus dem Samen heranzüchten und sät sich bei halbwegs günstigen Bedingungen selbst wieder aus. Wenn Sie ehrgeizig sind und in einem milderen Klima leben, könnten Sie es auch mit dem riesigen *Echium wildpretii* oder mit *Echium pininana* aus Teneriffa versuchen, die beide 3 Meter Höhe erreichen und Bienen geradezu magnetisch anziehen.

Große Wachsblume****, *Cerinthe major*

Eine ungewöhnliche einjährige Pflanze aus dem Mittelmeerraum. Anders als die meisten ihrer Verwandten in dieser Liste ist die Große Wachsblume schlank, unbehaart und zierlich bei nur etwa 60 Zentimeter Wuchshöhe. Die violetten Blüten ähneln denen von Beinwell, sind aber für Bienen noch lohnender, weil sie riesige Nektarmengen produzieren, von denen sie buchstäblich triefen. Die Blütezeit dauert von Mai bis September. Die Große Wachsblume lässt sich leicht aus dem Samen ziehen, und an einem durchlässigen Standort in der vollen Sonne sät sie sich selbst aus und bleibt

Von oben nach unten:

(l) *Echium wildpretii*

(r) Felsen-Moltkie

Geflecktes Lungenkraut

(l) Gewöhnlicher Natternkopf

(r) Rainfarn-Phazelie

ohne weitere Pflege über Jahre bestehen; allerdings ist die Pflanze in meinem nassen Lehmgarten immer schwer bei Laune zu halten.

Rainfarn-Phazelie*****, Büschelschön, *Phacelia tanacetifolia*

Die einjährige Pflanze aus Nordamerika, die manchmal als Gründünger verkauft wird, ist wirklich spektakulär attraktiv für alle Arten kurzrüsseliger Bienen und Schwebfliegen. Die traubenförmigen lila Blüten produzieren viel Nektar und haufenweise lila Pollen auf sehr langen Staubblättern, die die Blüten fast stachelig wirken lassen. Phazelien sind sehr leicht aus dem Samen zu ziehen, sie keimen gut und wachsen schnell. Etwa acht Wochen nach der Aussaat kommen die ersten Blüten, danach blühen sie noch etwa acht Wochen lang weiter. Säen Sie im Herbst, damit sie im nächsten Frühling früh blühen, oder irgendwann zwischen Frühjahr und Frühsommer. An einem sonnigen Ort mit leicht überworfenem Boden, der Raum für die Keimung bietet, sät die Rainfarn-Phazelie sich selbst wieder aus.

Sommerwurzgewächse, Orobanchaceae

Eine ungewöhnliche Familie parasitischer und halbparasitischer Pflanzen, die Nährstoffe aus den Wurzeln ihrer Wirtspflanzen saugen. Die vollständig parasitischen Arten haben selbst kein Chlorophyll und sind also nicht grün; sie stecken auch nur den Kopf aus dem Boden, um blutleer wirkende Blüten zu bilden. Einige Sommerwurzgewächse sind in Südeuropa erhebliche Pflanzenschädlinge unter anderem an Bohnen, Tomaten und Kartoffeln.

Kleiner Klappertopf***, *Rhinanthus minor*

Der Kleine Klappertopf ist eine unauffällige Wildblume, typischerweise in alten Heuwiesen und im *Machair,* einem typischen Lebensraum in Westschottland. Im Juni bildet er gelbe Blüten, die den Nektar am Ende einer so langen Röhre verbergen, dass nur langrüsselige Hummeln ihn erreichen können; allerdings beißen Dunkle und Helle Erdhummeln häufig seitliche Löcher hinein, um ihn zu rauben. Der wahre Wert dieser Pflanze liegt für Bestäuber allerdings darin, dass sie bei der Restauration von Wiesen das Wachstum kräftiger Gräser unterdrückt, denn als Halbparasit zapfen ihre Wurzeln die Wurzeln von Gräsern an. Wie sich der Kleine Klappertopf bei der Restauration von Wiesen einsetzen lässt, beschreibt das Kapitel »Anlegen einer Wildblumenwiese«. Im Unterschied zu den meisten Wiesenpflanzen, die ausdauernde Pflanzen sind, sterben beim Kleinen Klappertopf die Pflanzen jedes Jahr nach der Samenproduktion ab; wenn Sie also Klappertopf in einer Wiese fördern wollen, müssen Sie unbedingt mit dem Mähen warten, bis er sich ausgesät hat.

Hahnenfußgewächse, Ranunculaceae

Die Familie der Hahnenfußgewächse enthält viele Arten, die mehrheitlich nicht besonders attraktiv für Insekten oder sonst wie nützlich für den Garten sind; ein paar Juwelen finden sich aber doch.

Akelei***, *Aquilegia*

Ich möchte wetten, dass jeder die zarten, nickenden Blüten der Akelei mag. Diese hübsche, traditionelle Staude aus dem Bauerngarten wächst an sonnigen Standorten oder im Halbschatten. Der Nektar verbirgt sich in

Von oben nach unten:

Kleiner Klappertopf

Stinkende Nieswurz

(l) Akelei

(r) Jungfer im Grünen

langen, gekrümmten Röhren, es erreichen ihn also nur langrüsselige Hummelarten wie die Gartenhummel, *Bombus hortorum.* Aber halten Sie ruhig auch nach Nektarräubern Ausschau, zum Beispiel der Dunklen Erdhummel, *Bombus terrestris,* die sich durch die Seite der Blüte zum Nektar vorbeißt. Meiden Sie gefüllte Sorten, die Bestäuber links liegen lassen. Die Samen der Akelei keimen langsam, aber wenn Sie erst ein paar Pflanzen haben, sät sie sich bereitwillig selbst aus. Jeder Gartenfreund mit Akeleien hat bestimmt ein paar Sämlinge übrig.

Akeleiblättrige Wiesenraute***, *Thalictrum aquilegiifolium*

Die Akeleiblättrige Wiesenraute ist eine stark wüchsige, ausdauernde krautige Pflanze aus Kontinentaleuropa. Sie bildet sich langsam ausbreitende Gruppen von bis zu 1 Meter Wuchshöhe und produziert im ausgehenden Frühling hübsche pastellrosa Rispen mit flaumigen Blüten, die bei vielen Insekten, vor allem aber bei Schwebfliegen sehr beliebt sind. Eine sehr nützliche Pflanze, mag sie doch feuchte, morastige Standorte mit etwas Schatten, und das kann man nicht von gerade vielen bestäuberfreundlichen Pflanzen sagen. Vermehrung durch Teilung im beginnenden Frühling oder durch Aussaat.

Jungfer im Grünen**, *Nigella damascena*

Eine bezaubernde, leicht anzubauende einjährige Pflanze aus Südeuropa. Die Jungfer im Grünen ist ideal als Lückenfüller in einem sonnigen Staudenbeet und lässt sich dankbar von Kindern in Balkonkübeln anpflanzen. Die attraktiven Laubblätter sind fein gefiedert, darüber stehen im Sommer viele himmelblaue Blüten, die verschiedene kurzrüsselige Hummeln und Honigbienen anziehen. Auch die Samenkapseln sind sehr hübsch und werden häufig für Blumengestecke getrocknet. Die Jungfer im Grünen vermehren Sie am besten im April durch Ausstreuen der Samen an der Stelle, wo Sie die Blüten haben wollen.

Stinkende Nieswurz**, *Helleborus foetidus*

Stinkende Nieswurz ist eine merkwürdig aussehende Pflanze von bis zu 40 Zentimeter Höhe mit glänzend grünen Blättern und Trauben hängender lila und grünlicher Blüten. Sie blüht im ausgehenden Winter und damit gerade rechtzeitig für die sehr früh erwachenden Hummelköniginnen. Nieswurz bevorzugt mäßigen Schatten, lässt sich also gut unter Obstbäume pflanzen oder in eine dunkle Ecke eines Stadtgartens, wo sonst nicht viel gedeiht. Am besten zieht man sie aus dem Samen, aber ich finde, sie säen sich auch ziemlich oft ganz ohne meine Hilfe aus, sodass ich mir selten die Mühe machen muss, sie aktiv zu vermehren.

Kreuzblütler, Brassicaceae

Die Kreuzblütler sind für den Menschen eine der wichtigsten Pflanzenfamilien, denn zu ihnen gehören zahlreiche Nutzpflanzen wie Brokkoli, Blumenkohl, Speiserübe, Raps und Rettich. Wenn Sie irgendetwas davon im Gemüsebeet haben, lohnt es sich, ein paar Exemplare davon zur Samenbildung stehen zu lassen, denn die Blüten fast aller Kreuzblütler sind attraktiv für verschiedene Bienenarten, unter anderem diverse Solitärbienen wie Maskenbienen, Sandbienen und Schmalbienen, aber auch Schwebfliegen. Insbesondere Rettich ist sehr leicht und schnell anzubauen, er blüht acht Wochen nach der Aussaat. Ebenfalls in diese Familie gehören bekannte Unkräuter wie Ackersenf, dessen gelbe Blüten bei Bestäubern auch beliebt sind und einen köstlichen Honig ergeben.

Von oben nach unten:

(l) Schöterich

(r) Wiesenraute

Wiesenhummel auf Storchschnabel „Rozanne“

Wiesen-Storchschnabel

Schöterich****, *Erysimum*, »Bowles Mauve«

Schöteriche sind eine buschige, immergrüne, bis zu 80 Zentimeter hohe krautige Pflanze, die von dem südeuropäischen Goldlack (*Erysimum cheiri*) abstammt. Im Wettstreit um die längste Blütezeit dürften sie ganz vorne mitspielen, die Sorte »Bowles Mauve« etwa kann beinahe zwölf Monate im Jahr blühen, wobei die schirmtraubigen Blütenstände im Frühjahr doch am zahlreichsten sind. Schöteriche locken viele kurzrüsselige Hummeln, Solitärbienen und Schmetterlinge an. Am besten gedeihen sie an sonnigen, durchlässigen Standorten, auch als Topfpflanze für Hof oder Balkon sind sie gut geeignet. Die Pflanzen sind eher kurzlebig, lassen sich aber über Stecklinge im Frühjahr leicht vermehren und ersetzen.

Storchschnabelgewächse, Geraniaceae

Die Familie enthält viele attraktive, heimische Arten; der Name stammt von den Samenkapseln, die aussehen wie ein Storchen- oder Kranichschnabel.

Wiesen-Storchschnabel****, *Geranium pratense* und andere

Die hübschen, filigranen Storchschnabel-Blüten gibt es in allen möglichen Farben und Größen, einige unterscheiden sich etwas von den Wildformen, von denen sie abstammen. Es gibt Sorten, die sich für Steingärten eignen, für Staudenbeete, für die Auswilderung in einer Wiese oder für Kübel. Die meisten robusten Storchschnabel-Arten sind sehr gut für Bienen, aber wenn ich eine herauspicken müsste, würde ich für die blasslila Blüten des schönen heimischen Wiesen-Storchschnabels (*G. pratense*) plädieren. In Versuchen schnitt der Storchschnabel »Rozanne« von den

Gartensorten am besten ab, was erstaunlich ist, da es sich um eine sterile Hybride handelt. Vielleicht kann er mehr Energie in die Blüte stecken, weil er keine Samen bildet, denn er blüht tatsächlich über und über. Gut sind auch *Geranium sanguinea* sowie die Kulturformen »Patricia« und »Ann Folkard«. Bei einem Rückschnitt nach der Blüte treiben die meisten Sorten ein zweites Mal Blüten aus, die den ganzen Sommer über stehen bleiben. Die Vermehrung des Storchschnabels gelingt am besten durch Teilung oder Stecklinge. Vorsicht mit dem lateinischen Artennamen: Storchschnäbel sind nicht zu verwechseln mit ihren knallbunten südafrikanischen Verwandten, den Pelargonien (mit dem deutschen Trivialnamen Geranien), wie sie häufig von Balkonkästen hängen. Pelargonien sind für Insekten kaum von Interesse.

Korbblütler, Asteraceae

Eine riesige Pflanzenfamilie, mit deren über 30 000 bekannten Arten nur die Familie der Orchideen konkurrieren kann (in der Wissenschaft herrscht Uneinigkeit, welche Familie größer ist). Korbblütler haben ungewöhnliche, gut zu erkennende Blütenkörbe, in denen sich eigentlich Hunderte winzige Blüten zusammendrängen. Viele Korbblütler eignen sich hervorragend für Insekten, und einige gehören auch zu unseren häufigsten Wildblumen, etwa das Gänseblümchen. Neben den hier gelisteten Arten lieben Bestäuber auch fast alle Distelarten sowie Kornblumen.

Berg-Aster***, *Aster* spp.

Es gibt viele verschiedene Arten und Sorten von Gartenastern, die meisten stammen aus Nordamerika. Es handelt sich um attraktive krautige Pflanzen, die im Spätsommer und Herbst Massen von lila Blüten treiben. Die am häufigsten angebaute Art ist die *Aster novi-belgii*, die besonders attraktiv für Honigbienen zu sein scheint; *A. amellus* dagegen lockt Schwebfliegen, vor allem Mistbienen, die sich vor der Überwinterung einen Vorrat anlegen. Die meisten Astern sind mehrjährig und bilden dichte, etwa 1 Meter hohe Gruppen; zur Verbreitung bilden sie Rhizome aus. Sie sind sehr leicht anzubauen und lassen sich durch Teilung im Herbst oder Winter leicht vermehren. Ideal fürs Staudenbeet, aber Sie können sie auch an naturbelassenen Stellen auswildern.

Chrysantheme***, *Chrysanthemum*

Ich denke bei Chrysanthemen immer an Beerdigungen, und die häufigen gefüllten Sorten sind für Insekten auch wertlos – logisch, dass diese Pflanzen nur auf sehr wenigen Empfehlungslisten für Naturgärten stehen. Dabei sind die altmodischen einblütigen Sorten, die im Spätsommer und Herbst spektakuläre Farbergüsse liefern, äußerst beliebt bei spät fliegenden Hummeln, Honigbienen und Schwebfliegen wie der Mistbiene, und das bis in den November. Chrysanthemen sind ausdauernde, manchmal verholzende Pflanzen mit etwa 1 Meter Wuchshöhe und margeritenähnlichen Blüten in den Farben Weiß, Rosa, Lila, Gelb oder Orange. Am besten vertragen sie einen sonnigen, windgeschützten, durchlässigen Standort. Vermehren lassen sich Chrysanthemen am besten durch Basalstecklinge oder Teilung.

Cosmea**, *Cosmos bipinnatus* & andere

Cosmea sind beliebte, kräftig bunte einjährige Pflanzen aus Nordamerika. Sie werden gut 1 Meter hoch und tragen reichlich große rosa, orange oder weiße Blüten. Cosmea wurden als Insektenpflanzen lange übersehen, weil sie nur selten als Trachtpflanzen gelistet werden, aber ich finde, es lohnt sich durchaus, sie anzubauen, weil sie ganz verschiedene kurzrüsselige Bienen und Schwebfliegen anziehen. Kaum eine andere so farbenfreudige Pflanze lässt sich leichter anbauen: Cosmea sind ideal für Anfänger und für Kinder, weil sie schon sieben Wochen nach der Aussaat blühen können

Von oben nach unten:

(l) Bergaster

(r) Dahlie »Bishop of Llandaff«

Kornblume

(l) Cosmea

(r) Chrysantheme

und das bis zum ersten Frost weiter tun. Die Aussaat erfolgt direkt vor Ort nach den letzten Frösten oder in Anzuchttöpfen unter Glas, wenn sie im Frühling schneller wachsen sollen. Für das Folgejahr lassen sich einfach Samen sammeln. Cosmea gedeihen auf den meisten Böden, bevorzugen aber sonnige Standorte.

Dahlie****,
Dahlia »Bishop of Llandaff«

Auch Dahlien werden selten als Bestäuberpflanzen empfohlen, obwohl offene Sorten wie diese wunderbare Hummelmagneten sein können (meiden Sie dagegen Kaktus- und Pompon-Dahlien, die optisch viel hermachen, aber wertlos sind). Die »Bishop of Llandaff« hat glänzend rote Blüten und ins Violette gehende Laubblätter, wird bis zu 1 Meter hoch und blüht ab August bis zu den ersten Frösten. Die frostempfindlichen Knollen sollte man für den Winter ausgraben und einlagern. Wenn Sie hungrig werden und die Kartoffeln aus sind, können Sie die Knollen auch essen. Dahlien mögen sonnige Standorte, und einige der kleineren Sorten wie »Happy Single Flame« wachsen auch gut in Kübeln. Üblicherweise kauft man Dahlienknollen gegen Ende des Winters, aber sie lassen sich auch leicht aus dem Samen ziehen.

Falscher Löwenzahn,
Schaftlöwenzahn, Milchkraut****

Es gibt eine verwirrende Vielzahl von sehr ähnlichen heimischen Pflanzenarten der Gattungen *Leontodon, Crepis, Hieracium* und *Pilosella,* die alle eine grundständige Rosette mit mehr oder weniger behaarten Blättern aufweisen und auf schlanken Stängeln Blüten bilden, die sehr dem Löwenzahn ähneln, nur in Klein. Ich werfe sie hier alle in einen Topf und entschuldige mich gleich, wenn das eifrigen Botanikern in der Seele wehtut. Die meisten von ihnen sind mehrjährige Wiesenpflanzen, die häufig im

Rasen wachsen; wenn von Mai bis Oktober einmal eine oder zwei Wochen lang nicht gemäht wird, recken sie schnell ihre gelben Blüten nach oben.

Diese Blüten sind Hauptbestandteil im Speiseplan vieler Solitärbienen, also verschiedener Sand-, Mauer-, Blattschneider- und Wespenbienen. Wenn Sie sie im Rasen haben (die vorstehenden Blattrosetten sind leicht zu erkennen), hören Sie einfach ein paar Wochen lang auf zu mähen, dann blühen sie schnell auf. An einem warmen Tag sitzen dann auf fast jeder Blüte ein oder zwei kleine Solitärbienen, viele von ihnen sind winzig; und alle haben wahrscheinlich geduldig gewartet, bis Sie endlich den Rasenmäher einmotten. Auch Steinhummeln können sich sehr für diese Blüten erwärmen. Die meisten Arten wachsen problemlos aus dem Samen, und viele Wiesenblumenmischungen enthalten sie. Ich fördere sie, indem ich ein paar Samen auf die Maulwurfshügel streue, die regelmäßig auf meinem Rasen und in meiner Wildblumenwiese auftauchen.

Färberkamille***, *Anthemis tinctoria*

Es handelt sich um eine robuste, aber kurzlebige ausdauernde Pflanze, die attraktive, etwa 70 Zentimeter hohe grüne Hügel mit fein gefiedertem Laub bildet, aus dem von Juni bis August massenweise fröhliche zitronengelbe Blüten aufragen. Bei Feldversuchen von Rosi Rollings von *RosyBee Plants* erwies sich die Färberkamille als eine der Pflanzen, die am allerbesten unsere kleineren Solitärbienen anzog. Sie gedeiht an sonnigen, durchlässigen Standorten und eignet sich hervorragend für Kübel auf dem Balkon oder im Hof, weil sie gut mit Trockenheit zurechtkommt, falls Sie einmal das Gießen vergessen sollten. Vermehren lässt sie sich durch Basalstecklinge oder einfach durch Aussaat im Frühling.

Von oben nach unten:

(l) Gewöhnlicher Wasserdost

(r) Große Klette

Goldrute

(l) Färberkamille

(r) Falscher Löwenzahn und Wollschweber

Gewöhnlicher Sonnenhut**, *Rudbeckia fulgida*

Die zu Recht beliebte mehrjährige Staude Gewöhnlicher Sonnenhut bildet stabile Gruppen von bis zu 1 Meter Wuchshöhe und zahlreiche Körbchenblüten, deren dunkelbraune Mitte von leuchtend gelben Blütenblättern umringt ist. Er ist sehr beliebt bei Honigbienen und mäßig beliebt bei kurzrüsseligen Hummeln und einigen Solitärbienen. Sonnenhut gedeiht in der Sonne oder im Halbschatten, ist in Sachen Bodenqualität nicht wählerisch und blüht von Anfang Juli bis zu den ersten Oktoberfrösten, wenn welke Blüten regelmäßig ausgepflückt werden. Er lässt sich leicht durch Rhizomteilung vermehren, oder man züchtet ihn zu Beginn des Frühlings aus dem Samen.

Gewöhnlicher Wasserdost***, *Eupatorium cannabinum*

Eine robuste heimische, mehrjährige Wildblume mit einer Wuchshöhe von etwa 1,5 Metern; im Spätsommer bildet sie Büschel von blassrosa Blütenständen, die die verschiedensten Insekten anlocken, besonders aber Schmetterlinge. Am liebsten ist dem Wasserdost ein feuchter, sonniger Standort, aber er überlebt fast überall. Die Blätter sind giftig, Kaninchen rühren sie also nicht an. Wasserdost eignet sich bestens für eine verwilderte Ecke im Garten, wo er gut allein zurechtkommt. Man kann ihn aus dem Samen ziehen oder einfach im Winter die Gruppen teilen.

Goldrute****, *Solidago* spp.

Goldruten gehören in Nordamerika zu den wichtigsten Wildblumen für Hummeln, aber bei uns ist nur eine relativ seltene Art (*Solidago virgaurea*) heimisch. Erhältlich sind außerdem mehrere Gartensorten, alles gruppenbildende Stauden, die in der Regel etwa 1 Meter hoch werden und im Spätsommer und Herbst sehr attraktive hängende Wolken aus winzigen gelben Blüten bilden. Goldruten sind für viele verschiedene Bienen attraktiv, etwa Hummeln, Honigbienen, Schmalbienen und Wespenbienen. Sie kommen mit sehr nährstoffarmen Böden zurecht, bevorzugen aber offene Lagen. Zur Vermehrung teilt man am besten bestehende Gruppen.

Große Klette***, *Arctium lappa*

Die Große Klette ist eine voluminöse ausdauernde Wildblume mit bis zu 2 Meter Wuchshöhe, die im Juli und August distelartige Blüten bildet; die Früchte sind dann die lästig anhänglichen Kletten. Die Blüten sind offenbar besonders attraktiv für Ackerhummeln, die allerhäufigsten Besucher, wahrscheinlich weil ihre mittellangen Rüssel perfekt zur Tiefe der Blütenkelche passen. Große Kletten sind für ein Blumenbeet vielleicht ein bisschen zu ausladend, aber für naturbelassene Stellen eignen sie sich gut und tolerieren die meisten Standorte, auch schattige. Am besten zieht man Große Kletten aus dem Samen, die man entweder da ausstreuen kann, wo sie später blühen sollen, oder in Anzuchttöpfen – allerdings müssen sie bald nach der Keimung ausgepflanzt werden, bevor sich die Pfahlwurzel ausbildet.

Jakobs-Kreuzkraut****, *Senecio jacobaea*

Mir ist bewusst, dass ich mir wohl Ärger zuziehe, wenn ich Jakobs-Kreuzkraut in meine Liste von Blumen für den bienenfreundlichen Garten aufnehme. Diese Pflanze ist bekannt dafür, dass sie Weidevieh vergiftet, und der ehemalige Unterhaus-Abgeordnete Lord Tebbit schlug einmal vor, Jugendliche und Kriminelle sollten als eine Form des Wehrdiensts Jakobs-Kreuzkraut jäten. 2007 zitierte ein Artikel in der *Daily Mail* den britischen Pferdezuchtverband mit der Behauptung, alljährlich würden 6500 Pferde an einer Vergiftung mit Jakobs-Kreuzkraut verenden. Weiter hieß

Von oben nach unten:

(l) Jakobs-Kreuzkraut

(r) Purpur-Kratzdistel

Kugeldistel

(l) Magerwiesen-Margerite

(r) Löwenzahn

es in dem Artikel, das Jäten von Jakobs-Kreuzkraut sei für den Menschen gefährlich, weil die in der Pflanze enthaltenen Gifte durch die Haut aufgenommen werden und zu »langsamen und irreversiblen Leberzirrhosen« führen könnten. Manch einer verlangt sogar seine Ausrottung.

In Wirklichkeit ist das alles fast völliger Humbug. Weidevieh meidet den Verzehr der lebenden Pflanze, sie stellt daher keine Gefahr für die Tiere dar. Ist sie in großen Mengen in trockenem Heu enthalten, kann sie für Pferde und Rinder giftig sein, aber es gibt nur eine Handvoll bestätigte Fälle; die Zahl 6500 scheint grob aufgebauscht. Beim Menschen gibt es überhaupt keinen bekannten Fall einer Vergiftung. Ein Teil der Landbevölkerung hat diese Pflanze wohl ohne triftigen Anlass verteufelt.

Das reale Jakobs-Kreuzkraut ist eine hübsche, heimische Blume, die Unterschlupf und Nahrung für 77 verschiedene Insektenarten bietet, von denen 30 ausschließlich von ihr abhängen. Zehn dieser Insekten sind bedroht. Von weiteren 117 Insektenarten wurden Besuche zum Nektar- oder Pollensammeln registriert – in meinem Garten ist Jakobs-Kreuzkraut besonders beliebt bei Kleinem Feuerfalter und Braunkolbigem Braun-Dickkopffalter, aber auch bei Schwebfliegen, Hummeln, Solitärbienen, Weichkäfern und anderen. Kurz gesagt, Jakobs-Kreuzkraut ist eine grandiose Insektenpflanze.

Wenn Sie überhaupt nachhelfen müssen, lässt es sich leicht durch in der Natur gesammelte Samen verbreiten; es macht sich perfekt in einem Staudenbeet oder auf einer Wiese.

Kugeldistel***, *Echinops* spp.

Die kräftige, mehrjährige Pflanze von bis zu 1,5 Meter Wuchshöhe steht am besten hinten in einem Beet. Ihren Namen hat die Kugeldistel von den auffälligen, kugelförmigen und stachelig aussehenden, hellblauen Blüten, die im Hochsommer gebildet werden und als Nektarquelle bei Hummeln und Honigbienen äußerst beliebt sind. Kugeldisteln gedeihen auf mageren, durchlässigen Böden und bevorzugen sonnige Standorte. Sie lassen sich leicht vermehren über den Samen oder über die Teilung bestehender Pflanzen im Winter. Es gibt mehrere Arten; *E. bannaticus, E. exaltatus* und *E. sphaerocephalus* sind alle sehr bienenfreundlich.

Löwenzahn***, *Taraxacum officinale*

In den meisten Gartenbüchern ist von Löwenzahn wohl nur in der Rubrik Unkraut die Rede – dabei sind sie wunderschöne heimische Blumen. Im April überziehen sie die Wiesen mit üppigen gelben Blüten, und da zu dieser Zeit sonst noch nicht so viel Nektar im Angebot ist, sind sie sehr beliebt bei den verschiedensten frühlingsfliegenden Insekten. Bei der Vermehrung braucht man dem Löwenzahn normalerweise nicht unter die Arme zu greifen – das schafft er ganz gut alleine, denn seine Früchte fliegen dank der Flugschirme, so weit der Wind sie trägt. Meine Wiese ist voller Löwenzahn, und obwohl ich im Frühling schon einige Zeit damit verbringe, unerwünschte Keimlinge aus Gemüse- und Blumenbeeten zu jäten, möchte ich ihn nicht missen. Oft sehe ich traurig mit an, wie Straßenböschungen und Kreisverkehre am einen Tag vor Massen von gelbem Löwenzahn nur so leuchten, am nächsten aber ratzeputz abgemäht wurden. Genauso verbreitet ist es leider, Löwenzahn, der sich einen Weg durch unser Straßenpflaster gebahnt hat, mit Herbiziden wegzuspritzen. Warum können wir ihn nicht einfach stehen lassen und uns an seinen Blüten freuen?

Magerwiesen-Margerite**, *Leucanthemum vulgare*

Eine relativ häufige mehrjährige Wildblume, die typischerweise in Heuwiesen steht und sich perfekt für die Auswilderung an naturbelassenen Stellen oder auf Naturwiesen eignet, aber auch zum Anbau in einem Staudenbeet. Margeriten breiten sich langsam über Rhizome aus und bilden dichte Grundblätter auf dem Boden, aus dem die typischen gelb-weißen

Blüten austreiben, die auf schlanken, bis zu 70 Zentimeter hohen Stängeln stehen. Nektar wird in relativ kleinen Mengen produziert, große Bienen wie Hummeln geben sich mit Margeriten also nicht gerne ab, aber viele kleine Solitärbienen, Weichkäfer und auch Schwebfliegen ernähren sich auf ihnen. In Saatmischungen für Wildblumenwiesen sind Margeriten in der Regel enthalten; sie entwickeln sich gut aus dem Samen, aber man kann zur Vermehrung auch im Winter die Wurzelstöcke teilen.

Purpur-Kratzdistel***, *Cirsium rivulare 'Atropurpureum'*

Dieser hochsommerliche Liebling von Hummeldrohnen ist nicht dornig wie die wilden Distelverwandten und macht sich gut in einem Blumenbeet. Aus den Rosetten mit dichten grünen Laubblättern ragen von Juni bis August lila nickende Blütenkörbe auf bis zu 1 Meter hohen Stängeln auf. Purpur-Kratzdisteln können sich vegetativ ausbreiten und unter guten Bedingungen mehr Raum einnehmen, als Sie ihnen zugedacht hatten. Vermehren lassen sie sich leicht über Wurzelschnittlinge.

Wenn Sie einen großen Garten mit einer Wildblumenwiese haben, könnten Sie auch unseren heimischen Distelarten Raum geben. Acker-Kratzdistel (*Cirsium arvense*), Sumpf-Kratzdistel (*Cirsium palustre*) und Gewöhnliche Kratzdistel (*Cirsium vulgare*) sind alle großartig für Bienen und Schmetterlinge, darunter den Distelfalter. Sumpf- und Gewöhnliche Kratzdistel lassen sich leicht unter Kontrolle halten, indem man welke Blüten auspflückt, bevor die flaumigen Früchte auffliegen. Die Acker-Kratzdistel ist da schon rücksichtloser, denn ihre Rhizome kriechen tief unter der Erde in die Breite. Ich habe sie alle im Garten, obwohl ich mich manchmal frage, ob das wirklich eine so weise Entscheidung war.

Von oben nach unten:

(l) Skabiosen-Flockenblume

(r) Sumpf-Kratzdistel

Gewöhnliche Kratzdistel

(l) Roter Sonnenhut

(r) Gewöhnlicher Sonnenhut

Roter Sonnenhut****, *Echinacea purpurea*

Ein robuster, gruppenbildender, ausdauernder Korbblütler aus Nordamerika, der etwa 1,50 Meter groß werden kann und auffällige, große Blüten mit dem typischen konischen Korbboden bildet. Die Blüten sind normalerweise lila oder rosa, es gibt aber auch weiße, gelbe und rote Sorten. Sonnenhut ist sehr attraktiv für Insekten mit längerem Rüssel, also Schmetterlinge und einige Hummeln. Macht sich prächtig im Staudenbeet, am liebsten in der Sonne, gegebenenfalls auch mit etwas Schatten. Sonnenhut lässt sich aus Samen ziehen, die man aussät, wenn es im Frühling allmählich wärmer wird, aber auch über Wurzelschnittlinge oder durch Teilung.

Skabiosen-Flockenblume***, *Centaurea scabiosa* und Verwandte

Flockenblumen gibt es als Wildform und in Kulturformen, die in vielen Gartencentern verkauft werden. Die Wildblumen sind hübsche Wiesenblumen, die jede Menge Bienen und Schmetterlinge anlocken. Die Pflanzen können recht groß werden und bilden Dutzende lila Blütenköpfe auf etwa 1 Meter hohen Stängeln. Sie passen gut ins Staudenbeet und finden sich auch häufig in Wiesenblumen-Saatmischungen. Die meisten *Centaurea*-Arten sind ausdauernd, aber die Gattung enthält auch die Kornblume (*Centaurea cyanus*), eine bezaubernde einjährige Pflanze, die zusammen mit Mohn einst ein gewohnter Anblick auf unseren Kornfeldern war. Alle Sorten sind leicht aus dem Samen zu ziehen.

Sonnenblume***, *Helianthus*

Von den vielen Sonnenblumenarten stammen die meisten aus Nordamerika. Am bekanntesten ist *Helianthus annuus,* die einjährige Art, die vor allem in etwas wärmeren Gegenden als Ackerpflanze angebaut wird. Gartensorten dieser Art bilden spektakuläre, tellergroße Blüten, die viele Insekten anlocken, darunter Hummeln, Honigbienen und Schwebfliegen. Herrlich für Kinder, die die Samen ganz einfach zum Keimen bringen können und schon bald von den Pflanzen turmhoch überragt werden. Für den Naturgärtner sind auch einige der mehrjährigen Sorten sehr nützlich, etwa die Weidenblättrige Sonnenblume (*Helianthus salicifolius*), die dichte Gruppen und büschelweise Blüten auf bis zu 2 Meter hohen Stängeln bildet. Bei mir ist diese Art in einer Wiese ausgewildert, wo sie sich selbst versorgt und im Herbst ein paar kräftige Farbtupfer bietet, wenn sonst nicht so viel blüht. Zur selben Gattung gehört auch Topinambur (*Helianthus tuberosus*), eine meiner liebsten Gemüsearten, weil sie so leicht anzubauen und sehr schmackhaft ist.

Sonnenbraut****, *Helenium*

Die aus Nordamerika stammenden Korbblütler mit leuchtend roten, orangen oder gelben Blüten auf bis zu 1 Meter hohen Stängeln sind von August bis Oktober ein Magnet für Honigbienen, Solitärbienen und Schwebfliegen. Es gibt verschiedene Arten und hybride Gartensorten: Selbst getestet und für hervorragend befunden habe ich »Moerheim Beauty«, auch *Helenium automnale* wird warm empfohlen. Sonnenbraut bevorzugt durchlässige Böden in der prallen Sonne; in meinem schweren Lehmboden geht sie im Winter leicht ein. Nach meiner Erfahrung nehmen wilde Kaninchen sie gerne zum Snack, aber solange man sich die vom Leib hält, ist *Helenium* leicht anzubauen. Vermehrung durch Basalstecklinge oder Teilung. Die getrockneten Blätter wurden früher zur Behandlung von Schnupfen eingesetzt; der lateinische Name ist eine Reminiszenz an die griechische Sagenheldin Helena.

Von oben nach unten:

(l) Sonnenblume

(r) Weidenblättrige Sonnenblume

Sonnenbraut

(l) Wilde Artischocke

(r) Studentenblume

Studentenblume***, *Tagetes* spp.

Verbreitete orange- und gelbblütige Pflanzen, im Verkauf leider meist in gefüllten Sorten, die für Insekten wenig interessant sind. Einblütige Sorten wie *Tagetes patula* »Disco Yellow« sind sehr attraktiv für kurzrüsselige Bestäuber, speziell für Schwebfliegen, und können sehr nützlich sein, weil sie läusefressende Schwebfliegen ins Gemüsebeet locken. Studentenblumen riechen auch stark, und angeblich hält dieser Geruch Mottenschildläuse zum Beispiel von den Tomaten fern – noch ein Pluspunkt, der für ihren Anbau spricht. Es gibt sowohl mehrjährige als auch einjährige Studentenblumen, aber normalerweise werden sie als Einjährige angebaut und im Frühling ausgesät. Die klar umrissenen, kompakten Pflanzen werden bei den meisten Sorten etwa 30 Zentimeter hoch und blühen vom ausgehenden Frühjahr, bis sie im Herbst im Frost erfrieren. Um sich wohlzufühlen, brauchen Studentenblumen volle Sonne.

Wilde Artischocke****, *Cynara cardunculus*

Wilde Artischocken und die Kulturform der Artischocke sind Sorten derselben Art; beide werden vor allem ihrer Essbarkeit wegen angebaut, aber in meinen Augen sind sie noch wertvoller als Nektarquelle für Hummeln. Die Pflanzen können sehr imposant werden, ihre prächtigen, weißlichen, steifen Laubblätter und enormen violetten Blüten stehen auf kräftigen Stängeln mit über 2 Meter Wuchshöhe. Artischocken brauchen viel Platz, und sie bilden im Spätsommer nur eine Handvoll riesige Blüten, aber diese Blüten strotzen nur so von Bienen, besonders von jungen Hummelköniginnen, die sich ihre Winterreserven anfuttern. Eine spektakuläre Pflanze für große Gärten; vorteilhaft auch, dass Sie die (eher zähen) Blattstiele essen oder auch auf Kosten der Bienen die riesigen Blütenknospen pflücken und verzehren können. Wilde Artischocken sind relativ leicht aus dem Samen zu ziehen; man kann aber auch im späten Winter Basalstecklinge entnehmen.

Braunwurzgewächse, Scrophulariaceae

Bartfaden**, *Penstemon*

Bartfäden sind dem Fingerhut nicht unähnliche, mehrjährige Pflanzen aus Nordamerika. Es gibt sie in einer riesigen Auswahl von Arten und Gartensorten in Rot, Violett, Rosa, Blasslila und Weiß und in unterschiedlichen Höhen von mattenbildenden Sorten unter 10 Zentimeter bis zu über 2 Meter hoch aufragenden Pflanzen. Sie passen gut in einen Bauerngarten oder ins Staudenbeet; die Rispen mit Röhrenblüten blühen von Mittsommer bis zum ersten Frost und locken vor allem langrüsselige Hummeln an. Bartfäden mögen Sonne oder Halbschatten auf den meisten Bodentypen, kommen aber mit feuchten Standorten nicht zurecht. Viele Arten sind nicht besonders robust und können in kalten Wintern erfrieren. Die Sorte »Andenken an Friedrich Hahn« gehört zu den robusteren und gewann einen Preis bei der Royal Horticultural Society. Bartfäden keimen gut aus dem Samen, und auch Stecklinge aus weichen Trieben wachsen gut an.

Ehrenpreis***, *Veronica* spp.

Ehrenpreis gibt es in vielen Arten und Sorten; mehrere davon sind heimische Wildblumen, und alle gedeihen gut als mehrjährige Stauden in sonnigen Lagen. Die meisten Ziersorten sind relativ aufrechte, schlanke Pflanzen mit bis zu 1 Meter hohen Rispen voller kleiner lila Blüten, aber auch rosa und weiße Sorten sind verfügbar. Sie sind im Allgemeinen recht beliebt bei verschiedenen kurzrüsseligen Hummeln und Honigbienen.

Gamander-Ehrenpreis (*Veronica chamaedrys*) ist eine der verbreiteten von mehreren ähnlichen niedrigwüchsigen heimischen Ehrenpreissorten, die im Mai und Juni haufenweise zarte blaue Blüten produzieren. In Rasen und Wiese kriecht er durch die Gräser, oder er wächst im Halbschatten unter Büschen und Bäumen, wo er als farbiger und nützlicher Boden-

Von oben nach unten:

(l) Großes Löwenmaul

(r) Fingerhut

Knotige Braunwurz

(l) Königskerze

(r) Raupe des Königs-
kerzen-Mönchs

decker fungiert. Bei mir wächst er üppig unter den Beerensträuchern. Zu meiner Verblüffung wird er oft als Unkraut beschrieben, dabei ist mir völlig schleierhaft, was man gegen ihn haben kann. Die kleinen Blüten sind sehr beliebt bei verschiedenen Bienen, besonders aber bei vielen unserer kleineren Solitärbienen. Ich beobachte häufig die Rote Ehrenpreis-Sandbiene (*Andrena labiata*), eine kleine, dunkle Biene mit kastanienbraunem Hinterleib.

Ziersorten von Ehrenpreis aus dem Samen zu ziehen, finde ich relativ knifflig, aber die Gruppen lassen sich leicht teilen.

Fingerhut****, *Digitalis purpurea*

Eine sehr vertraute und hübsche Bauerngarten- und Waldblume und Liebling aller langrüsseligen Hummeln wie der Gartenhummel, *Bombus hortorum*. Einige Kultursorten produzieren wenig Nektar, am sichersten ist es also, bei der wilden roten Sorte zu bleiben. Fingerhut ist normalerweise zweijährig, blüht also im zweiten Jahr und bildet dann Unmengen winziger brauner Samen. Ich knipse die halb getrockneten Fruchtkapseln ab, gehe damit in meinem Garten umher und schüttele sie aus, wo ich gerne mehr Fingerhut haben möchte. Wenn Sie Samen gekauft haben, säen Sie sie im späten Frühling in Anzuchttöpfe und setzen Sie sie im Herbst ins Freie. Fingerhut wächst an den meisten Standorten, gerne im Halbschatten oder in der Sonne und auf fast jedem Boden.

Großes Löwenmaul*, *Antirrhinum majus*

Wie die verwandten Fingerhüte werden Löwenmäuler hauptsächlich von langrüsseligen Hummeln besucht. Als Kind spielte ich gerne mit Löwenmäulern – wenn man seitlich auf die Blüten drückt, klappen sie auf wie ein Maul. Löwenmäuler sind kurzlebige mehrjährige Pflanzen aus Südeuropa, die häufig als Zweijährige kultiviert werden und in den verschiedensten Farben zu haben sind. Am besten wachsen sie in durchlässigen Böden, gerne keimen sie in den Rissen alter Mauern und säen sich dort auch selbst aus. Die Samen kann man einfach sammeln und im Herbst dort ausstreuen, wo sie blühen sollen, oder im Frühling in Anzuchttöpfen austreiben lassen. Auch aus im September entnommenen halb verholzten Stecklingen lassen sich Löwenmäuler gut züchten.

Kandelaber-Ehrenpreis***, *Veronicastrum virginicum*

Diese prächtige ausdauernde Wildpflanze aus dem Osten der Vereinigten Staaten trägt im Sommer bis zu 1,5 Meter hohe cremeweiße, rosa oder lila Blütenähren, die besonders für Honigbienen sehr attraktiv sind. Er ist leicht anzubauen und sehr robust, kommt mit Sonne und Schatten klar und toleriert trockene bis nasse Standorte. Kandelaber-Ehrenpreis kann man aus dem Samen ziehen oder etablierte Pflanzen teilen.

Knotige Braunwurz***, *Scrophularia nodosa*

Die Knotige Braunwurz ist eine mehrjährige Wildblume mit glänzend grünen Blattrosetten und bis zu 1 Meter hohen Blütenähren, die von Juni bis September absolut unbeeindruckende braun-lila Blüten tragen. Wenn diese Blüten auch nicht schön sind, so sind sie doch mit ihren glitzernden Nektartröpfchen sehr attraktiv für Hummeln mit kurzen und mittellangen Rüsseln. Die Knotige Braunwurz gedeiht auf den meisten Böden in der Sonne oder im Halbschatten, wächst leicht aus dem Samen und sät sich in meinem Garten glücklich selbst aus – sogar etwas mehr, als mir eigentlich lieb ist.

Von oben nach unten:

Ehrenpreis

Purpur-Leinkraut

(l) Kandelaber-Ehrenpreis

(r) Bartfaden

Königskerze*, *Verbascum* spp.

Es gibt verschiedene Gartensorten von Königskerzen, mir ist aber die heimische Kleinblütige Königskerze (*Verbascum thapsus*) am liebsten, eine stattliche zweijährige Pflanze, die im zweiten Jahr eine bis zu 2,5 Meter hohe Blütenähre bildet. Königskerzen mögen einen sonnigen Standort, sind aber ansonsten leicht zufriedenzustellen. Die gelben Blüten kommen im Juli und August und werden wegen des Pollens von Hummeln und Honigbienen besucht, während Garten-Wollbienen den weißen Flaum von den Blättern schaben, um damit ihre Nester auszukleiden. Mit etwas Glück sehen Sie vielleicht auch die hübschen weiß, gelb und schwarz gepunkteten Raupen des Königskerzen-Mönchs an den Blättern knabbern. Die Kleinblütige Königskerze vermehrt man am besten über den Samen, aber ich finde, die Pflanzen kommen von selbst oft genug, sodass ich sie eigentlich nie aktiv fördern muss.

Purpur-Leinkraut***, *Linaria purpurea*

Das Purpur-Leinkraut ist eine sehr leicht anzubauende mehrjähre Blume aus Südeuropa, die von Juni bis Oktober etwa 80 Zentimeter hohe Rispen mit lila Blüten bildet. Es wächst fast überall, wo etwas Sonne hinkommt, im Staudenbeet, im Steingarten oder in naturbelassenen Ecken. Unser heimisches Leinkraut, *Linaria vulgaris,* ist ähnlich, aber mit größeren, gelben Blüten. Beide Arten haben tiefe Nektarsporne, sodass nur langrüsselige Hummeln mit legalen Mitteln an den Nektar kommen, wobei Nektarraub durch kurzrüsselige Bienen verbreitet ist. Leinkräuter lassen sich aus dem Samen vermehren (oft versamen sie sich auch ohne Hilfe), man kann aber auch die Wurzelstöcke teilen oder weiche Stecklinge entnehmen.

Kürbisgewächse, Cucurbitaceae

Zu dieser Familie gehören sehr viele beliebte Gemüsepflanzen, etwa Gurken, Kürbisse, Melonen und Zucchini. Sie alle werden von verschiedenen Bienen, Fliegen und Käfern angeflogen und befruchtet.

Rotfrüchtige Zaunrübe***, *Bryonia dioica*

Die Rotfrüchtige Zaunrübe ist eines der wenigen heimischen Mitglieder dieser Familie; die mehrjährige Kletterpflanze findet sich häufig in Hecken. Im Winter stirbt sie bis an den Boden ab, treibt aber jedes Frühjahr schnell wieder aus und kann über 4 Meter hoch werden. Sie hat hübsche Laubblätter, aber unauffällige grün-weiße Blüten, die ab Juni blühen. Die attraktiven hellroten Beeren bleiben bis in den Winter hängen und werden dann von Vögeln gefressen. Auf der Website der Royal Horticultural Society gibt es ausführliche Hinweise, wie man die Pflanze loswerden kann,

Rotfrüchtige Zaunrübe

aber ich mag sie eigentlich gerne, und die Bienen scheinen auch dieser Meinung zu sein. Sie ist sehr beliebt bei Honigbienen, Wiesenhummeln und vielen Solitärbienen. Besonders die Zaunrüben-Sandbiene (*Andrena florea*) sammelt ihren Pollen ausschließlich bei der Rotfrüchtigen Zaunrübe und hängt damit voll und ganz von dieser einen Pflanzenart ab – bei Bienen eine sehr ungewöhnliche Strategie. Diese Bienenart können Sie nur antreffen, wenn Sie südlich einer Linie von London nach Berlin leben. Zur Vermehrung der Rotfrüchtigen Zaunrübe werden die Samen im Spätherbst ausgesät.

Geißblattgewächse, Caprifoliaceae

Eine merkwürdige Familie, umfasst sie doch eine scheinbar beliebige Ansammlung von Pflanzen, die alle ziemlich unterschiedlich aussehen; viele von ihnen sind äußerst interessant für Bienen. Zu den hier nicht erwähnten Arten, die aber für Bestäuber auch mäßig attraktiv sind, gehören die Gemeine Schneebeere (*Symphoricarpos*) und *Leycesteria*. Letztere ist deshalb nützlich, weil die hohlen verholzten Stängel sich ideal in Stücke schneiden und als preiswertes Bienenhotel bündeln lassen.

Acker-Witwenblume****, *Knautia arvensis*

Eine hübsche heimische, einjährige Wiesenblume, einer meiner ganz besonderen Lieblinge, perfekt für einen Bauerngarten oder eine Wiese. Unsere Acker-Witwenblume wächst eigentlich auf Magerrasen, aber offenbar hält sie sich auf den verschiedensten Gartenböden, auch auf meinem nassen Lehm, solange sie viel Sonne bekommt. Ich liebe die hellblauen Blüten, und Bienen, Schmetterlinge und Schwebfliegen sehen das sichtlich genauso. Vögel, zum Beispiel der Distelfink, freuen sich im Winter über die Samen. Die Acker-Witwenblume blüht im Juli und August. Es gibt viele Gartensorten und andere *Knautia*-Arten; verbürgen kann ich mich für die Bienenfreundlichkeit von *Knautia macedonica,* die in einer sehr langen Blütezeit bis zum ersten Frost ihre dunkel karmesinroten Blüten bildet. Beide Arten lassen sich sehr leicht aus dem Samen oder im April oder Mai aus Stecklingen ziehen.

Gewöhnlicher Teufelsabbiss***,
Succisa pratensis

Der Gewöhnliche Teufelsabbiss ist eine hübsche heimische Wildblume mit nektarreichen violetten Blüten im Spätsommer und Herbst und einer Wuchshöhe von etwa 80 Zentimetern. Die wenigen letzten Hummeln im Jahr lieben ihn, genauso die Schmetterlinge, die sich den Wintervorrat anfressen. Merkwürdigerweise findet man ihn in der Natur sowohl auf morastigen, torfigen Böden als auch auf trockenem Magerrasen. Der Gewöhnliche Teufelsabbiss lässt sich leicht aus dem Samen oder aus Basalstecklingen ziehen. In einem Staudenbeet macht er sich sehr gut, genauso lässt er sich aber in einer Wiese auswildern.

Rote Spornblume**,
Centranthus ruber

Die ausdauernde krautige Pflanze mit schwach verholzender Basis stammt aus dem Mittelmeerraum. Es ist eine gut aussehende Pflanze mit bis zu 1 Meter Wuchshöhe, glänzenden blassgrünen Blättern und auffälligen Scheindolden mit purpurroten Blüten, die für Schmetterlinge, tagaktive Nachtfalter und Hummeln mit längerem Rüssel attraktiv sind. Die Spornblume blüht von Juni bis zum ersten Frost, im Spätsommer können die Pflanzen allerdings sehr dürr werden und vertragen gut einen kräftigen Rückschnitt. Rote Spornblumen mögen sonnige, durchlässige, nährstoffarme Standorte: Sie wachsen gerne aus den Rissen einer alten Mauer und

Von oben nach unten:

(l) Acker-Witwenblume

(r) Gewöhnlicher Teufelsabbiss

Waldgeißblatt

(l) Waldgeißblatt

(r) Rote Spornblume

scheinen völlig unbeeindruckt von sommerlicher Trockenheit – ein Merkmal, das angesichts des Klimawandels in Zukunft äußerst nützlich werden könnte. Die Rote Spornblume keimt problemlos aus dem Samen. Für den kleinen Heißhunger sollten Sie wissen, dass die Wurzeln essbar sind.

Waldgeißblatt***,
Lonicera periclymenum

Es gibt viele Arten und Sorten von Geißblatt, aber ich denke, unsere heimische Art mit ihren spektakulären, herrlich duftenden cremeweiß-roten oder manchmal -orangen Blüten ist einfach unschlagbar. Waldgeißblatt ist eine schnell wachsende Kletterpflanze, die es bis auf 7 Meter Höhe schafft, ideal also, um eine Mauer, ein hässliches Nebengebäude oder einen toten Baum zu verdecken. Als Waldpflanze kommt es gut mit Schatten zurecht, und an den Bodentyp hat es keine besonderen Ansprüche. Waldgeißblatt wird von langrüsseligen Hummeln angeflogen, und ganz besonders von Nachtfaltern – sie zieht es zu dem köstlichen Blütenduft, der abends extra für sie noch zunimmt. Die weichen roten Beeren schlingen Vögel im Nu herunter. Zur Vermehrung empfehle ich beim Waldgeißblatt Absenker: Dazu stecken Sie einen Spross in den Boden, bis er Wurzeln schlägt; sehr lange werden Sie nicht warten müssen.

Wilde Karde***, *Dipsacus fullonum*

Die Wilde Karde ist eine beeindruckende, große, heimische zweijährige Pflanze, die bis zu 3 Meter hoch wird, eine zierliche, strukturierte Pflanze für die Rückseite eines Beets. Die ziemlich stacheligen lila Blüten mögen Honigbienen und Hummeln, und die Samen lassen sich im Winter die Stieglitze schmecken. Die Wilde Karde ist eine traditionelle Bauerngartenblume, passt aber auch in naturbelassene Winkel und kann auf den meisten Bodentypen wachsen; allerdings bevorzugt sie die pralle Sonne. Sie

setzt recht bereitwillig Samen an und kann ein bisschen überhandnehmen, aber die jungen Pflanzen lassen sich leicht ausjäten, wenn Sie sie zu aufdringlich finden.

Hortensiengewächse, Hydrangeaceae

Die meisten Hortensien, die in Gärten herumstehen, gehören für Bestäuber zu den unnützesten Pflanzen überhaupt – ihre riesigen Blüten werden selten überhaupt angeflogen. Ganz abschreiben müssen Sie sie trotzdem nicht, denn einige der weniger bekannten Arten sind für Insekten einfach großartig.

*Hydrangea serratifolia******

Eine langsamwüchsige, immergrüne Kletterpflanze aus Chile und Argentinien, die am Ende potenziell Wuchshöhen von 12 Metern oder mehr erreichen kann. Sie hat sehr große, glänzende Blätter und im Juli und August dichte Dolden mit cremeweißen Blüten. Ein großartiges altes Exemplar steht im Garten von Wakehurst Place in West Sussex; in der Blütezeit summt es da von Bienen, vor allem Honigbienen und kurzrüsseligen Hummeln. Diese und auch die nächstgenannte Art wachsen und blühen in der Sonne oder im Schatten, was sie besonders vielseitig macht; ideal für hässliche alte Gebäude. *H. serratifolia* lässt sich sowohl durch Absenker als auch durch weiche Stecklinge vermehren, selbst versucht habe ich das aber noch nicht.

Kletter-Hortensie**,
Hydrangea petiolaris

Diese aus Japan und Korea stammende Hortensie ist ebenfalls ein langsamwüchsiger, selbsthaftender Kletterer für Sonne oder Schatten. Sie ist sehr viel einfacher aufzutreiben als die vorige Art und kann auch sehr groß werden, aber sie wirft im Winter das Laub ab, und ihre Blüten sind viel attraktiver für Schweb- und andere Fliegen als für Bienen. In ihren gemischten Blütenständen bildet sie eigentlich zwei Blütenformen: kleine, fruchtbare Blüten und größere, auffällige weiße Blüten, die aber steril sind. Alle Hortensien mögen gern ausreichend organisches Material an den Wurzeln. Vermehrung durch Absenker.

Schwertliliengewächse, Iridaceae

Krokus***, *Crocus vernus* und andere

Eine sehr verbreitete Gartenblume, ideal zum Auswildern im Rasen und Obstgarten oder für die Vorderkante von Blumenbeeten. Krokusse sind Ende Februar und im März willkommene Farbtupfer und außerdem eine wichtige Nahrungsquelle für hungrige Hummelköniginnen nach ihrer monatelangen Winterruhe. Die Sorte »Jeanne d'Arc« eignet sich besonders gut für Hummeln. Am wohlsten fühlen sich Krokusse in der vollen Sonne auf durchlässigem Boden, aber sie kommen mit den verschiedensten Bedingungen gut zurecht. Zur Vermehrung graben Sie die Zwiebeln nach der Blüte vorsichtig aus. Sie werden feststellen, dass jede »Mutterzwiebel« ein paar »Ableger« hervorgebracht hat: Diese kleinen Brutknollen können Sie abnehmen und neu einpflanzen.

Schwertlilie***, *Iris*

Es gibt beinahe dreihundert Schwertlilienarten, und die meisten haben spektakuläre Blüten, die für Bienen attraktiv sind, besonders für langrüsselige Hummeln wie die Ackerhummel. Manchmal übernachten männliche Hummeln in der Blüte, die ihnen ein Dach über dem Kopf bietet und ihnen am Morgen hilft, warm zu werden, weil sie die Sonnenwärme einfängt. Die meisten Schwertlilien mögen einen sonnigen Standort auf durchlässigem Boden, aber unsere heimische Sumpf-Schwertlilie (*Iris pseudacorus*) mag es gerne feucht oder nass, zum Beispiel in einem Teich. Schwertlilien vermehrt man am besten durch Teilung; bevorzugt nach der Blüte, bei den meisten Arten also im späten Frühling oder Frühsommer.

Von oben nach unten:

(l) *Hydrangea serratifolia*

(r) Kletter-Hortensie

Krokus

(l) Schwertlilie

(r) Sumpf-Schwertlilie

Araliengewächse, Araliaceae

Eine sehr große, überwiegend tropische Familie, zu der auch Ginseng gehört, aber nur sehr wenige Arten, die wir in Deutschland gut kennen.

Gemeiner Efeu****, *Hedera helix*

Viele Gärtner sind keine besonderen Efeu-Freunde und würden ihn auch nicht oben auf ihrer Liste von Trachtpflanzen anführen, obwohl sie das sollten. Die kleinen, grünlich gelben Blütenstände, die im September erscheinen, sind unauffällig, aber sie ziehen alle Sorten von Insekten an, etwa Schmetterlinge wie Pfauenauge und Admiral, die ihren Zuckervorrat für die Überwinterung anlegen, aber auch Honigbienen, Hummeln, Solitärbienen, Schwebfliegen, Wespen und Käfer. Sogar seine spezialisierte Soli-

tärbiene hat der Efeu, die passend benannte Efeu-Seidenbiene, die in Großbritannien erstmals 2001 gesichtet wurde, inzwischen aber im Süden verbreitet ist.

Leider wird Efeu zu oft verdrängt oder stark zurückgeschnitten, was die Blüte verhindert und auch die Beerenbildung – die wären nämlich ein gutes Winterfutter für viele Vögel. Wenn Sie das Glück haben, Efeu im Garten zu haben, lassen Sie ihn austreiben und blühen. Oft wird behauptet, Efeu würde Bäume ersticken, doch das ist kaum möglich: Er entfernt sich nicht so weit vom Stamm, dass er dem Laub Schatten machen würde; und das Dickicht, das entsteht, wenn er an einem Baumstamm emporklettert, ist ein wunderbarer Lebensraum für alle möglichen Insekten und bietet Platz für Vogelnester. Kurz gesagt: Wenn Sie können, schaffen Sie Raum für Efeu!

Knöterichgewächse, Polygonaceae

Zu dieser Familie gehören einige unserer problematischeren Unkräuter wie Ampfer und der berüchtigte Japanische Staudenknöterich, aber auch nützliche Pflanzen wie Rhabarber und Buchweizen. Der viel geschmähte Japanische Staudenknöterich ist fast vollständig essbar, und seine Blüten sind für Bienen attraktiv.

Schlangen-Knöterich***, *Persicaria bistorta*

Eine sehr nützliche, kräftige mehrjährige Pflanze, die fast überall wächst, auch in schattigen Ecken. Sie bildet im ausgehenden Frühjahr hübsche Stände eleganter Blüten auf schlanken Stängeln von bis zu 70 Zentimeter Wuchshöhe. In meinem Garten wird sie regelmäßig von Baum- und Wiesenhummeln angeflogen. Schlangen-Knöterich lässt sich sehr einfach aus Teilen seiner Rhizome vermehren und kann ein bisschen übergriffig werden, am besten pflanzt man ihn also an einer Stelle, wo man ihn gut im Griff hat. Eine gute Kombination zu Akeleien in einem Waldgarten.

Bleiwurzgewächse, Plumbaginaceae

Eine kaum bekannte Pflanzenfamilie mit sehr wenigen bei uns heimischen Arten, darunter Strandflieder und Strand-Grasnelke.

Strand-Grasnelke*, *Armeria maritima*

Eine hübsche, niedrige, heimische Staude in felsigen Küstenheiden. Strand-Grasnelken bilden dichte Polster mit weichen, dünnen Blättern, aus denen im Mai und Juni auf bis zu 15 Zentimeter hohen Stängeln die rosa Blüten ragen. Strand-Grasnelken kommen sehr gut mit Trockenheit zurecht und eignen sich daher ideal für Steingärten oder Kübel oder auch für dem Wind ausgesetzte Küstengärten. Vermehren lassen sie sich aus dem Samen, über Basalstecklinge oder durch Teilung.

Malvengewächse, Malvaceae

In dieser Familie finden sich einige sehr wichtige Nutzpflanzen, insbesondere Kakao, Okra, Baumwolle und die faulig riechende Durianfrucht. Außerdem enthält sie einige hübsche Bauerngartenpflanzen, die besonders bei Hummeln beliebt sind.

Von oben nach unten:

(l) Stockrose

(r) Schlangen-Knöterich

Strand-Grasnelke

Moschus-Malve

Moschus-Malve***, *Malva moschata*

Die Moschus-Malve ist eine gut aussehende, heimische, gruppenbildende ausdauernde Pflanze mit vielen auffällig rosa oder weißen Blüten auf bis zu 60 Zentimeter hohen Stängeln von Juni bis September. Die Blüten locken sowohl kurzrüsselige Hummeln als auch Honigbienen an. Eine verwandte, größere Art aus Südeuropa ist die Rosen-Malve (*Malva alcea*), die bis zu 120 Zentimeter hoch wird. Wie viele andere Vertreter dieser Familie kippt sie leicht um und braucht am besten eine Stütze. Beide Arten bevorzugen sonnige Standorte, sind aber sonst leicht anzubauen. Moschus-Malven vermehrt man im Frühling über Stecklinge oder aus dem Samen.

Stockrose***, *Alcea rosea*

Eine klassische Bauerngartenpflanze, die vor etwa fünfhundert Jahren aus China importiert wurde. Stockrosen sind riesige zweijährige Pflanzen, die bis zu 3 Meter hoch werden und bei Dunklen Erdhummeln äußerst beliebt sind. Die Bienen scheinen auf den Nektar aus zu sein, ignorieren aber die Unmengen von Pollen; oft versinken sie geradezu darin, unternehmen aber nichts, um ihn in ihren Pollenkörbchen zu verstauen. Die hohen Blütenstängel brauchen, wenn sie nicht in dichten Gruppen wachsen, eine Stütze, sonst werden sie leicht vom Wind umgeblasen. Stockrosen gehören zu den vielen Kulturpflanzen, von denen gefüllte Sorten angeboten werden; doch die sind für Bienen kaum interessant. Stockrosen lassen sich einfach aus dem Samen ziehen, sind allerdings als Jungpflanzen etwas anfällig für Schneckenfraß.

Lippenblütler, Lamiaceae

Die Familie der Lippenblütler ist sehr groß, sie enthält viele Wildblumen, Kräuter und Zierpflanzen, etwa Lavendel, Salbei, Thymian, Echten Dost, Taubnesseln, Duftnesseln und Rosmarin. Bei vielen von ihnen verströmen die Blätter, wenn sie zerrieben werden, ein starkes Aroma, weshalb sie in der Küche Anwendung finden. Typisch für diese Familie ist die gewöhnlich vierkantige Sprossachse; man fühlt das, wenn man sie zwischen Daumen und Zeigefinger reibt.

Anis-Duftnessel*****, *Agastache*

Die Anis-Duftnessel ist eine gruppenbildende ausdauernde Pflanze aus Nordamerika und eine der besten Pflanzen für Bienen und Hummeln überhaupt. Mir ist es sehr schwergefallen, Samen zum Keimen zu bringen, und auf meinem schweren Lehmboden gehen die Pflanzen im Winter auch häufig ein – sie eignet sich also nicht wirklich für Anfänger. Doch die Bienen sind absolut verrückt danach, und wenn sie auf einem durchlässigen Boden gut gedeiht, bildet sie sehr attraktive Gruppen mit großen blauen Blütenähren, die im Spätsommer bis zu 1 Meter aufragen. Besonders gut ist offenbar die Sorte »Blackadder«, aber auch »Blue Fortune« und »Blue Boa«. Die einfachste Methode zur Vermehrung ist meiner Erfahrung nach die Entnahme von halb verholzten Stecklingen im August.

Bartblume**,
Caryopteris x clandonensis

Eine breite, buschige mehrjährige Pflanze von bis zu 1 Meter Wuchshöhe mit einer üppigen violetten Blütenfülle im Sommer. Die Sorte »Heavenly Blue« scheint sich für Hummeln und Honigbienen besonders gut zu eignen, und wenn Sie sehr viel Glück haben, lockt sie vielleicht sogar ein

Bartblume

Taubenschwänzchen an. Diese Pflanze will wirklich mitten in der Sonne stehen, idealerweise an einem durchlässigen Südhang oder an einer Südwand. Vermehren lässt sie sich am besten über weiche Stecklinge.

Brandkraut**, *Phlomis*

Brandkräuter sind kräftige, buschige ausdauernde Krautpflanzen aus dem Mittelmeerraum und Asien, die einen sonnigen Standort benötigen, aber mit nährstoffarmen Böden zurechtkommen. Sie werden etwa 1,5 Meter hoch und breit und tragen im Juli und August an ihrem vierkantigen Stängel in Abständen leicht haarige Blätter und Scheinquirle aus attraktiven gelben oder blasslila Blüten. Die Blüten haben tiefe Röhren, ziehen also

Echter Dost/Oregano

vor allem unsere langrüsseligste Hummel an, die Gartenhummel (*B. hortorum*). Es existieren mehrere Arten, verbürgen kann ich mich aber für Samos-Brandkraut (*Phlomis samia*), das wirklich konstant Bienen anlockt. Am einfachsten lassen sich Brandkräuter im Juli oder August über halb verholzte Stecklinge vermehren.

Echter Dost/Oregano*****,
Origanum vulgare

Echter Dost ist ein prima Allrounder, sehr leicht anzubauen, attraktiv für haufenweise unterschiedliche Bestäuber und auch noch gut für die Küche. Besonders attraktiv ist er offenbar für Schmetterlinge, vielleicht mehr noch als Sommerflieder – in meinem Garten lockt er oft Rotbraune Ochsenaugen und Hauhechel-Bläulinge an. Echter Dost ist eine robuste, ausdauernde heimische Pflanze, die etwa 80 Zentimeter hoch wird und gerne in der Sonne steht. Gut macht er sich in einem Blumenbeet, im Gras ausgewildert oder in einem Kübel neben der Küchentür, um für den Kochtopf griffbereit zu sein. Meiden Sie die gelbblättrigen und mehrfarbigen Gartensorten, die meiner Erfahrung nach bei Insekten weniger gut ankommen. Eine ähnliche, etwas kompaktere und trockenheitstolerante südosteuropäische Art ist *Origanum onites*; er wächst sehr gut in Kübeln und zieht angeblich noch mehr Bienen an. Echten Dost vermehren Sie leicht durch Stecklinge im Frühsommer, oder Sie säen zu Beginn des Frühlings die Samen aus.

Efeublättriger Gundermann***, *Glechoma hederacea*

Der heimische Gundermann ist eine immergrüne, niedrigwüchsige Kriechpflanze, die sich bestens als Bodendecker in der Sonne oder im Halbschatten eignet. Wild wächst er häufig unter Hecken, und unter Ziersträuchern wie Buschrosen ist er unschlagbar. Die kleinen blauen oder violetten Blüten erscheinen im Mai und locken lang- und kurzrüsselige Bienen an, insbesondere die Frühlings-Pelzbiene und ihre extrem seltene Verwandte, die *Anthophora retusa.* Gundermann lässt sich leicht durch Teilung oder mit weichen Stecklingen vermehren.

Englischer Quendel***, *Thymus polytrichus* subsp. *Britannicus*

Es gibt viele wilde und kultivierte Thymian- oder Quendelarten, aber dieser ist für Bestäuber wohl der beste. Außer Hummeln lockt Quendel auch Schwebfliegen und Honigbienen in Massen an seine Trauben kleiner lila Blüten. Die hübsche, niedrige, kriechende Pflanze eignet sich für einen

Von oben nach unten:

(l) Brandkraut

(r) Anis-Duftnessel

Katzenminze

(l) Efeublättriger Gundermann

(r) Englischer Quendel

Topf, die Risse in einem Hofpflaster, den Steingarten oder die Vorderkante eines Beets. Quendel bevorzugt einen sonnigen, durchlässigen Standort und kommt mit Trockenheit gut zurecht. Er lässt sich mit vielerlei Methoden leicht vermehren: durch Aussaat im Frühling, über Stecklinge im Frühsommer oder über Teilung im Winter.

Indianernessel***, *Monarda didyma*

Eine elegante, auffällige, ausdauernde krautige Pflanze aus den Prärien Nordamerikas. Monarden bilden sich ausbreitende Gruppen und treiben im Sommer etwa 1 Meter hohe Stängel aus, an deren Spitze ungewöhnliche Quirle roter Röhrenblüten sitzen. In Nordamerika besuchen diese Pflanze

Indianernessel

häufig Kolibris, während sie bei uns ein Liebling der langrüsseligen Hummelarten ist. Sie braucht unbedingt einen sonnigen, gut durchlässigen Standort. Vermehren lassen Monarden sich durch Teilung, weiche Stecklinge oder über den Samen, wobei ich finde, dass sie langsam und unzuverlässig keimen.

Katzenminze*****,
Nepeta racemosa und andere

Wenn ich in meinem Garten nur eine Blumensorte kultivieren könnte, wäre das wohl Katzenminze. Dieser Bauerngarten-Klassiker ist eine der besten Allround-Bienenpflanzen für eine Vielzahl von Arten. Irgendwie schaffen es ihre sachte ausgebreiteten, mattblauen Blüten, lang- *und* kurzrüsselige Hummeln anzulocken. Sie ist fast überall sehr leicht anzubauen, und die ausgedehnte Blütezeit reicht von Mai bis zum Spätsommer. Sie sollte in keinem Garten fehlen.

Katzenminzen stammen aus Südeuropa und Asien, wo es über 250 Arten davon gibt. Eine der besten ist *N. racemosa,* eine robuste lockere Staude mit lila Blüten vom ausgehenden Frühjahr bis in den Spätsommer. Besonders gut für langrüsselige Hummeln ist *N. x faasenii,* »Six Hills Giant«. Viele *Nepeta*-Sorten werden derzeit von der Royal Horticultural Society in Wisley getestet; als die bienenfreundlichsten erweisen sich dabei »Hills Grounds«, »Early Bird«, »Chettle Blue«, *N. racemosa*, »Walkers Low«; die allerbeste ist *Nepeta grandiflora* »Zinser's Giant«.

Katzenminzen schlagen sehr schnell Wurzeln aus dem Steckling, können aber auch aus dem Samen gezogen werden.

Von oben nach unten:

(l) Kleinblütige Bergminze

(r) Schopf-Lavendel

Kriechender Günsel

Schmalblättriger Lavendel

Kleinblütige Bergminze*****,
Calamintha nepeta

Heimisch in Südeuropa, ist die Bergminze eine unterschätzte, aromatische ausdauernde Krautpflanze von etwa 60 Zentimeter Wuchshöhe, die von Frühsommer bis Herbst lockere Blütenstände mit kleinen weißen oder blassrosa Blüten trägt. Sie macht optisch nicht besonders viel her, aber alle Sorten von Bienen lieben sie; Versuche, die Rosi Rollings von *RosyBee Plants* durchgeführt hat, ergaben, dass diese Pflanze unter den etwa 70 bienenfreundlichen Pflanzen in ihren Beeten am meisten Bienen und Hummeln anlockte. Bergminze ist eine leicht zu kultivierende Pflanze, die nach Möglichkeit einen durchlässigen Standort wünscht und wegen ihrer Trockenheitsresistenz auch in Kübeln oder Steingärten stehen kann. Einfache Vermehrung durch Samen, Teilung oder weiche Stecklinge.

Kriechender Günsel***, *Ajuga reptans*

Kriechender Günsel ist eine langsamwüchsige, heimische mehrjährige Wildblume, die auch in verschiedenen Gartensorten existiert. Sie verträgt Schatten oder Sonne und ist ein hübscher kriechender Bodendecker, den man unter Bäumen und Sträuchern ansiedeln kann. Er blüht von Mai bis Juli mit lila Röhrenblüten, die sowohl für lang- als auch für kurzrüsselige Hummeln attraktiv sind. Kriechender Günsel ist ein besonderes Leibgericht der Lungenkraut-Mauerbiene (*Osmia pilicornis*), eine seltene und aussterbende Art in Deutschland. Die Vermehrung geht am einfachsten über die vielen Ausläufer, die bereitwillig wurzeln.

Lavendel****, *Lavandula*

Ein Muss für jeden Garten! Diese stattliche lila blühende Staude gehört zu den besten, um den verschiedensten Bienen, Nachtfaltern und Schmetterlingen im Juli und August Nektar zu bieten. Vor meinem Haus in Frankreich steht ein alter Lavendelbusch, der immer Taubenschwänzchen anlockt und gelegentlich einen prächtigen gelb-schwarz gestreiften Schwalbenschwanz.

Lavendel blüht relativ lang und existiert in allen möglichen Sorten und Größen. Aus dem Samen braucht er mir zum Keimen fast zu lang, aber man findet ihn leicht als Containerpflanze, und auch Steckhölzer wachsen gut an. Am besten geht es ihm in sonniger Lage auf durchlässigem Boden, ansonsten ist er aber sehr robust, nur gegen sehr kalte Winter ist er empfindlich. Am richtigen Standort kann Lavendel sehr langlebig werden und entwickelt irgendwann einen charakteristischen knorrigen, gewundenen Stamm. Da er Trockenheit verträgt, wächst er auch sehr gut in Kübeln.

Es gibt viele verschiedene Lavendelsorten zu kaufen, und eine sorgfältige Auswahl lohnt sich. Englischer Lavendel, *Lavandula x intermedia*, eignet sich am besten, um Bienen anzulocken, und bei einer Versuchsreihe an der Sussex University schnitt die Sorte »Gros Bleu« am besten ab. Der verbreitetere Schmalblättrige Lavendel (*L. angustifolia*) ist für Bestäuber weniger attraktiv, und der Schopf-Lavendel (*L. stoechas*) ist noch schlimmer (nun ja, alles ist relativ, ein paar Insekten ziehen sie durchaus alle an).

Minze**, *Mentha* spp.

Es gibt mehrere wilde Minzenarten und viele Gartensorten, die alle ausdauernde Stauden sind. Alle sind als Gewürzkraut und für Tees verwendbar. Wasserminze (*Mentha aquatica*) eignet sich bestens für Teiche und ist für Bienen eine der attraktivsten Minzsorten. Eine der größten und robustesten ist mit etwa 90 Zentimeter Wuchshöhe die Rundblättrige Minze (*Mentha suaveolens*).

Von oben nach unten:

(l) Schwarznessel

(r) Wasserminze

Rosmarin

Salbei + Hummelschwärmer

Die meisten Minzen blühen zwischen Juli und September, und die Blüten werden von Hummeln, Honigbienen und Solitärbienen angeflogen. Sie sind sehr einfach anzubauen, können aber dank ihrer Ausbreitung über Rhizome invasiv werden; wenn Sie also nicht wollen, dass sie in immer größeren Abständen von ihrem eigentlichen Standort sprießen, sollten Sie sie am besten in Kübel pflanzen. Minzen lassen sich leicht aus weichen Stecklingen ziehen. Hübsch sind sie verwildert an halb naturbelassenen Stellen oder in Wiesen, und der Geruch beim Mähen ist einfach toll.

Rosmarin***, *Rosmarinus officinalis*

Rosmarin ist ein ausdauernder Halbstrauch, der normalerweise wegen seiner nadelartigen, duftenden, immergrünen Blätter angebaut wird, die vielfach in der Küche zum Einsatz kommen. Rosmarin ist eine außergewöhnliche Pflanze, denn er blüht fast das ganze Jahr hindurch, auch mitten im Winter markiert er einen blauen Farbtupfer, wenn sonst nicht viel zu sehen ist. Am meisten Blüten trägt er zu Beginn des Frühjahrs und ist beliebt bei frühen Hummelköniginnen und auch bei Wollschwebern. An einem durchlässigen Standort ist Rosmarin sehr robust und leicht zu kultivieren. Besonders gut ist er an Trockenheit angepasst, selbst im trockensten Sommer braucht er kein Wasser; in unserer von Klimaerwärmung und teurem Wasser geprägten Zukunft könnte sich diese Eigenschaft als sehr nützlich erweisen. Die Vermehrung erfolgt am einfachsten über weiche Stecklinge, die sehr bereitwillig Wurzeln treiben. Wenn Sie Glück haben, befallen Ihren Rosmarin vielleicht Rosmarinkäfer, prächtige metallischgrün-violette Insekten, die der eine oder andere Barbar vielleicht als Schädling betrachten könnte.

Salbei***, darunter Echter Salbei (*Salvia officinalis*), Wiesensalbei (*Salvia pratensis*) und viele andere

Salbei gibt es in vielen Gartensorten, aber ich liebe Wiesensalbei (*S. pratensis*), eine elegante, hübsche ausdauernde Wildblume mit blasslila Blütenähren im Juni und Juli. Diese seltene heimische Wiesenpflanze lohnt sich allein schon deshalb anzubauen, um den Bestäubungsmechanismus zu beobachten: Wenn eine Biene nach Nektar bohrt, bewirkt das, dass der Staubbeutel sich nach unten bewegt und eine Portion Pollen auf dem Rücken der Biene abstreift. Eine gut aussehende Gartensorte ist *Salvia x sylvestris* »Indigo« mit dunkellila Blüten, die Bienen lieben. Die meisten Salbeiarten fühlen sich in der vollen Sonne am wohlsten, aber der in Mitteleuropa heimische Hain-Salbei (*Salvia nemorosa*) ist eine hervorragende Lösung für den Halbschatten. Der Echte Salbei (*S. officinalis*) ist besonders beliebt bei langrüsseligen Bienen, und natürlich ist er auch eine vielseitige Küchenzutat. Man vermehrt Salbei am einfachsten im Spätsommer über halb verholzte Stecklinge (für eher großblättrige Arten) oder im Frühjahr über Stecklinge (für eher kleinblättrige Arten).

Salbei-Gamander**, *Teucrium scorodonia*

Eine heimische, gruppenbildende Staude, die bis zu 70 Zentimeter hoch wird. Salbei-Gamander trägt im Juli und August unauffällige grünlich gelbe Blüten. Er eignet sich für sandige Böden; natürlich wächst er auf Sanddünen, im Wald- und im Heideland; damit ist er nützlich, wenn Ihr Garten sandig und schattig ist, was sonst nur wenigen Pflanzen gefällt. Obwohl sie keinen großen Schauapparat haben, locken die Blüten mittel- und langrüsselige Hummeln wie die Ackerhummel sowie Honigbienen. In Gartencentern gibt es auch andere, hübschere *Teucrium*-Arten und -Sorten, zum Beispiel Immergrüner Gamander (*Teucrium x lucidrys*), dessen von Juni bis Oktober gebildete rosa Blüten ich für Hummeln auch sehr attraktiv finde. Diese Pflanze verträgt Trockenheit und steht ideal in einem Stein-

Salbei-Gamander

garten oder im Kübel. Sehr attraktiv ist auch der Kaukasus-Gamander (*Teucrium hircanicum*) mit seinen violetten Blütenähren, die im Spätsommer von Honigbienen gern besucht werden. Gamander treibt leicht aus weichen Stecklingen aus.

Schwarznessel**, *Ballota nigra*

Die Schwarznessel, wegen des unangenehmen Geruchs des zerriebenen Blatts auch Stink-Andorn und Schwarzer Gottvergess genannt, hat zwar keinen sehr schönen Namen, bildet aber wirklich attraktive Ähren mit kleinen lila Blüten, die etwa 80 Zentimeter hoch werden, und Bienen lieben sie. Die erste Waldhummel (*Bombus sylvarum*), die ich je gesehen habe (es ist eine sehr seltene Art), saß zum Nektarsaugen auf einer Schwarznessel auf dem Salisbury Plain. Die Pflanze ist perfekt für eine naturbelassene Ecke oder ein Staudenbeet. Sie wächst bereitwillig aus dem Samen, man kann aber auch bestehende Gruppen teilen.

Wald-Ziest

Sumpf-Helmkraut***, *Scutellaria galericulata*

Ein heimisches, ausdauerndes Kraut, das etwa 60 Zentimeter hoch wird und, wie der Name sagt, am besten feuchte Standorte verträgt. Auch mit Halbschatten kommt es gut zurecht. Sumpf-Helmkraut trägt von Juni bis September dichte Gruppen von lila Röhrenblüten, die fast ausschließlich Gartenhummeln (*B. hortorum*) anziehen. Es lässt sich vermehren durch Teilung zu Beginn des Frühjahrs, durch Aussaat im späten Frühling oder aus Basalstecklingen im Juni.

Wald-Ziest***, *Stachys sylvatica*

Wald-Ziest ist eine relativ häufige heimische, ausdauernde Art, die typischerweise unter Hecken, im Gebüsch und am Waldrand wächst. Sie breitet sich über unterirdische Ausläufer aus und nimmt so in schattigen Le-

Von oben nach unten:
(l) Sumpf-Ziest
(r) Woll-Ziest
Sumpf-Helmkraut
(l) Rosmarinkäfer
(r) Weiße Taubnessel

bensräumen stetig zu, ohne je überhandzunehmen. Die Quirle kleiner lila Blüten auf bis zu 60 Zentimeter hohen Stängeln, die zum Ende des Frühjahrs und im Sommer erscheinen, sind nicht sehr auffällig, aber bei einigen Hummelarten ist diese Pflanze sehr beliebt. Wald-Ziest ist als Same nicht so einfach zu bekommen, bei Spezialanbietern aber lieferbar; sonst sammeln Sie doch einfach ein paar Samen aus der nächstgelegenen Hecke. Denken Sie auch an den verwandten Sumpf-Ziest (*Stachys palustris*), der, wie sein Name sagt, ideal für feuchte Lagen ist. Auch die Echte Betonie (*Stachys officinalis*) ist eine attraktive Wiesenpflanze, die in eine Blumenwiesen-Saatmischung gehört.

Der Verwandte der heimischen Zieste, nämlich Woll-Ziest (*Stachys byzantina*), stammt aus der Türkei und dem Iran und lohnt ebenfalls den Anbau. Die Pflanze ist vollständig dicht weiß behaart und damit gut an Trockenheit angepasst, aber dennoch scheint sie in unserem feuchten Klima recht gut zurechtzukommen, sofern sie einen sonnigen Standort hat; mein einziges Problem ist, dass meine Truthähne sie zum Leibgericht erkoren haben. Woll-Ziest ist eine sich langsam ausbreitende Staude mit kleinen lila Blüten, die Hummeln gerne mögen. In Wirklichkeit baue ich ihn aber weder wegen der Blüten an, noch um die Vögel zu füttern, sondern um Garten-Wollbienen (*Anthidium manicatum*) anzulocken; diese hübschen großen Solitärbienen fliegen die Pflanze an um das flaumige Haar zu ernten, das sie für ihren Nestbau verwenden. Männliche Garten-Wollbienen sind höchst aggressiv, verteidigen Bestände von Woll-Ziest und manchmal auch von anderen Blumen und vertreiben auch größere Insekten. Nur weiblichen Garten-Wollbienen gewähren sie Zutritt in ihr Revier, erwarten im Austausch aber die Erlaubnis zur Paarung. Woll-Ziest lässt sich leicht vermehren, indem man im Frühling unten am Stängel kleine Stecklinge entnimmt, die gut Wurzeln ausbilden.

Weiße Taubnessel***, *Lamium album*

Die Weiße Taubnessel ist eine heimische, ausdauernde Wildblume, die häufig am Fuß von Hecken wächst. Sie bildet wachsende Gruppen, und die Blüten sind im Frühling ein absoluter Liebling der Königinnen der Acker- (*Bombus pascuorum*) und der Gartenhummel (*Bombus hortorum*). Häufig folgt später im Jahr eine Zweitblüte. In einem Blumengarten kann die Weiße Taubnessel etwas überhandnehmen, aber sie eignet sich hervorragend für halbwilde Stellen oder unter Obstbäumen, wo sie mäßigen Schatten toleriert. Die Vermehrung erfolgt einfach durch Aussaat, weiche Stecklinge oder Teilung.

Ysop**, *Hyssopus officinalis*

Eine unterschätzte, langsam wachsende ausdauernde krautige Pflanze aus Südeuropa, die im Juli und August eine Fülle kleiner lila Blüten bildet und damit sehr erfolgreich Honigbienen und kurzrüsselige Hummeln anlockt.

Ysop

Ysop ist auch essbar und findet sich regelmäßig in der orientalischen Küche, wenngleich ich zugeben muss, dass er mir nicht besonders schmeckt – ich überlasse ihn lieber den Bienen. Ysop schätzt einen sonnigen, durchlässigen Standort und steht idealerweise vorn im Staudenbeet, im Steingarten oder im Kübel. Er lässt sich aus weichen Stecklingen oder aus dem Samen ziehen.

Kapuzinerkressenpflanzen, Tropaeolaceae

Eine wenig bekannte Familie aus Südamerika, von der spanische Entdecker ein paar Arten vor fünfhundert Jahren nach Europa brachten.

Kapuzinerkresse

Große Kapuzinerkresse**, *Tropaeolum majus*

Kapuzinerkressen sind rankende, niedrig wachsende, halbrobuste einjährige Pflanzen, die in Kübel und Steingärten oder an die Vorderkante eines Staudenbeets passen. An einem sonnigen, durchlässigen Standort können sie sehr schnell wachsen. Die Kapuzinerkresse bildet vom Frühsommer bis zum ersten Frost hell leuchtende Blüten. Diese verbergen den Nektar in einer langen Röhre, in die nur die Hummeln mit den allerlängsten Rüsseln vordringen können, etwa die Gartenhummel oder ihre Verwandte, die Feldhummel (*Bombus ruderatus*). Dunkle und Helle Erdhummeln beißen manchmal Löcher, um Nektar zu rauben. Die Blüten sind außerdem essbar und schmecken leicht pfeffrig, machen sich also gut als Farb- und Aromageber im Salat; die unreifen Spaltfrüchte kann man zudem statt Kapern

Kapuzinerkresse

in Essig einlegen. Säen Sie die Samen der Kapuzinerkresse im April draußen aus, wo sie später blühen sollen. Offenbar ist sie sehr beliebt bei Kriebelmücken und wird daher manchmal angebaut, um diese von Bohnenpflanzen fernzuhalten.

Amaryllisgewächse, Amaryllidaceae

In diese Familie gehören Narzissen und Schneeglöckchen, aber die interessantesten Vertreter gehören der Gattung *Allium* an, in der sich mehrere bekannte Nutzpflanzen finden wie Speisezwiebeln, Knoblauch, Schnittlauch und Lauch.

Ackerlauch

Von oben nach unten:

(l) Sizilianischer Honiglauch

(r) Nickender Lauch

Knoblauch-Schnittlauch

(l) *Allium hollandicum*

(r) Schnittlauch

*Allium*****, darunter Schnittlauch, Lauch und Ziersorten

Es sind viele große, auffällige Lauchsorten als Gartenzierpflanzen im Handel, und die meisten sind sowohl bei Hummeln als auch bei Solitärbienen beliebt. Überall erhältlich ist zum Beispiel *Allium hollandicum*, der von Mai bis Juli große, runde lila Blütenköpfe bildet. Einige dieser Zierlauchsorten sind mit bis zu zwei Metern riesig und machen am hinteren Rand eines Staudenbeets großen Eindruck.

Doch auch andere, weniger extravagante Laucharten lohnen sich. Kürzlich entdeckt habe ich dank eines Tipps in den sozialen Medien Sizilianischen Honiglauch (*Allium siculum*). Der Name ist sehr treffend, denn er bildet eher merkwürdige, hängende weiß-pinke Blüten, aus denen im Frühsommer buchstäblich der Nektar tropft. Obwohl er aus Südeuropa stammt, scheint er sich in meinem Garten wohlzufühlen und wird dort vor allem von Steinhummeln angeflogen. Sehr hübsch ist auch der verwandte Nickende Lauch (*Allium cernuum*) aus Nordamerika mit seinen rosa, schön geformten Blütenbüscheln, die für verschiedene kurzrüsselige Hummeln höchst attraktiv sind.

Schnittlauch (*Allium schoenoprasum*) ist ein traditionelles Küchenkraut aus dem Bauerngarten, seine Blätter schmecken zum Beispiel im Rührei köstlich. Die hübschen rosa Blüten erscheinen im Frühling und sind unter anderem bei Wiesenhummeln beliebt. Er wächst auf fast jedem Boden gut, wenn er nur etwas Sonne bekommt; auch in einem Topf auf dem Balkon gedeiht er.

Auch beim Ackerlauch (*Allium ampeloprasum*) lohnt sich der Anbau wegen seiner Blüten. Vielleicht wundern Sie sich, den gemeinen Lauch auf einer Liste für Bienenweidepflanzen zu finden, aber ich finde, er wurde bisher in seinem Wert unterschätzt. Ackerlauch wird normalerweise im Herbst oder Winter des Aussaatjahres geerntet, aber wenn Sie ein paar Exemplare stehen lassen, belohnen sie Sie im nächsten Hochsommer mit riesigen kugeligen Blütenköpfen. Sehr beliebt sind diese bei verschiedenen Insekten, etwa Solitärbienen, Hummeln und Schmetterlingen. In meinem

Garten scheinen sie besonders für C-Falter interessant zu sein, und die gehören zu unseren schönsten Insekten überhaupt.

Die Arten der Gattung *Allium* gedeihen in der Regel am besten an einem sonnigen, durchlässigen Standort und mögen im Winter keine Staunässe. Die Ziersorten sind als Zwiebeln überall erhältlich und werden am besten im Herbst oder gegen Ende des Winters gepflanzt. Wenn sie sich etabliert haben, kann man sie ausgraben und kleine Seitenzwiebeln, die sogenannten Brutknollen, abnehmen, um sie separat einzupflanzen. Lauch und Schnittlauch sind beide außerordentlich einfach aus dem Samen zu ziehen, der früh im Frühling ausgesät wird.

Pfingstrosengewächse, Paeoniaceae

Sehr beliebte, klassische Staude mit dicken zerzausten Blüten in Rot oder Cremeweiß. Pfingstrosen werden am häufigsten als gefüllte Sorten angebaut, die für Bestäuber komplett wertlos sind. Merkwürdigerweise scheinen Honigbienen von den Blütenknospen angezogen zu werden, die an-

Byzantinische Pfingstrose

scheinend eine süße Flüssigkeit ausscheiden. Auch einblütige Pfingstrosen bringen den meisten Insekten in der Regel kaum etwas, aber die hier genannte lohnt sich wirklich.

Byzantinische Pfingstrose oder Fremde Pfingstrose****, *Paeonia peregrina*

Ich habe diese Pflanze im Garten der Royal Horticultural Society in Wisley entdeckt, wo sie von Honigbienen und Hummeln geradezu überrannt wurde. In einigen der großen pinkroten Blüten pferchten sich bis zu zehn Bienen zusammen – so etwas habe ich selten gesehen. Die Pflanzen werden etwa 80 Zentimeter hoch und breit und tragen Ende Mai und im Juni Massen von Blüten. Die Vermehrung ist nicht ganz einfach: Am besten kauft man einen Stock und teilt ihn im Winter.

Passionsblumengewächse, Passifloraceae

Es handelt sich hier um eine große Familie mit überwiegend tropischen Rankengewächsen, von denen ihrer Früchte wegen einige kommerziell angebaut werden. Fast alle haben üppige, exotische Blüten, die Nektar in Hülle und Fülle produzieren und Hummeln, Honigbienen und in wärmeren Klimazonen auch Fledermäuse und Kolibris anlocken.

Blaue Passionsblume***, *Passiflora caerulea*

Eine der robustesten Passionsblumensorten, die Temperaturen bis -10 Grad Celsius aushalten und daher fast überall in Deutschland überleben kann. Die Blaue Passionsblume ist eine schnell wachsende, halb immergrüne Kletterpflanze, die jede Menge Ranken ausbildet. Wenn sie etwas zum

Blaue Passionsblume

Festhalten hat, ist sie selbsthaftend. Sie kann 14 Meter hoch werden, muss also eventuell zurückgeschnitten werden, damit sie nicht zu dominant wird. Setzen Sie sie in der Sonne oder im Teilschatten an eine Mauer oder einen Zaun; auch einen toten Baum deckt sie wunderbar ab. Passionsblumen wachsen leicht aus weichen Stecklingen oder aus Absenkern.

Hülsenfrüchtler, Fabaceae

Zu den Hülsenfrüchtlern zählen zahlreiche von Bienen geliebte Wildblumen, zum Beispiel Klee, Wicken, Hopfenklee und Hornklee. Viele dieser Arten wachsen natürlich in Magerwiesen wie traditionellen Heuwiesen und Kalkwiesen, wo sie dank ihrer Fähigkeit, in ihren Wurzeln über Knöllchenbakterien Stickstoff zu binden, anderen Pflanzen gegenüber im Vorteil sind. Der Pollen der Hülsenfrüchtler ist häufig proteinreich; vielleicht liegt es daran, dass Hummeln ihre Blüten häufig bevorzugen. Obwohl es sich um eine große Pflanzenfamilie handelt, sind Hülsenfrüchtler unter

Behaarter Hornklee

den Gartenzierpflanzen nicht sehr stark vertreten (allerdings werden natürlich viele Erbsen- und Bohnensorten im Gemüsebeet angebaut).

Behaarter Hornklee****, *Lotus hirsutus*

Ein kleiner, kompakter, immergrüner Busch mit weichen, rauhaarigen Blättern, der wild an den portugiesischen Sanddünen wächst, wo er sehr viele Garten-Wollbienen und Honigbienen anlockt. In meinem Garten wächst er auch gut und zieht dort überwiegend Hummeln an. Trotz ihrer Herkunft scheint diese Art relativ winterhart, wenn sie einen sonnigen Standort hat. Ich habe sie aus Mitte des Frühlings gesäten Samen gezogen, aber auch halb verholzte Stecklinge wachsen an. Diese attraktive Pflanze ist nicht so leicht im Handel zu finden, aber wenn, dann lohnt sich ihr Anbau.

Von oben nach unten:

(l) Echter Wundklee

(r) Breitblättrige Platterbse

Gewöhnlicher Hornklee

(l) Weißklee

(r) Rotklee

Breitblättrige Platterbse***, *Lathyrus latifolius*

Die Breitblättrige Platterbse ist eine zauberhafte Kletterpflanze, die bis zu 3 Meter hoch werden kann und ab Juli große rosa Schmetterlingsblüten bildet. Besonders attraktiv ist sie für langrüsselige Hummeln wie die Gartenhummel und für Holzbienen. Anders als die sehr ähnliche Duftende Platterbse ist die Breitblättrige Platterbse ausdauernd und meines Erachtens viel leichter zu versorgen. Sie wächst gut aus dem Samen und gedeiht auf den meisten Böden in der Sonne oder im Halbschatten. Die Breitblättrige Platterbse sieht großartig aus, wenn sie sich zum Beispiel durch Kletterrosenbüsche windet.

Chinesischer Blauregen**, *Wisteria sinensis*

Gibt es jemanden, der Chinesischen Blauregen *nicht* mag? Er ist eine der schönsten Kletterpflanzen und trägt im Frühjahr lange, wallende Strähnen lila oder weißer Blüten. Mit dem verholzenden Stamm kann Blauregen frei stehend wachsen, eignet sich aber am besten für die Begrünung einer Südwand oder einer Pergola. Wenn er an anderen Bäumen entlangklettert, kann er mehr als 10 Meter hoch werden. Er lässt sich leicht über Absenker vermehren, wächst aber auch aus weichen Stecklingen oder Steckhölzern. Versuchen Sie ihn nicht aus dem Samen zu ziehen, denn bei dieser Vermehrungsart dauert es merkwürdigerweise Jahrzehnte, bis er zum ersten Mal blüht.

Normalerweise bin ich kein großer Fan des Zurückstutzens, und bei den meisten Pflanzen halte ich es für Zeitverschwendung; beim Chinesischen Blauregen dagegen ist es wichtig, wenn er üppig blühen soll. Schneiden Sie Jungtriebe im Sommer nach der Blüte auf etwa sechs Blätter zurück und im Winter noch einmal auf drei bis vier Knospen.

Eine Überlegung wert ist auch *Wisteria frutescens* mit seinen vielen kleinen, violetten Blütentrauben; anscheinend ist er für Hummeln attraktiver als der verbreitetere *W. sinensis*.

Echter Wundklee****,
Anthyllis vulneraria

Der Echte Wundklee ist eine unaufdringliche, niedrig wachsende Pflanze mit dichten dunkelgelben Blütenköpfen im Juni. Er wird nicht oft eigens als Bienenweide gepflanzt, aber wenn er neben Klee und Hornklee steht, wird er von deutlich mehr Hummeln angeflogen als diese. Wenn Sie in der Südhälfte von Großbritannien leben und diese Pflanze im Garten haben, könnten Sie mit sehr viel Glück sogar den kleinsten britischen Schmetterling anlocken, meinen absoluten Liebling, den prächtigen Zwerg-Bläuling. Die Raupen dieses Falters ernähren sich von den unreifen Samenhülsen. Dieser Schmetterling ist so klein, dass schon ein paar Wundklee-Pflanzen eine beträchtliche Kolonie ernähren können. Echter Wundklee wächst leicht aus dem Samen.

Gewöhnlicher Hornklee***,
Lotus corniculatus

Auf Englisch heißt der Gewöhnliche Hornklee wegen des Hauchs von Rot in den gelben Blüten auch »Bacon-and-eggs«. Seine drei oder vier behornten Hülsenfrüchte pro Stängel (daher der Name) sehen aus wie ein Vogelfuß. Der Gewöhnliche Hornklee ist eine hübsche, langsamwüchsige Pflanze mit sehr langer Blütezeit, von Juni bis September. Er wächst verbreitet wild in Wiesen und an Straßenrändern. Auch in einen Rasen kann man ihn pflanzen; wie Weißklee überlebt er dort auch das Mähen, indem er ganz niedrig kriecht und Blüten austreibt, sobald es eine Mähpause gibt. Hornklee verschönert auch Steingärten oder Beete. Und er lockt nicht nur Bienen und Hummeln, sondern seine Blätter sind auch noch Futter für die Raupen des Hauhechel-Bläulings und des Blutströpfchens, eines spektakulären tagaktiven Nachtfalters mit hellrot-pechschwarzen Flügeln. Der Gewöhnliche Hornklee lässt sich leicht aus dem Samen ziehen.

Von oben nach unten:

(l) Wiesen-Platterbse

(r) Vielblättrige Lupine

Vogelwicke

(l) Saat-Esparsette

(r) *Wisteria frutescens*

Rot- und Weißklee****,
Trifolium pratense und *Trifolium repens*

Außerhalb von Gärten ist Klee häufig mit Abstand die wichtigste Nahrungspflanze für Hummeln. Früher kam er verbreitet als Zwischenfrucht zur Bodenverbesserung zum Einsatz, und im 19. und 20. Jahrhundert lieferte Klee angeblich etwa drei Viertel der gesamtbritischen Honigernte. Bis heute findet sich Klee manchmal in Weide-Samenmischungen, beide Arten sind also auf dem Land immer noch recht verbreitet, doch nirgends mehr so üppig wie einst. Besonders Rotklee ist ein echter Leckerbissen für viele der wirklich seltenen Hummelarten mit häufig langem Rüssel, etwa die Deichhummel (*Bombus distinguendus*) und die Erdbauhummel (*Bombus subterraneus*), aber auch für einige verbreitete Arten wie die Gartenhummel. Als Zierpflanze macht er nicht besonders viel her, obwohl er sich in einem Beet recht wohlfühlen dürfte. Am besten eignet sich Rotklee aber wohl für Wiesen, die nur ein- oder zweimal im Jahr gemäht werden.

Weißklee hat einen niedrigeren Wuchs und überlebt auch regelmäßig gemähten Rasen; wenn Ihrer nicht erst vor Kurzem angelegt wurde, ist er dort sehr wahrscheinlich vorhanden. Allerdings muss man sich, wenn er blühen soll, mit dem Mähen zurückhalten, also sparen Sie sich Benzin und Mühe und lassen Sie die Blumen in Ihrem Rasen blühen. Weißklee ist sehr attraktiv für eher kurzrüsselige Hummeln und Honigbienen. Beide Kleesorten lassen sich leicht aus den Samen ziehen. Ich streue sie gern auf Maulwurfshügel in meiner Wiese, wo sie problemlos austreiben.

Saat-Esparsette**, *Onobrychis viciifolia*

Eine meiner Lieblingspflanzen. Die Saat-Esparsette bildet von Ende Juni bis August kräftige rosa Blütenähren von bis zu 60 Zentimeter Wuchshöhe. Es ist leicht strittig, ob diese Art wirklich als heimisch anzusehen ist, weil sie über Jahrtausende hinweg als Futterpflanze benutzt wurde (heute allerdings kaum noch) und daher möglichweise von frühen Besuchern eingeführt wurde. Wild ist sie relativ selten, aber an ein paar entlegenen Stellen des Salisbury Plain ist sie verbreitet und bildet dort im Sommer einen üppigen rosa Blütenteppich, der sachte in der Brise wogt. Einige Kultursorten der Saat-Esparsette sind heute sehr selten und verdienen genauso viel Schutz wie seltene Kuh- oder Schafrassen. Als Wiesenpflanze passt die Saat-Esparsette wohl am besten zu Klee, aber auch in einem Blumenbeet oder im Steingarten sieht sie hübsch aus. Sie aus dem Samen zu ziehen ist sehr einfach.

Vielblättrige Lupine**,
Lupinus polyphyllus

Lupinen sind hübsche traditionelle Stauden aus dem Bauerngarten. Die hohen rosa, lila, gelben oder weißen Ähren mit Schmetterlingsblüten machen sich großartig in einem Staudenbeet. Die meisten Sorten bilden nur wenig Nektar, aber Hummeln mögen den leuchtend orangefarbenen Pollen. Die Blüte beginnt Ende Juni und kann bei regelmäßigem Auspflücken bis August andauern. In Skandinavien gelten Lupinen meist als Invasoren, aber in Großbritannien sind sie offenbar kein Problem. Leider sind sie insgesamt kurzlebig, weil sie leicht von Läusen befallen werden und im Winter erfrieren, aber sie lassen sich aus dem Samen leicht vermehren und säen sich selbst aus, wenn Sie doch nicht allzu konsequent welke Blüten entfernen.

Vogelwicke***, *Vicia cracca*

Eine höchst attraktive kletternde Rankpflanze, die hinten in einem Beet stehen kann und an den Blütenähren anderer Pflanzen empor- oder durch eine Hecke wachsen darf. Ideal ist sie auch für wilde Stellen oder im Frühjahr geschnittene Wiesen, wo sie sich durch die Grashorste windet. Die Vogelwicke bildet von Juni bis September durchgehend Ähren mit tiefen lila Röhrenblüten, die langrüsselige Hummeln sehr lieben. Sollten Sie auf den Äußeren Hebriden oder auf Orkney wohnen: Diese Art ist dort sehr attraktiv für die Deichhummel, eine unserer seltensten Bienenarten überhaupt. Vogelwicke wächst gut aus dem Samen.

Wiesen-Platterbse***, *Lathyrus pratensis* in Skandinavien

Diese heimische Kletterpflanze steht oft in Wiesen auf neutralen und leicht sauren Böden. Die Wiesen-Platterbse bildet von Mai bis August gelbe Schmetterlingsblüten und wird sehr gerne von mittel- bis langrüsseligen Hummeln angeflogen, am häufigsten wohl von der Ackerhummel. Eine beliebte Futterpflanze ist sie auch für die seltene Mai-Langhornbiene (*Eucera longicornis*), die ihren Namen den überlangen Fühlern der Drohnen verdankt. Die Wiesen-Platterbse ist für Zierbeete ein bisschen zu chaotisch; am besten behält man ihr wohl Wiesen und wildere Ecken des Gartens vor. Die Samen keimen nur langsam, aber Schnittlinge ihres Rhizoms verwurzeln sich leicht und treiben dann problemlos aus.

Zaun-Wicke***, *Vicia sepium*

Ebenfalls zu den Hülsenfrüchtlern gehört diese dezente heimische ausdauernde Kletterpflanze mit kleinen lila Blüten im späten Frühling und Sommer, um die ständig Hummeln summen. Ich lasse sie durch eine Hecke ranken und im Staudenbeet herumklettern. Die großen Samen keimen relativ leicht, aber man kann die Pflanze auch das ganze Jahr über teilen.

Zaun-Wicke

Sperrkrautgewächse, Polemoniaceae

Eine kleine Pflanzenfamilie, deren bekanntester Vertreter im Garten die Gattung Phlox darstellt – die ist allerdings für Bienen und Hummeln nicht besonders attraktiv.

Jakobsleiter**, *Polemonium caeruleum*

Diese hübsche kleine, ausdauernde Bauerngartenpflanze wird bis zu 80 Zentimeter hoch, und als Bienenpflanze wird sie oft übersehen. Als seltene heimische Wildblume steht sie gewöhnlich auf Kalkstein-Geröllhalden, wobei sie sich, wenn sie aus Gärten entweicht, häufig in anderen

Jakobsleiter

Lebensräumen wie Hecken wiederfindet. Die leicht zu kultivierende Pflanze bildet Gruppen, aus denen im Mai und Juni lila oder weiße Blüten mit hervorstehenden gelben Staubblättern aufragen. Die Jakobsleiter verträgt die meisten Bodentypen und gedeiht in der Sonne oder im Halbschatten. Sie kann aus im Frühjahr gesäten Samen oder durch Teilung vermehrt werden.

Nelkengewächse,
Caryophyllaceae

Diese Familie umfasst viele schlichte kleine Wildblumen wie Sternmieren und Vogelmieren, aber auch Federnelken, Landnelken und Lichtnelken.

Rote Lichtnelke**, *Silene dioica*

Eine hübsche ausdauernde, heimische Wildblume mit sehr langer Blütezeit von Mai bis September – ich habe eine echte Schwäche für diese Pflanze. Sie wächst in der Sonne oder im Schatten und kommt in einer schattigen oder naturbelassenen Ecke bestens alleine aus. Angeflogen wird sie vor allem von der langrüsseligen Gartenhummel, außerdem ist sie Futterpflanze für mehrere Nachtfalterarten, etwa die passend benannte Lichtnelken-Eule, deren Raupen innerhalb der Samenkapsel leben und dort die Samen fressen. Ungewöhnlich ist, dass die Pflanzen entweder weiblich oder männlich sind; der Falter weiß aber genau, dass er seine Eier nur auf weibliche Pflanzen legen darf. Die Rote Lichtnelke ist leicht aus dem Samen zu ziehen, und sofern Sie sowohl weibliche als auch männliche

Pflanzen haben, sät sie sich unter nicht völlig widrigen Umständen von selbst aus.

Lohnenswert sind auch die eng verwandten Arten Weiße Lichtnelke (*Silene latifolia*), die Nachtfalter anlockt, und die Kuckucks-Lichtnelke (*Silene flos-cuculi*), eine hübsche Pflanze mit geschlitzten rosa Blüten, die sich an feuchten Stellen wohlfühlt.

Mohngewächse,
Papaveraceae

Herzblume***, *Dicentra*

Die Arten der Gattung *Dicentra* haben ungewöhnliche herzförmige, blutrote Blüten, die von gebogenen Stängeln hängen und gegen Ende des Frühlings verschiedene Hummeln anlocken. Die gruppenbildenden Pflanzen wachsen langsam und passen gut in ein Staudenbeet, den Steingarten oder in den Halbschatten unter Sträuchern wie Rosen. Ich finde Herzblumen schwer aus dem Samen zu vermehren, aber man kann die Stöcke im Winter teilen.

Kalifornischer Mohn***,
Eschscholzia californica

Die kalifornische Staatsblume ist eine der am leichtesten aus dem Samen zu züchtenden Pflanzen und sehr dankbar für Gartenanfänger. Sie bildet Massen von kräftig orangen Blüten, die sehr ausdauernd blühen. Ungewöhnlich für eine mehrjährige Pflanze ist, dass sie nach dem Keimen sehr schnell blüht und sich bereitwillig selbst aussät. Kalifornischer Mohn mag einen sonnigen, durchlässigen Standort und wächst noch auf den ärmsten, steinigsten Böden. Am besten sät man ihn direkt da, wo er blühen soll.

Von oben nach unten:

(l) Wald-Scheinmohn

(r) Klatschmohn (*Papaver rhoeas)*

Türkischer Mohn

(l) Kalifornischer Mohn

(r) Herzblume

Mohn***, *Papaver*

Unseren heimischen Klatschmohn (*Papaver rhoeas*) hat jeder vor Augen; seine roten, seidenweichen Blüten waren einst sehr verbreitet in Kornfeldern; berühmt sind auch die von Mohn bedeckten Schlachtfelder Flanderns während und nach dem Ersten Weltkrieg. Die einjährige Pflanze kultiviert man am besten durch Aussaat im Herbst, und zwar direkt dort, wo sie blühen soll (sie keimt besser, wenn sie im Winter dem Frost ausgesetzt ist). Verteilen Sie den Samen auf durchgeharktem Boden und freuen Sie sich auf das herrliche Rot im Folgejahr. Hummeln sammeln gerne den rabenschwarzen Pollen; häufig zittern sie mit den Flugmuskeln, um ihn herunterzuschütteln.

Mohnsamen sind normalerweise mit den Samen anderer sogenannter Ackerwildkräuter wie Kornblume und Saat-Wucherblume vermischt, und gemeinsam stellen sie jedes Jahr ein wahres Farbenfeuerwerk zur Schau; allerdings müssen Sie den Boden jeden Herbst auflockern oder umgraben, wenn Sie wollen, dass sie im nächsten Jahr wiederkommen, denn diese Pflanzen brauchen vegetationsfreien Boden, um zu sprießen. Ansonsten nehmen Sie den ausdauernden Türkischen Mohn (*Papaver orientale*), eine gruppenbildende Bauerngartenpflanze mit riesigen schlaffen Blütenblättern in Rot, Milchweiß oder Weiß (meiden Sie aber gefüllte Sorten). In nasseren Gegenden ist der heimische ausdauernde Wald-Scheinmohn (*Papaver cambricum*) anzuraten, dessen kräftige zitronengelbe Blüten vom späten Frühling bis in den Herbst unermüdlich blühen. All diese Arten bilden Unmengen von Samen, die man zum Backen verwenden und zum Beispiel aufs Brot streuen kann. Die Vermehrung aus dem Samen ist einfach, aber auch über Wurzelschnittlinge kann Mohn vermehrt werden.

Primelgewächse, Primulaceae

Schnee-Felberich***, *Lysimachia clethroides*

Eine sehr einfach zu kultivierende, gruppenbildende ausdauernde Pflanze aus China, die etwa 1 Meter hoch wird und von Juni bis August elegante weiße Blütenähren mit einem typischen Schwanenhals-Bogen bildet. Die Art möchte gerne feucht stehen, ist ansonsten aber unkompliziert und schnellwüchsig und perfekt für das Staudenbeet. Ich finde, Schnee-Felberich gehört zu den besten Lockpflanzen für Schmetterlinge, vor allem Augenfalter wie Rotbraune Ochsenaugen und Braune Waldvögel. Attraktiv ist er auch für Schwebfliegen und Hummeln. Die Gruppen lassen sich im Herbst oder Winter sehr leicht teilen.

Schnee-Felberich

Stängellose Schlüsselblume

Stängellose Schlüsselblume*, *Primula vulgaris*

Eine vertraute und immer noch einigermaßen verbreitete ausdauernde Wildblume, die oft in Wallhecken und an Waldsäumen anzutreffen ist. Schlüsselblumen locken nie große Mengen von Bestäubern, aber Ackerhummel-Königinnen, Wollschweber und Frühlings-Pelzbienen mögen sie. Die zarten, blassgelben Blüten mit dottergelber Mitte, die normalerweise ab März gebildet werden, sind ein willkommener Frühlingsbote. Im Handel sind viele Hybriden und verschiedene Sorten in allen möglichen Farben, manche blühen sogar im Winter; aber für mich kann keine die einheimische Sorte schlagen. Die niedrig wachsenden, schattenresistenten Pflanzen passen an naturbelassene und waldige Standorte, lassen sich im Gras oder im Steingarten auswildern. Am besten vermehrt man sie über den Samen, der im Sommer oder Herbst in Anzuchttöpfen auf Kompost gestreut wird. Hübsch ist auch die verwandte Echte Schlüsselblume (*Primula veris*), die sich genauso vermehren lässt. Sie zieht ähnliche Insekten an, ist aber weniger schattentolerant als die stängellose Schwesternart und steht am besten in der vollen Sonne auf einer Wiese oder einem Südhang.

Echte Schlüsselblume

Rosengewächse, Rosaceae

Diese Familie enthält außer den Rosen sehr viele Pflanzen von unermesslichem kulinarischem oder dekorativem Wert: zum Beispiel Äpfel, Birnen, Kirschen, Quitten, Mandeln, Pfirsiche, Erdbeeren und Himbeeren. Sie alle müssen bestäubt werden, und die meisten von ihnen haben einfache, tellerartige Blüten mit cremeweißen Blütenblättern, die die verschiedensten kurzrüsseligen Bienen und Schwebfliegen besuchen.

Brombeere****, *Rubus fruticosus*

Ich verbringe einen beträchtlichen Anteil meiner Gartenzeit damit, Brombeerranken abzuschneiden und auszugraben, die triffidartig überall aus Hecken und Büschen schießen. Loswerden will ich sie gar nicht: Sie sollen nur nicht überhandnehmen. Brombeeren sind eine allgegenwärtige heimische Pflanze, ein regelrechter Gartenrowdy und auch nicht gerade die allergrößte Schönheit, aber es lässt sich nicht leugnen, dass sie bei Insekten

Brombeere

einfach unglaublich beliebt sind. Im Juli und August sind Brombeeren die wichtigste Nektarquelle für Insekten auf dem Land. Außerdem schmecken die Beeren köstlich, ergeben fabelhafte Marmeladen und Weine, und wenn Sie sie nicht essen, dann tun es eben die Vögel. Es gibt stachellose Kultursorten, die zudem auch größere Früchte haben. Sollten Sie Brombeeren wirklich aktiv vermehren wollen, so brauchen Sie nur irgendeinen Steckling zu entnehmen, und auch jeder Stängel, der den Boden berührt, schlägt im Nu Wurzeln.

Echtes Mädesüß**, *Filipendula ulmaria*

Die verbreitete ausdauernde Wildblume findet sich in Feuchtwiesen, Nasswiesen und Wallhecken. Echtes Mädesüß wird etwa 1 Meter hoch und bildet von Juni bis August schaumige Wolken aus vielen winzigen, cremeweißen Blüten. Sie haben wenig Nektar, aber der Pollen scheint bei Hum-

Echtes Mädesüß

meln sehr beliebt; in Schottland ist er von allen Pollentypen, die Dunkle Erdhummeln sammeln, der häufigste. Echtes Mädesüß eignet sich gut für feuchte und leicht schattige Flächen. Vermehren lässt es sich leicht durch Teilung zu Beginn des Frühjahrs.

Himbeere***, *Rubus ideaus*

Die Himbeere ist in Europa heimisch, obwohl sie sehr viel häufiger als Busch im Beerenbeet steht. Die hängenden weißen Blüten sind unauffällig, aber trotzdem außerordentlich beliebt bei einigen Hummelarten, besonders bei Wiesen- und Baumhummeln. Natürlich sind auch die Früchte köstlich. Wo sie kommerziell angebaut werden, werden zur Bestäubung häufig gezüchtete Kolonien von Dunklen Erdhummeln eingesetzt.

Gekauft werden Himbeeren am besten im Winter als Ruten, die sich

Himbeere

langsam ausbreiten und nach Bedarf geteilt werden können. Ich mag besonders die Herbsthimbeeren, die an den jungen Ruten fruchten und im Winter einfach bodennah zurückgeschnitten werden können; Sommersorten dagegen tragen am Vorjahrestrieb und müssen über den Winter aufgebunden werden.

Johanniskrautgewächse, Hypericaceae

Eine große Familie mit krautigen und buschigen Pflanzen, von denen viele als Pflanzenheilmittel eingesetzt werden, besonders in der Behandlung von Depressionen.

Echtes Johanniskraut**, *Hypericum perforatum*

Es handelt sich um eine recht verbreitete heimische Staude auf Wiesen und Brachen. Johanniskraut bildet lockere Gruppen mit bis zu 1 Meter hohen Blütenähren, deren ungewöhnliche gelbe Blüten wegen der Büschel von sehr langen gelben Staubblättern ganz flaumig wirken. Die Blüte dauert von Juni bis August. Besonders Helle und Dunkle Erdhummeln sammeln begeistert den Pollen. In Gartencentern kann man auch größere, strauchige Sorten von Johanniskraut kaufen, die für Bienen ähnlich attraktiv sind. Echtes Johanniskraut wächst fast überall, nur nicht im vollständigen Schatten oder auf schwerer Staunässe; es ist leicht zu vermehren, entweder aus den Samen, durch Teilung oder über weiche Stecklinge.

Dickblattgewächse, Crassulaceae

Eine ungewöhnliche Pflanzenfamilie mit vielen Sukkulenten-Arten, die dank ihrer kleinen, fleischigen Blätter gut an trockene oder kalte Standorte mit unzureichendem Wasservorrat angepasst sind. Mehrere Arten werden häufig in Steingärten kultiviert, und manche sind heute verbreitet als Dachbegrünung im Einsatz.

Von oben nach unten:

(l) Echtes Johanniskraut

(r) Prächtige Fetthenne

Liebstöckel

(l) Wilde Möhre

(r) Engelwurz

Prächtige Fetthenne****, *Hylotelephium spectabile*

Diese auffällige Pflanze blüht im Spätsommer und den ganzen Herbst durch; ihre tellergroßen Blütenstände mit winzigen rosa Blüten sind unglaublich attraktiv für Schmetterlinge, die sich ihren Wintervorrat anfressen. Einige Sorten dieser Art ziehen überhaupt keine Insekten an, ich vermute, weil sie keinen Nektar haben. »Autumn Joy« dagegen ist hervorragend und lockt nicht nur Schmetterlinge, sondern auch jede Menge Bienen und Schwebfliegen. Fetthennen sind äußerst trockenheitsresistent, brauchen aber einen sonnigen Standort. Als eher niedrige Pflanzen stehen sie vielleicht am besten vorne im Beet oder in einem Steingarten. Fetthennen wachsen sehr leicht aus weichen oder halb verholzten Stecklingen.

Doldenblütler, Apiaceae

Doldenblütler erkennt man leicht an ihren großen Blütenständen, den schirmförmigen Anordnungen von Hunderten winzigen, meist weißen oder gelben Blüten. Sehr bekannte Doldenblütler sind Bärenklau und Wiesen-Kerbel. Bei größeren Bienen wie Hummeln sind Doldenblütler freilich in der Regel nicht so beliebt, weil jede winzige Blüte nur sehr wenig Nektar bietet; für diverse kleinere, solitäre Bienen, Wespen, Schwebfliegen und Käfer dagegen sind sie ideal. Der wilde Bärenklau in meinem Garten brummt im Juli von Insekten, sät sich allerdings überall aus und ist daher ziemlich invasiv. Wenn Sie eine Wildwiese haben, säen Sie dort Wilde Möhre: Die weißen Blüten zeichnen ein hübsches Spitzenmuster, und für diverse Bestäuber sind sie wirklich der Renner. Alternativ können Sie einfach die Karotten und Rüben in Ihrem Gemüsebeet stehen lassen, sodass sie im Folgejahr blühen. Wenn Sie kein Gemüsebeet haben, pflanzen Sie einfach zu Beginn des Frühjahrs eine Karotte oder eine Rübe (oder beides) und warten Sie ab, was passiert.

Engelwurz***,
Angelica archangelica, Angelica gigas

Engelwurzen sind die Leibspeise von Wespen, Schwebfliegen, Käfern und vielen kleineren Solitärbienen. Die großen Dolden mit winzigen weißen Blüten sind die reinste Festtagsweide für kurzrüsselige Bestäuber. Die am häufigsten angebaute Art ist *Angelica archangelica*; sie wird etwa 2,5 Meter hoch, gehört also eindeutig hinten ins Staudenbeet. Eine auffällige Verwandte mit lila Laubblättern ist die *Angelica gigas*, die sogar noch größer wird. Beide Arten bevorzugen tiefe, nährstoffreiche Böden und wachsen in der Sonne oder im Halbschatten. Sie können im Frühbeet aus dem Samen gezogen werden, müssen aber bald ins Freie pikiert werden, weil die Sämlinge zügig eine Pfahlwurzel entwickeln.

Liebstöckel***, *Levisticum officinale*

Freiwillig hätte ich Liebstöckel wahrscheinlich nie angebaut, aber ich habe beim Kauf meines Hauses und Gartens in Sussex eine Pflanze geerbt. Liebstöckel ist angeblich ein vielseitiges Küchenkraut und kommt in vielen Ländern in Suppen zum Einsatz; ich habe das ausprobiert und fand die so gewürzte Brühe ziemlich ungenießbar. Allerdings sind die prächtigen, 3 Meter hohen Blütenähren sehr attraktiv für Weichkäfer, Wespen, Schwebfliegen und Solitärbienen. Vor allem Weichkäfer sitzen in kopulierenden Pärchen herum und schlagen sich beim Sex den Magen voll. Dann ziehen sie weiter, um in meinem Gemüsebeet Blattläuse zu vertilgen – Grund genug, um dem Liebstöckel trotz seines begrenzten kulinarischen Werts Platz im Garten zu geben. Die Vermehrung erfolgt am besten durch Aussaat gegen Ende des Frühlings.

Mannstreu****, *Eryngium*

Die Gattung *Eryngium* ist eine Gruppe harter, dorniger, distelähnlicher einjähriger und mehrjähriger Pflanzen, die weltweit vertreten ist. Eine Art, die Stranddistel (*Eryngium maritmum*), wächst, allerdings selten, auf Sanddünen. Kultiviert werden viele Arten und Sorten, die meisten sind gruppenbildende Stauden von 30 bis 80 Zentimeter Wuchshöhe. Sie bevorzugen einen sonnigen, durchlässigen Standort und tolerieren sowohl trockene als auch nährstoffarme Böden. Mannstreu trägt im Spätsommer walzenförmige blaue Blütenstände, die für Hummeln und viele Solitärbienen attraktiv sind. Eine der interessanteren Sorten für Bienen ist offenbar der Flachblatt-Mannstreu (*Eryngium planum*) »Blaukappe«, aber die meisten eignen sich gut. Mannstreu kann aus dem Samen oder durch Teilung vermehrt werden.

Mannstreu

Eisenkrautgewächse, Verbenaceae

Patagonisches Eisenkraut**, *Verbena bonariensis*

Die ausdauernde, aber kurzlebige Pflanze aus Südamerika bildet außerordentlich hohe, schlanke Blütenstängel von bis zu 2 Meter Wuchshöhe, an denen von Mai bis November in Büscheln kleine lila Blüten hängen. Die Blüten sind ausgesprochen attraktiv für Schmetterlinge und Taubenschwänzchen, weil sie ihren Nektar in tiefen Röhren verbergen, wo ihn nur langrüsselige Insekten wie diese erreichen können. Das Patagonische Eisenkraut gedeiht an einem sonnigen Standort auf fast jedem Boden. Trotz seiner Höhe macht es wenig Schatten und eignet sich deshalb gut als Nachbarpflanze für kleinere Pflanzen wie Katzenminze in einem Staudenbeet. Es neigt zur Selbstaussaat, aber wenn Sie es aktiv vermehren wollen, geht das am einfachsten über weiche Stecklinge.

Nachtkerzengewächse, Onagraceae

Einige Vertreter dieser Familie können lästige Unkräuter sein – sie keimen, blühen und säen sich aus, bevor man sich einmal umgesehen hat. Trotzdem enthält die Familie auch ein paar hübsche Wildblumen, manche sind bei Bienen äußerst beliebt.

Gemeine Nachtkerze*, *Oenothera biennis*; Rotkelchige Nachtkerze*, *Oenothera glazioviana*

Hohe, elegante zweijährige Pflanzen (Wuchshöhe bis zu 1,5 Meter) aus Nordamerika, die bei uns aber inzwischen häufig eingebürgert sind. Die zarten, schlaffen gelben Blüten öffnen sich am Abend so schnell, dass man zusehen kann, wie die Blütenblätter sich auffalten. Leider sind die Blüten sehr kurzlebig und welken schon am Mittag des Folgetages; aber es werden auch ständig neue gebildet – die Nachtkerze kann von Juni bis September blühen. Obwohl die Nachtkerze wahrscheinlich vorwiegend von Nachtfaltern bestäubt wird, fliegen sie morgens auch verschiedene andere Bienensorten an, um Pollen zu sammeln. Außerdem sind die ölhaltigen Samen eine gute Futterquelle für Vögel wie Stieglitze. Die Stängel, Blätter, Wurzeln, Knospen und Samen sind allesamt auch für den Menschen essbar; damit ist die Pflanze sehr vielseitig. Nachtkerzen bevorzugen einen sonnigen, durchlässigen Standort und wachsen schnell und einfach aus dem Samen. Aussaat im Frühsommer für eine Blüte im Folgejahr.

Scharlach-Fuchsie**, *Fuchsia magellanica*

Gut aussehende südamerikanische Pflanzen, die in den mildesten Küstenregionen zu ansehnlichen Sträuchern heranwachsen können. Die attraktiven rosa oder weißen Hängeblüten werden in ihrer Heimat von Kolibris

Von oben nach unten:

(l und r) Schmalblättriges Weidenröschen

Scharlach-Fuchsie

Gemeine Nachtkerze

und der goldenen Riesenhummel (*Bombus dahlbomii*) bestäubt; bei uns sind sie eine beliebte Nektarquelle für langrüsselige Hummeln. Fuchsien haben eine lange Blütezeit vom Frühsommer an und den ganzen Herbst hindurch. Sie bilden auch essbare, aber merkwürdig schmeckende lila Beeren. Fuchsien mögen in der Regel Halbschatten und lassen sich zu jeder Zeit ihrer Wachstumsperiode einfach über Stecklinge vermehren.

Schmalblättriges Weidenröschen***, *Chamerion angustifolium*

Eine sehr beeindruckende heimische ausdauernde Wildpflanze mit bis zu 2,5 Meter hohen rosa Blütenständen von Juli bis September. Die nektarreichen Blüten sind äußerst attraktiv für Honigbienen und locken außerdem Dunkle Erdhummeln und Ackerhummeln sowie verschiedene Solitärbienen. Alle sammeln auch den Pollen, der eine bizarre bläulich grüne Farbe hat. Berühmt wurde das Schmalblättrige Weidenröschen im Zweiten Weltkrieg in London, wo es die Trümmerwüsten aus dem Bombenkrieg besiedelte. Auch nach Bränden oder Kahlschlägen ist diese Pflanze häufig eine Pionierpflanze, neigt dann aber zum Verschwinden, wenn andere Arten sie ersetzen. Obwohl sie sehr hübsch und für Bienen großartig ist, kann das Schmalblättrige Weidenröschen im Garten problematisch werden, weil es sich sowohl über seine Schirmchenflieger-Samen ausbreitet als auch über unterirdische Rhizome – damit ist es wahrscheinlich keine gute Wahl für ein Staudenbeet. Am besten bleibt es auf naturbelassene Flächen begrenzt. Wenn Sie es vermehren wollen, geht das am einfachsten über Rhizomteilung.

KAPITEL 8

Bäume und Sträucher für Bienen

Wenn wir Bestäubern möglichst viel Futter bieten wollen, fallen uns meist als Erstes hübsche krautige Pflanzen wie Lavendel oder Katzenminze ein. Büsche und Bäume dagegen können allein schon wegen ihrer Höhe derart viele Blüten bieten, dass sie damit jede krautige Pflanze leicht übertrumpfen – überlegen Sie nur mal, wie viele Tausend Blüten ein blühender Kastanienbaum anbietet; Hunderte Bienen fliegen ihn gleichzeitig an. Natürlich hat nicht jeder Platz für einen ausgewachsenen Baum, aber es gibt viele kleinere Büsche oder Zwergsorten großer Baumarten, die in fast jeden Garten passen; und indem Sie in die Senkrechte gehen, können Sie auf jeden Fall mehr Blüten unterbringen, egal auf welcher Fläche.

Viele der hier aufgeführten Büsche und Bäume haben noch einen zusätzlichen Wert, weil ihre Früchte entweder vom Menschen oder von Vögeln und Säugetieren verzehrt werden können. Das kann für einige wilde Arten in den Wintermonaten, wenn generell wenig Nahrung zur Verfügung steht, überlebenswichtig sein. Zudem bieten Busch- und Baumgruppen Nistplätze für Vögel, Spalten für die Überwinterung von Insekten sowie Platz für Spinnennetze. Heimische Arten können auch als Futter für die verschiedensten pflanzenfressenden Insekten dienen, von Schmetterlings- und Nachtfalterraupen bis zu den Larven von Gallwespen. Und wenn Sie einen Baum pflanzen, binden Sie im Stamm natürlich auch CO_2, das dort hoffentlich über Jahrzehnte, vielleicht gar über Jahrhunderte hinweg eingelagert bleibt – ein kleiner Beitrag zur Bekämpfung des Klimawandels, aber auch jeder kleine Beitrag zählt.

Andenstrauch***, *Escallonia* (Familie Eskalloniengewächse)

Äußerst winterharter, immergrüner Strauch von bis zu 3 Metern, der sich gut für Hecken eignet und in Küstengegenden häufig als Windschutz zum Einsatz kommt. Er trägt im Sommer viele kleine rosa oder cremefarbene Blüten, die für kurzrüsselige Hummeln sehr attraktiv sind. Den Andenstrauch vermehren Sie das ganze Jahr über durch Stecklinge.

Apfel***, *Malus pumila* (Familie Rosengewächse)

Die meisten von uns bauen Äpfel in erster Linie wegen der Früchte an, aber sie sind im April und Mai auch eine gute Futterquelle für Hummelköniginnen, für Rostrote Mauerbienen, die hauptsächlich zu dieser Jahreszeit aktiv sind, und auch für einige Sandbienen, die zeitig im Frühjahr erwachen. Natürlich sichern die Besuche der Bestäuber eine gute Ernte.

Andenstrauch

Offenbar sind alle Apfelsorten prima, aber einige Zieräpfel wie »John Downie« haben eine besonders üppige Blüte und sind auch für das menschliche Auge sehr attraktiv. Die kleinen, spitz zulaufenden Früchte hängen hübsch bis in den Winter, wenn sie von Vögeln verzehrt werden. Außerdem geben die Früchte Cidre oder Apfelwein einen besonderen Pfiff und werden verbreitet zu Gelee verarbeitet. Für kleine Gärten gibt es winzige Apfelbäume auf Zwerg-Unterlagen. Am billigsten wird es, wenn man Apfel- und andere Obstbäume im Winter wurzelnackt kauft; es gibt mehrere exzellente Versand-Baumschulen (siehe »Nützliche Adressen«).

Berg-Ahorn**, *Acer pseudoplatanus* und Verwandte (Familie Seifenbaumgewächse)

Der in Mitteleuropa heimische Berg-Ahorn wurde im Mittelalter in Großbritannien eingeführt und gehört dort inzwischen zu den verbreitetsten großen Bäumen. Als Bienenweide wird er nicht oft genannt, da seine Blü-

Apfel

Von oben nach unten:

(l) Buschmalve

(r) Berg-Ahorn

Besenginster

(l) Echte Mispel

(r) Blut-Johannisbeere

ten klein, grün und leicht zu übersehen sind. Das hat allerdings niemand den Bienen gesagt, die im April und Mai begeistert Nektar und Pollen von ihm sammeln. In meinem Garten scheint der Berg-Ahorn besonders Ackerhummeln anzulocken, aber auch Honigbienen und Solitärbienen wie die Rotpelzige Sandbiene. Unser heimischer Feld-Ahorn (*Acer campestre*) ist für Bienen ähnlich attraktiv, ist aber viel kleiner und kontrollierbarer, eignet sich also gut für Hecken.

Besenginster**, *Cytisus scoparius* (Familie Hülsenfrüchtler)

Der verbreitete wild wachsende Busch wird etwa 2 Meter hoch und ist im ausgehenden Frühjahr mit gelben Blüten bedeckt. Bei uns ist Besenginster zur Bestäubung vor allem auf Hummeln angewiesen, weil die meisten anderen Insekten nicht groß genug sind, um den Bestäubungsmechanismus auszulösen; dafür muss das Insekt das »Schiffchen« der Blüte niederdrücken, um die mit Pollen bedeckten Staubblätter freizulegen. Interessanterweise gilt Besenginster in Neuseeland, Australien und Nordamerika, wo er nicht heimisch ist, als Unkraut. Bei uns ist er ein sehr attraktiver Gartenbusch, der eher durchlässige Böden und einen sonnigen Standort bevorzugt. Besenginster ist relativ leicht aus den Samen zu ziehen und wurzelt auch aus halb verholzten Stecklingen im Spätsommer.

Blut-Johannisbeere****, *Ribes sanguineum* (Familie Stachelbeergewächse)

Blut-Johannisbeeren sind Sträucher mit bis zu 2 Meter Wuchshöhe und enge Verwandte von Schwarzen und Roten Johannisbeeren sowie Stachelbeeren. Sie blühen zu Beginn des Frühjahrs ab Ende März – also direkt, wenn die Salweide verblüht ist. Ich sehe darauf immer viele Hummelköniginnen, die entweder gerade aus der Winterruhe erwacht sind oder bereits

Pollen für ihre Brut sammeln. Blut-Johannisbeeren haben hübsche traubige Blütenstände mit rosa oder weißen Blüten; dagegen sind die der Beeren tragenden Arten winzig und langweilig – alle werden aber von Hummeln angeflogen. In meinem Garten kommt zur Roten Johannisbeere jedes Frühjahr auch die hübsche Fuchsrote Sandbiene (*Andrena fulva*). Johannisbeeren können in der Sonne oder im Halbschatten stehen und verbreiten sich gut über Absenker oder Stecklinge.

Buschmalve***, *Lavatera x clementii*
(Familie Malvengewächse)

Der kleine, holzige, aber kurzlebige Verwandte der Stockrosen ist extrem leicht anzubauen und bildet ab Juni den ganzen Sommer über massenweise sehr attraktive rosa Blüten. Buschmalven bilden jede Menge Pollen und Nektar und locken damit sowohl Honigbienen als auch verschiedene kurzrüsselige Hummeln. Sie wurzeln sehr bereitwillig aus dem Steckling und wachsen schnell zu etwa 2 Meter Höhe heran; dann kippen sie allerdings oft zu einem wirren Haufen um. Am besten ersetzt man die Pflanzen alle paar Jahre durch neue, weil ältere in nassen Wintern absterben können.

Echte Mispel**, *Mespilus germanica*
(Familie Rosengewächse)

Mispeln waren früher für ihre ungewöhnlichen essbaren Früchte geschätzt, kamen aber im 20. Jahrhundert aus der Mode und werden heute nur noch selten angebaut. Das ist sehr schade, denn es sind hübsche kleine Bäume bis zu etwa 6 Meter Höhe mit zauberhaften knorrigen Ästen, die im Mai üppige weiße Blüten tragen. Den Nektar sammeln verschiedene Hummeln, Honigbienen und Sandbienen. Man kauft Mispeln üblicherweise als Veredelung auf einer Unterlage, die ihre endgültige Größe festlegt.

Fächer-Zwergmispel***, *Cotoneaster horizontalis* (Familie Rosengewächse)

Eine ausdauernde, niedrigwüchsige Strauchpflanze, die sich hervorragend als Bodendecker macht, sehr anspruchslos ist und im Frühsommer mit ihren kleinen rosa oder weißen Blüten vom Gesumm der Bienen nur so brummt. Besonders lieben ihn kurzrüsselige Arten wie Wiesen- und Baumhummeln. Die hellroten Beeren der Zwergmispel sind außerdem eine wichtige Winterfutterquelle für Vögel. Wie der Sommerflieder können Zwergmispeln in der freien Natur invasiv werden, insbesondere auf Kalkwiesen. Es gibt noch viele andere Zwergmispelarten, von denen manche zu kleinen Bäumen heranwachsen; die meisten davon sind bienenfreundlich. Zur Vermehrung entnehmen Sie am einfachsten im Juli oder August halb verholzte Stecklinge.

Fächer-Zwergmispel

Gemeine Robinie, Scheinakazie

Gemeine Robinie, Scheinakazie**, *Robinia pseudoacacia* (Familie Hülsenfrüchtler)

Die in Nordamerika heimische Gemeine Robinie oder Scheinakazie ist ein kräftiger, bis zu 25 Meter hoher Baum, der im Juni Unmengen von cremeweißen Schmetterlingsblüten trägt. Die Blüten duften köstlich und sind eine beliebte Nektarquelle für Honigbienen und Hummeln. In kühleren Gegenden blüht die Gemeine Robinie nicht gut, am liebsten sind ihr sandige Böden. Sie bildet zahlreiche Wurzelschösslinge und kann auf dem Land invasiv werden. Die einfachste Verbreitungsmethode ist wohl die Entnahme von Wurzelschösslingen; aber auch Wurzelschnittlinge treiben aus.

Gewöhnliche Rosskastanie****, *Aesculus hippocastanum* (Familie Seifenbaumgewächse)

Die in Südeuropa heimische Gewöhnliche Rosskastanie wird in der Regel als Solitärbaum gepflanzt. Rosskastanien können über 30 Meter hoch werden, passen also nur in einen großen Garten. Wenn Sie aber eine unterbringen: Es sind schöne Bäume, die Ende April von einem weißen Blütenschaum bedeckt sind; deren üppiger rötlich brauner Pollen und reichlicher Nektar locken Honigbienen und Hummeln an. Die Früchte – Kastanien – keimen bereitwillig, aber man braucht Geduld, denn erst viele Jahre später wird eine Kastanie zu einem Baum, der so groß ist, dass er blüht. Wie sagt ein altes griechisches Sprichwort: »Gesellschaften werden groß, wenn alte Männer Bäume pflanzen, obwohl sie wissen, dass sie nie in ihrem Schatten sitzen werden.«

Goldregen****, Hybridgoldregen *Laburnum x watereri* (Familie Hülsenfrüchtler)

Goldregen ist ein kleiner, aber hübscher winterkahler, bis zu 8 Meter hoher Baum aus Südeuropa, der im Mai und Juni prächtige Kaskaden hängender gelber Schmetterlingsblüten bildet. Goldregen bevorzugt einen sonnigen Standort und eignet sich bestens als Solitärpflanze in der Mitte eines Rasens; manchmal wird er auch auf einen Torbogen erzogen. Die Blüten werden vor allem von Hummeln angeflogen, besonders gern von Steinhummeln, die eine auffällige Vorliebe für Gelb haben. Goldregen wurzelt sehr langsam aus dem Steckling, lässt sich aber aus dem Samen ziehen, der im Herbst ausgesät und über den Winter im Freien gelassen werden sollte; danach schlägt er normalerweise Wurzeln. Achtung, alle Teile des Goldregens und ganz besonders die Samen sind giftig.

Von oben nach unten:

(l) Gewöhnliche Rosskastanie

(r) Goldregen

Kultur-Birne

(l) Heidekraut

(r) Honiggebende Wolfsmilch

Heidekraut***, *Erica carnea* und andere (Familie Heidekrautgewächse)

Heidekraut gibt es in unendlich vielen verschiedenen Arten und Sorten. Unsere heimischen Arten blühen im Sommer und Herbst, aber für Gartenbienen ist vielleicht die Schneeheide (*Erica carnea*) am nützlichsten, denn diese südeuropäische Art blüht am Übergang vom Winter zum Frühjahr, also genau dann, wenn Hummelköniginnen aus der Überwinterung erwachen und dringend Futter brauchen. Heidekräuter sind kompakte, sich ausbreitende immergrüne Sträucher, die gewöhnlich nicht mehr als 80 Zentimeter hoch werden, und tragen Wirtel mit lila, rosa oder weißen Blüten. Häufig mögen sie saure Böden, aber Schneeheide verträgt die meisten Böden, wenn sie genug organische Substanz zur Verfügung hat. Natürlich bilden Heidekräuter ausgedehnte Flächen auf sauren Böden, in Großbritannien vor allem in der Torflandschaft des Hochlands; hier stellen sie die Hauptfutterquelle für einige unserer selteneren Hummeln dar, etwa die Heidehummel (*Bombus jonellus*), die Berghummel (*B. monticola*) und die Große Erdhummel (*B. magnus*). Ich finde Heidekräuter schwer zu vermehren, aber es funktioniert über halb verholzte Stecklinge. Den Anzuchttopf mit den Stecklingen bedeckt man am besten mit einem durchsichtigen Plastikbeutel und stellt ihn in den Schatten; es kann mehrere Monate dauern, bis sie wurzeln.

Honiggebende Wolfsmilch****, *Euphorbia mellifera* (Familie Wolfsmilchgewächse)

Der hübsche immergrüne Strauch wird etwa 2 Meter hoch und stammt von Madeira und den Kanaren. Seinen Namen hat er von dem starken Honiggeruch, den die kleinen orangefarbenen und gelben Blüten verbreiten. Die im Juni und Juli erscheinenden Blüten sind sehr attraktiv für Honigbienen und verschiedene Solitärbienen und Schwebfliegen. Auch die nah verwandte *Euphorbia stygiana* eignet sich. Sie kommt ausschließlich auf den Azoren vor, wo sie als Wildpflanze in ihrem Bestand gefährdet ist; spezialisierte Baumschulen in Großbritannien und Deutschland bieten sie aber an. In den Kew Gardens habe ich sie unter einem ganzen Teppich von Aschgrauen Sandbienen (*A. cinerea*) gesehen. Auch Hybride beider Arten sind zu haben, unter der Bezeichnung *Euphorbia × pasteurii.* Alle brauchen die volle Sonne und einen durchlässigen Boden. Sie sind sehr trockenheitsresistent. Diese *Euphorbiae* lassen sich durch Teilung oder über Basalstecklinge vermehren.

Kultur-Birne*, *Pyrus communis* (Familie Rosaceae)

Birnen schmücken sich im April mit einem hübschen cremeweißen Blütenkleid und kommen damit normalerweise den meisten Apfelsorten knapp zuvor. Der Nektar ist häufig etwas weniger süß als bei Äpfeln, daher sammeln viele Besucher an Birnenblüten eher den Pollen. Birnen werden von ganz verschiedenen Bienen bestäubt: von Honigbienen, Hummeln, Aschgrauen und Fuchsroten Sandbienen sowie Rostroten Mauerbienen. Es heißt, Birnensorten würden in ihrer Attraktivität für Bestäuber stark variieren, aber ich weiß von keinem Versuch, die attraktivsten zu bestimmen. In meinem Garten scheint mir »Concorde« zu den besten Sorten zu gehören; außerdem trägt sie auch noch zuverlässig gute Speisebirnen. Wie bei den meisten anderen Obstbäumen bestimmt die Unterlage die Größe des Baums. Auf einer Unterlage von Kultur-Birne (*Pyrus communis*) können Birnbäume sich zu herrlichen, über 10 Meter hohen Säulenbäumen entwickeln – allerdings müssen Sie an die zehn Jahre warten, bis sich eine Blüte oder eine Frucht zeigt.

Linde****, *Tilia* spp. (Familie Malvengewächse)

Linden werden irgendwann riesige, wunderschöne Bäume (über 40 Meter hoch) – Sie sollten also nur eine pflanzen, wenn Sie sehr viel Platz und Geduld haben. Es existieren mehrere nah verwandte Arten, die leicht zu verwechseln sind; am häufigsten sind die Winterlinde (*Tilia cordata*), die europäische Sommerlinde (*Tilia platyphyllos*) und die Hybridform der beiden Arten, die Holländische Linde (*Tilia x europaea*). Alle bilden im Juni und Juli unauffällige, aber stark duftende grünliche Blüten, die ausnehmend attraktiv für Honigbienen und kurzrüsselige Hummeln sind, vor allem für Dunkle und Helle Erdhummeln sowie für Steinhummeln. Eine blühende Linde summt nur so von buchstäblich Tausenden Bienen, vor allem morgens, wenn am meisten Nektar produziert wird. Lindenblütenhonig ist ein charakteristischer und sehr wohlschmeckender Honig.

Linden leiden sehr oft unter Blattlausbefall, und ihre Blätter können von Honigtau (der zuckrigen Ausscheidung der Blattläuse) nur so kleben. Sowohl Honigbienen als auch Hummeln kann man manchmal auch beim Sammeln dieses Honigtaus beobachten, obwohl der Honig aus diesem Läuse-Aa wohl weniger verlockend ist.

Unter Linden, vor allem unter Silber-Linden (*Tilia tomentosa*) und manchmal unter Holländischen Linden, findet man sehr häufig tote Bienen. Am schlimmsten scheint es Hummeln zu treffen, aber gelegentlich sieht man auch Honigbienen; manchmal liegen die Leichen da zu Dutzenden. Trotz umfangreicher Diskussion und mehrerer Untersuchungen wurde nie eine vollständig zufriedenstellende Erklärung dafür vorgelegt. Meine Vermutung lautet, dass die Toten einfach widerspiegeln, welche Mengen von Bienen die Bäume anfliegen – auch Bienen müssen irgendwann sterben, die Arbeiterinnen normalerweise schon nach wenigen Wochen, und wenn Tausende von ihnen einen Baum besuchen, ist eben zu erwarten, dass einige von ihnen auch dort verenden. Lassen Sie sich dadurch nicht davon abbringen, eine Linde zu pflanzen, so mein Vorschlag – vorausgesetzt, Sie haben Lust und Platz.

Von oben nach unten:

(l) Mittelmeer-Feuerdorn

(r) Linde

Mahonie

(l) Pflaume

(r) Ölweide

Mahonie***, *Mahonia* spp.
(Familie Berberitzengewächse)

Mahonien sind holzige, immergrüne Sträucher, die etwa 4 Meter hoch werden. Die Winterblüher bilden im Dezember und Januar Büschel von kleinen hellgelben Blüten, die zu dieser Jahreszeit eine der Hauptfutterquellen für winteraktive Dunkle Erdhummeln sind. Die kräftigen violetten Beeren, die im Frühling reifen, sind ein herzhafter Snack für uns Menschen oder eine willkommene Leckerei für Amseln und Drosseln. Als einer der wenigen Sträucher, die Schatten vertragen, sind Mahonien oft gern gesehen. Sie lassen sich durch Stecklinge oder über den Samen vermehren, wobei Samen dem Frost ausgesetzt werden oder einen Monat im Kühlschrank verbringen müssen, bevor sie keimen.

Mittelmeer-Feuerdorn**, *Pyracantha coccinea*
(Familie Rosengewächse)

Der Mittelmeer-Feuerdorn ist ein attraktiver immergrüner Strauch, der häufig an Mauern oder als Hecke kultiviert wird und dort bis zu 4 Meter hoch werden kann. Im Mai und Juni bildet er zahlreiche weiße Blüten, die sehr viele Bestäuber anlocken, ganz besonders Sandbienen. Im Herbst folgen Büschel von attraktiven hellroten oder orangefarbenen Beeren, die Amseln und Drosseln lieben. Mittelmeer-Feuerdorn lässt sich leicht über Stecklinge im Sommer vermehren.

Ölweide***, *Elaeagnus x submacrophylla*
(Familie Ölweidengewächse)

Ein robuster immergrüner Strauch von bis zu 4 Meter Wuchshöhe, der frei stehend oder in einer Hecke eingesetzt werden kann. Die Blätter sind oben dunkelgrün glänzend, auf der Unterseite aber silbrig. Im Herbst trägt er in

Trauben kleine, duftende, cremeweiße Blüten, die in großen Mengen Honigbienen und Hummelköniginnen locken können, die sich auf die Überwinterung vorbereiten. Die Ölweiden trumpfen mit mehreren Vorteilen auf: Sie sind nicht nur eine Bienenweide, sondern vertragen außerdem Trockenheit und Wind, eignen sich also gut für exponierte Standorte oder für die Küste. In den Wurzeln speichern sie Stickstoff; wenn Sie also den Heckenschnitt als Mulch oder Kompost verwenden, führen Sie Ihrem Garten Stickstoff zu. Und schließlich bilden sie angenehm schmeckende Früchte, und das im April, wenn im Garten sonst nichts zu holen ist. Ölweiden vermehrt man am besten über halb verholzte Stecklinge oder Steckhölzer im Spätsommer oder Herbst.

Pflaume**, *Prunus domestica*
(Familie Rosengewächse)

Es gibt Hunderte Pflaumen- und Zwetschgenarten, von denen freilich nur etwa ein Dutzend verbreitet im Handel sind. Die schneeweiße Blüte erfolgt je nach Sorte von Ende März bis Anfang Mai in großen Mengen und lockt kurzrüsselige Hummelköniginnen, Honigbienen und verschiedene frühe Solitärbienen an. In meinem Garten ist die Rotschopfige Sandbiene (*Andrena haemorrhoa*) auf Pflaumenblüten sehr häufig, und die Drohnen durchkämmen die Blüten nach sammelnden Weibchen. Die reifen Früchte sind natürlich eine Gaumenfreude, aber lassen Sie ein paar besonders saftige auf dem Boden gären und verschaffen Sie damit auch Wespen und Schmetterlingen ein Festmahl.

Rhododendron***, (Familie Heidekrautgewächse)

Rhododendren sind holzige, sommer- oder immergrüne Sträucher, die ursprünglich aus Asien und Nordamerika stammen. In der Größe variieren sie von winzigen alpinen Sträuchern bis zu imposanten Bäumen von 15 Metern oder mehr. Es existieren zahllose Rhododendron-Arten, -Hybride und -Sorten, und alle haben sie wunderschöne, auffällige Frühlingsblüten in Violett, Rosa, Rot, Gelb oder Weiß. Gefüllte Sorten sind verfügbar, aber am besten zu meiden. Der Pontische Rhododendron (*Rhododendron ponticum*), der auf der Iberischen Halbinsel und in der Türkei heimisch ist, ist inzwischen vor allem im westlichen Großbritannien eine invasive Art; es ist dort also verboten, ihn zu pflanzen. Rhododendron-Nektar enthält geringe Konzentrationen eines Gifts namens Grayanotoxin, das für Honigbienen tödlich sein kann, sich auf Hummeln aber viel weniger oder gar nicht auswirkt. Entsprechend scheinen Honigbienen Rhododendron zu meiden, lang- und kurzrüsselige Hummeln dagegen werden stark angezogen und sammeln sowohl Nektar als auch Pollen.

Rhododendren bevorzugen saure Böden, obwohl sie an neutralen Standorten offenbar auch recht gut zurechtkommen. Ansonsten sind sie sehr vielseitig, können in der Sonne oder im Schatten stehen und geben einen hervorragenden Bodendecker ab, wenn Sie einen pflegeleichten Garten wünschen. Die Vermehrung von Rhododendren ist nicht einfach; man kann sie aus den Samen ziehen, der auf Kompost gesät wird, wo er aber sehr langsam keimt. Eine Vermehrung durch Absenker funktioniert gut, aber auch langsam; im Spätherbst entnommene Stecklinge wachsen manchmal auch an.

Rose***, *Rosa* spp. (Familie Rosaceae)

Rosen gehören mit zu den verbreitetsten Zierpflanzen und werden seit Jahrtausenden kultiviert. Es gibt über dreihundert Arten und unzählige Züchtungen; alle sind holzige Sträucher oder Kletterpflanzen, die meisten stammen aus Europa und Asien. Die heimische Hundsrose (*Rosa canina*) ist eine verbreitete Hecken- und Gebüschpflanze mit hübschen rosa und cremeweißen Blüten im Mai und Juni. Die meisten Rosen haben große, attraktive Blüten in Rosa-, Rot-, Gelb- oder Weißtönen, und einige moderne Sorten weisen sehr lange Blütezeiten auf. Leider haben sehr, sehr viele im

Von oben nach unten:

(l) Rhododendron

(r) Rose

Salweide

Säckelblume

Handel befindliche Rosenzüchtungen gefüllte Blüten, die für Bestäuber wertlos sind. Die einblütigen Sorten – bei ihnen sind die gelben, mit Pollen bedeckten Staubblätter offen sichtbar – sind für Bienen sehr attraktiv. Hummeln und einige Solitärbienen haben eine spezielle Bestäubungstechnik entwickelt, die sogenannte Vibrationsbestäubung, für die sie mit ihren Flügelmuskeln innerhalb der Blüte hörbare hochfrequente Schwingungen erzeugen. Dadurch wird der Pollen herausgeschüttelt, den sie mit ihren behaarten Beinen aufsammeln.

Wertvoll sind Rosen auch wegen ihrer essbaren und obendrein hübschen roten Hagebutten im Herbst. Sie ergeben leckere Marmeladen oder Fruchtgummis und sind auch ein hochwillkommener Winterhappen für Vögel. Vermehren lassen sich Rosen am besten über Stecklinge im Spätsommer oder Herbst. Sie sind anfällig für Blattläuse und verschiedene andere Schädlinge, aber bitte lassen Sie sich nicht zum Versprühen von Insektiziden hinreißen. Tun Sie einfach nichts – im schlimmsten Fall sehen Ihre Rosen ein kleines bisschen blass aus und bilden etwas weniger Blüten.

Säckelblume**, *Ceanothus*
(Familie Kreuzdorngewächse)

Die verschiedenen erhältlichen Arten variieren von niederliegenden Sträuchern unter 1 Meter Wuchshöhe bis zu kleinen, etwa 6 Meter hohen Bäumen, die ihr Laub abwerfen oder wintergrün sein können. Alle tragen zum Ende des Frühjahrs oder im Spätsommer prächtige Rispen mit winzigen blauen Blüten. Säckelblumen können empfindlich auf starken Frost reagieren und bevorzugen, wenn möglich, einen sonnigen, nach Süden ausgerichteten Standort; abgesehen davon ist es ein relativ einfach zu kultivierender, sehr gut aussehender Busch, den besonders kurzrüsselige Hummeln wie die Wiesenhummel mögen. Er lässt sich zum Ende des Frühlings über Stecklinge vermehren.

Salweide*****, *Salix caprea*
(Familie Weidengewächse)

Die Salweide verdient eine besondere Hervorhebung, weil die gelben Kätzchen eine der besten Pollen- und Nektarquellen für Hummelköniginnen zu Beginn des Frühjahrs sind, wenn sonst nur sehr wenig zur Verfügung steht. Auch zahlreiche frühe Solitärbienen, besonders Sandbienen, sind sehr stark von Weiden abhängig. Diese einheimische Baumart erreicht Wuchshöhen von zehn Metern und mehr. Zum Glück gibt es auch Zwergweiden, kriechende Arten und Ziertrauerweiden, die sehr viel weniger Platz brauchen. Die Bäume sind entweder männlich (produzieren also Pollen und etwas Nektar) oder weiblich (Nektar produzierend); wenn Sie Platz haben, pflanzen Sie also idealerweise von jedem einen, aber wenn nur einer Platz hat, nehmen Sie einen männlichen (er ist obendrein schöner). Salweiden wachsen fast überall und wurzeln sehr leicht aus dem Steckling; auch wenn Sie einfach einen Ast in den Boden stecken, wächst er häufig an.

Schlehdorn, Schwarzdorn**, *Prunus spinosa*
(Familie Rosengewächse)

Schwarzdorn ist ein sehr verbreiteter dorniger Heckenstrauch, der häufig so stark zurückgeschnitten wird, dass er gar nicht erst zur Blüte kommt. Wenn Sie ihn in der Hecke haben, lassen Sie ihn jedes Jahr teilweise ohne Schnitt wachsen; zum Lohn bekommen Sie im März eine üppige schneeweiße Blütenpracht, bevor die Laubblätter erscheinen. Angeflogen werden die Blüten von Hummelköniginnen und einigen der früh fliegenden Sandbienen wie der Rotpelzigen Sandbiene (*Andrena fulva*) und der Rotschopfigen Sandbiene (*Andrena haemorrhoa*). Später im Jahr winkt als weiterer Lohn die Ernte der Schlehenbeeren, die einen hervorragenden Wein oder Schlehen-Gin ergeben.

Schlehdorn lässt sich relativ einfach aus im Juni entnommenen Stecklingen vermehren.

Schlehdorn, Schwarzdorn

Sommerflieder, Schmetterlingsbusch***, *Buddleja davidii* (Familie Braunwurzgewächse)

Der Sommerflieder ist ein schnellwüchsiger, bis zu 3 Meter hoher Strauch, der im Sommer lange, spitz zulaufende Blütenköpfe in den Farben Violett, Blasslila oder Weiß bildet. Er ist bekannt als beliebte Nektarquelle für Schmetterlinge, aber auch Hummeln und Nachtfalter mögen ihn. Oft sehe ich darauf im Juli oder August Jungköniginnen der Dunklen Erdhummeln sich einen Vorrat anfressen, bevor sie sich in ihr Winterquartier zurückziehen. Wenn Sie Platz für mehrere Sommerflieder haben, schneiden Sie sie zu unterschiedlichen Zeitpunkten stark zurück, entweder nach der Blüte im September oder im April; so bekommen Sie über den Sommer gestaffelt eine längere Blütezeit.

Der Sommerflieder stammt ursprünglich aus China und wird manchmal als invasives Unkraut abgelehnt; besonders gravierend scheint dieses Problem an Bahndämmen und Straßenböschungen, aber ich bin nicht

Sommerflieder

überzeugt, dass ein Sommerflieder in Ihrem Garten dieses Problem verschlimmert. Der Busch wächst leicht aus dem Steckling, und wenn Sie erst einen haben, treiben zwangsläufig auch anderswo Sämlinge aus.

Auch der verwandte Kugelblütige Sommerflieder (*Buddleja globosa*) ist eine Überlegung wert. Er zieht weniger Schmetterlinge, dafür aber mehr Bienen an.

Vogel-Kirsche***, *Prunus avium*
(Familie Rosengewächse)

Kirschen sind hübsche, vielseitige Bäume, die in allen Größen für große und kleine Gärten erhältlich sind, in diversen Sorten, von denen die einen vorwiegend für die hübschen rosa Frühlingsblüten kultiviert werden, die anderen wegen der Früchte. Meiden Sie die gefüllten Ziersorten – bei diesen Mutanten wurden die Pollen tragenden Staubblätter in zusätzliche

Vogel-Kirsche

Blütenblätter umgewandelt. Alle einblütigen Sorten sind interessant für Honigbienen und Hummelköniginnen, Rostrote Mauerbienen, Rotpelzige Sandbienen und Aschgraue Sandbienen. Natürlich sind auch die Früchte köstlich, aber wenn Sie kein Netz ausspannen, werden die Vögel alle wegfressen, bevor sie pflückreif sind.

Weißdorn**, *Crataegus monogyna*
(Familie Rosengewächse)

Weißdorn ist die verbreitetste Heckenpflanze; seine spitzen Dornen und das undurchdringliche Dickicht eignen sich hervorragend zur Abgrenzung von Viehweiden. Werden sie nicht zu stark gestutzt oder als frei stehender Baum angebaut, der bis zu 8 Meter hoch werden kann, bilden Weißdorne im Mai Massen von duftenden weißen Blüten, die Hummeln, Honigbienen und Solitärbienen wie Sand- und Schmalbienen anlocken.

Weißdorn

Weißdornhonig gilt als Delikatesse. Nach den Blüten kommen die kleinen roten Beeren – eigentlich Apfelfrüchte –, die Vögeln im Winter wertvolles Futter bieten. Es gibt rosablütige Ziersorten, auch gefüllte Varianten, die Insekten nichts zu bieten haben. Weißdorn lässt sich über den Samen oder über Steckhölzer vermehren.

Wolliger Schneeball***, *Viburnum lantana* (Familie Geißblattgewächse)

Ein kleiner heimischer Baum oder großer Strauch von etwa 4 Meter Wuchshöhe, der im Mai Schirmrispen mit kleinen weißen Blüten bildet. Bienen, Schmetterlinge und Schwebfliegen besuchen die Blüten, während Amseln, Wacholderdrosseln und (wenn Sie großes Glück haben) Seidenschwänze im Herbst die roten Beeren fressen. Auch Siebenschläfer und

Wolliger Schneeball

Waldmäuse mögen angeblich die Früchte, die aber für den Menschen schwach giftig sind. Der Wollige Schneeball ist in Sachen Bodentyp nicht wählerisch, wächst in der Sonne oder im Halbschatten und kann als kleiner Solitärbaum oder in einer Hecke gepflanzt werden. Er wurzelt leicht aus dem weichen oder dem halb verholzten Steckling.

KAPITEL 9

Blumen für Bestäuber im Jahreslauf

Bienen und ihre Nachkommen ernähren sich ausschließlich von Nektar und Pollen, sind also vollständig davon abhängig, dass während ihrer Flugzeit ausreichende Mengen der passenden Blüten zur Verfügung stehen. Wenn Sie in Ihrem Garten Bienen eine perfekte Umwelt bieten möchten, sollten Sie daher unbedingt dafür sorgen, dass von Ende Februar bis Oktober immer geeignete Pflanzen blühen. Außerdem haben Sie damit auch gleich durchgehend Farbe und Leben in Ihrem Garten. In einer idealen Welt würde Ihre Blumenauswahl außerdem sämtliche verschiedenen Bestäuberinsekten bedienen, also kurz- und langrüsselige Hummeln, aber auch Solitärbienen, Schwebfliegen, Schmetterlinge, Nachtfalter, Käfer, parasitische Wespen und Honigbienen, sodass jede Bestäuberart zum passenden Zeitpunkt Nahrung vorfindet. Sie alle haben je nach Form, Größe, Rüssellänge usw. leicht unterschiedliche (aber oft sich überschneidende) Blütenvorlieben. Doch wenn Sie nicht gerade ein Anwesen von herrschaftlichen Ausmaßen besitzen und Ihnen zeitlich doch gewisse Grenzen gesetzt sind, ist es in Wirklichkeit natürlich unmöglich, alle möglichen Bestäuber ständig zu versorgen. Lassen Sie sich davon nicht entmutigen: Sollte in Ihrem Angebot etwas fehlen, können die Insekten ja hoffentlich über den Gartenzaun zuckeln und im Garten einer Ihrer Nachbarn etwas finden, womit sie über die Runden kommen. Seien Sie beruhigt: Alle Blumen, die Sie anbieten, sind ein Plus für die Insekten, und wenn Sie einfach so viele von den richtigen Pflanzenarten anbauen, wie Sie können, tun Sie ihnen schon einen riesigen Gefallen.

Versuchen Sie für jedes der unten genannten Zeitintervalle mindestens eine oder zwei Pflanzen unterzubringen. Manche blühen sehr lang und tauchen daher mehrmals auf. Ich habe die Pflanzen grob unterschieden nach Trachtpflanzen für kurzrüsselige Bestäuber (viele Hummeln, fast alle Solitärbienen, Schwebfliegen, Wespen und Käfer) und solchen für langrüsselige Bestäuber (einige Hummeln, Nachtfalter und Schmetterlinge). Fett gedruckt stehen meine absoluten Highlights: Pflanzen mit langer Blütezeit, die verschiedene Insekten anlocken.

Blütezeit	kurzrüsselige Bestäuber	langrüsselige Bestäuber
Februar bis April	Birne	Atlantisches Hasenglöckchen
	Blut-Johannisbeere	Efeublättriger Gundermann
	Heidekraut (*Erica carnea*)	**Lungenkraut**
	Krokus	Rote Taubnessel
	Löwenzahn	Rosmarin
	Pflaume	Stängellose Schlüsselblume
	Salweide	Weiße Taubnessel
	Schlehdorn	
	Stinkende Nieswurz	
	Traubenhyazinthe	
Mai und Juni	Akeleiblättrige Wiesenraute	Akelei
	Apfel	Ausdauernde Ochsenzunge
	Beinwell	**Beinwell**
	Besenginster	Echte Schlüsselblume
	Chinesischer Blauregen	Echter Wundklee
	Echte Mispel	Fingerhut
	Echter Wundklee	Große Wachsblume
	Ehrenpreis	Herzblume
	Fächer-Zwergmispel	Kleine Braunelle
	Gemeine Robinie	Kleiner Klappertopf
	Glockenblume	Kriechender Günsel
	Goldregen	Rhododendron
	Himbeere	Rote Lichtnelke
	Jakobsleiter	Salbei
	Kirsche	Schwertlilie
	Kriechender Günsel	Wiesen-Platterbse
	Linde	Zaun-Wicke
	Magerwiesen-Margerite	
	Mittelmeer-Feuerdorn	
	Rhododendron	
	Rose	
	Rosskastanie	
	Säckelblume	
	Salbei	
	Schlangen-Knöterich	
	Schnittlauch	
	Schöterich	
	Storchschnabel	
	Strand-Grasnelke	
	Weißdorn	
	Wolliger Schneeball	

Blütezeit	kurzrüsselige Bestäuber	langrüsselige Bestäuber
Juli und August	Ackerlauch	*Allium*
	Acker-Witwenblume	Bartfaden
	Allium	Brandkräuter
	Andenstrauch	Breitblättrige Platterbse
	Anis-Duftnessel	*Centaurea*
	Bartblume	Feuerbohne
	Borretsch	Fuchsie
	Brombeere	**Gewöhnlicher Natternkopf**
	Buschmalve	Gewöhnlicher Wasserdost
	Centaurea	Große Kapuzinerkresse
	Cosmea	Große Klette
	Dahlie	Großes Löwenmaul
	Engelwurz	**Katzenminze**
	Echter Dost/Oregano	Knotige Braunwurz
	Echtes Mädesüß	*Monarda*
	Gemeine Nachtkerze	Patagonisches Eisenkraut
	Gewöhnlicher Hornklee	Purpur-Kratzdistel
	Gewöhnlicher Natternkopf	Purpur-Leinkraut
	Gewöhnlicher Wasserdost	**Rainfarn-Phazelie**
	Heidekräuter (Sommerblüher)	Rote Spornblume
	Himbeere	Rotklee
	Honiggebende Wolfsmilch	Saat-Esparsette
	Hydrangea serratifolia	Salbei
	Jakobs-Kreuzkraut	Schwarznessel
	Johanniskraut	Sommerflieder
	Jungfer im Grünen	Sumpf-Helmkraut
	Kalifornischer Mohn	Vogelwicke
	Kandelaber-Ehrenpreis	Waldgeißblatt
	Katzenminze	Wald-Ziest
	Kletter-Hortensie	Wilde Karde
	Knotige Braunwurz	Woll-Ziest
	Königskerze	Zaun-Wicke
	Kugeldistel	
	Lavendel	
	Liebstöckel	
	Lupine	
	Mannstreu	
	Minze	
	Moschus-Malve	
	Mohn	
	Rainfarn-Phazelie	
	Rose	
	Rotfrüchtige Zaunrübe	
	Salbei	
	Salbei-Gamander	

Blütezeit	kurzrüsselige Bestäuber	langrüsselige Bestäuber
	Schmalblättriges Weidenröschen	
	Sonnenblume	
	Sonnenbraut	
	Stockrose	
	Studentenblume	
	Thymian	
	Ysop	
	Weißklee	
	Wilde Artischocke	
	Wilde Möhre	
September bis Oktober	Aster	**Gewöhnlicher Teufelsabbiss**
	Chrysantheme	Fuchsie
	Dahlie	Große Kapuzinerkresse
	Efeu	Prächtige Fetthenne
	Gewöhnlicher Teufelsabbiss	
	Goldrute	
	Ölweide	
	Passionsblume	
	Prächtige Fetthenne	
	Sonnenbraut	

KAPITEL 10

Vermehrungsmethoden

In den vorausgehenden Kapiteln über Blumen, Sträucher und Bäume wurden mehrere Vermehrungsmethoden erwähnt, die vielleicht nicht alle jedem Gärtnerneuling vertraut sind; daher stelle ich sie hier ausdrücklich vor. Pflanzen zu vermehren kann sehr befriedigend sein, es ist normalerweise recht einfach, und es kann einem ein wahres Vermögen sparen, das man sonst im Gartencenter für Pflanzen ausgeben würde. Außerdem ist es viel umweltfreundlicher: Gekaufte Pflanzen wurden normalerweise mit vielen Pestiziden behandelt, häufig auf Torferden gezogen, werden in Einweg-Plastiktöpfen verkauft und wurden aus dem Massenbetrieb in der Aufzuchtgärtnerei häufig über Hunderte Kilometer transportiert. All das vermeiden Sie, wenn Sie Ihre eigenen Pflanzen ziehen, und damit haben Sie echte »Grün«-Pflanzen.

AUSSAAT

Als erfahrener Gärtner nehmen Sie vielleicht an, dass wohl jeder weiß, wie man Pflanzen aus dem Samen zieht; doch erstaunlich viele Menschen haben davon keine Ahnung. Für mich ist es eine Grundfertigkeit, die in die Lehrpläne unserer Schulen gehört. Zum Glück ist es leicht zu lernen und führt normalerweise auch ganz einfach zum Erfolg – fast wirkt es wie Zauberei, wenn aus einem winzigen trockenen Samenkorn das grüne Leben herausbricht. Der Grundgedanke ist ganz einfach: Kommen Samen mit Wasser und Sauerstoff in Kontakt (manche brauchen außerdem Licht), so beginnen sie normalerweise zu keimen, bilden nach unten eine Wurzel aus und recken dem Licht junge Blätter entgegen. Einige Samen, zum Beispiel die meisten Kreuzblütler, keimen innerhalb weniger Tage. Andere brauchen mehr Geduld, und bei einigen wenigen muss man monatelang warten, bevor irgendetwas passiert.

Das optimale Timing der Aussaat hängt von der jeweiligen Pflanze ab – auf gekauften Samentütchen stehen dazu immer Anweisungen. Bei Samen, die Sie selbst gesammelt haben, dürfte es normalerweise funktionieren, wenn Sie sie im März im Haus auf dem Fensterbrett oder ab April draußen aussäen. Manche Samen brauchen, bevor sie keimen, erst eine Frostperiode; mit dieser Adaption stellt die Natur sicher, dass sie auf jeden Fall im Frühling keimen. Solche Samen können im September ausgesät werden und draußen oder in einem ungeheizten Gewächshaus überwintern.

Bis auf die allergrößten sät man Samen gewöhnlich in Pflanzschalen; große Samen wie Bohnen oder Kürbiskerne kommen normalerweise einzeln in Anzuchttöpfe. Feuerbohnen säe ich gerne in leere Klopapierrollen, die ich auf eine Pflanzschale setze; zum Auspflanzen kann man die ganze Rolle herausnehmen und reißt damit nicht an den empfindlichen Wurzeln der Sämlinge. Zum Keimen verwenden viele Gärtner gekaufte Anzuchterde (natürlich torffrei!), weil sie keine unerwünschten Samen enthält – wenn Sie selbst gemachten Kompost verwenden und der während des Kompostierens nicht sehr hohe Temperaturen erreicht hat, stecken darin wahrscheinlich viele Samen; dann lassen sich unter all den aufkeimenden Sämlingen womöglich die erwünschten Pflanzen nur schwer erkennen. Alternativ nehme ich gerne die Erde aus Maulwurfshügeln in meinem Rasen; sie hat eine schöne Struktur und wenige unerwünschte Samen, eignet sich also auch als Anzuchterde.

Egal, welche Erde Sie verwenden: Befüllen Sie das Pflanzgefäß, drücken Sie sie leicht an und wässern Sie sie. Verteilen Sie die Samen dünn auf die Oberfläche und streuen darüber noch eine ganz dünne Erdschicht. Wenn Sie Samen gekauft haben, finden Sie auf dem Tütchen normalerweise Hinweise zur idealen Pflanztiefe. Große Samen wie Bohnen sollten einzeln

2 Zentimeter tief eingedrückt und zugedeckt werden. Obwohl es nicht unbedingt notwendig ist, macht es oft Sinn, die Pflanzschale beziehungsweise den Topf mit Plastik oder Glas abzudecken, um eine hohe Luftfeuchtigkeit zu gewährleisten. Dann stellen Sie die Pflanzschale auf ein Fensterbrett, ins Gewächshaus oder ins Frühbeet – oder auch einfach nach draußen an eine geschützte, sonnige Stelle, die idealerweise unerreichbar für Schnecken ist. Halten Sie sie gut feucht, und mit etwas Glück sehen Sie schon bald den Sämling aufkeimen.

Bevor es den Sämlingen in der Pflanzschale zu eng wird, sollte man sie am besten vereinzeln. Dazu trennen Sie die Jungpflanzen voneinander – man spricht vom »Pikieren«; achten Sie besonders darauf, möglichst wenig die Wurzeln zu beschädigen, und pflanzen Sie sie einzeln in kleine, mit Erde befüllte Töpfe. Pflegen Sie sie noch ein paar Wochen lang weiter, bis sie einigermaßen kräftig sind und schnell an Größe zunehmen, bevor Sie sie dorthin auspflanzen, wo sie blühen sollen. Wässern Sie gut vor und nach dem Auspflanzen. Wenn Ihre Pflanzen auf dem Fensterbrett oder im

Gewächshaus gekeimt haben, müssen sie vor dem Auspflanzen unbedingt abgehärtet werden. Stellen Sie dazu die Töpfe tagsüber an einen geschützten Ort im Freien, holen Sie sie aber nachts wieder herein; damit können die Pflanzen sich allmählich an die kälteren Temperaturen und den stärkeren Wind gewöhnen.

Wenn Ihnen Zeit, Platz oder Geduld zur Anzucht, zum Umtopfen und so weiter fehlen, können Sie auch etwas mehr Wagemut zeigen und die Samen direkt ins Freiland aussäen. Bei einigen Pflanzen wie heimischem Mohn, Kalifornischem Mohn, Fingerhut, Kapuzinerkresse, Kornblumen und Phazelien ist das sowieso zu empfehlen. Jäten Sie an einer Stelle einfach alle anderen Pflanzen aus, harken Sie die Oberfläche fein durch, streuen Sie Ihre Samen, harken Sie Erde über die Samen und treten Sie den Boden vorsichtig fest. Das machen Sie am besten erst, wenn der Boden sich aufgewärmt hat, also frühestens nach den Eisheiligen und bis September.

WEICHE STECKLINGE

Weiche Stecklinge werden normalerweise im späten Frühling oder im Frühsommer entnommen, wenn die Pflanzen schnell wachsen. Schneiden Sie mit einem scharfen Messer einen jungen Trieb ab, der möglichst keine Blüten hat. Es ist wichtig, die Stecklinge ganz schnell wieder einzupflanzen, weil sie sonst austrocknen und absterben. Schneiden Sie das untere Ende dicht unter einem Knoten (der Stelle, wo ein Blatt aus der Sprossachse wächst) und kürzen Sie den Trieb oben auf eine Gesamtlänge von etwa 8 Zentimetern. Entfernen Sie an der unteren Hälfte die Blätter und zwicken Sie die Triebspitze ab, wenn sie noch da ist. Wenn Sie mögen, tunken Sie das untere Ende des Stecklings in Bewurzelungspulver, ein Hormonpräparat, das die Chance auf Wurzelbildung steigert; unbedingt nötig ist das aber nicht, falls Sie zu den Menschen gehören, die solche Chemikalien lieber meiden. Stecken Sie den Steckling jetzt bis zur Hälfte in einen mit einer 1:1-Mischung aus Kompost und Sand gefüllten Topf. Gießen Sie gut,

dann stülpen Sie einen Plastikbeutel über den Topf und stellen ihn an einen warmen, hellen Ort, aber ohne direktes Sonnenlicht. Der Steckling dürfte recht schnell wurzeln, normalerweise innerhalb von vier bis acht Wochen. Vor dem Auspflanzen sollten Sie ihn abhärten. Diese Stecklinge funktionieren gut bei sehr vielen krautigen Pflanzen und holzigen Sträuchern und Bäumen wie Sommerflieder, Fuchsien, Buschmalven, Lavendel, Minzen, Bartfaden und Salbei.

STECKHÖLZER

Steckhölzer werden normalerweise im Winter entnommen, wenn sonst im Garten nicht zu viel Arbeit ist. Wählen Sie gesunde, im selben Jahr neu gewachsene Triebe und kürzen Sie sie auf etwa 20 Zentimeter; der Schnitt sitzt oben dicht über und unten dicht unterhalb einer Knospe. Bei einigen Pflanzen wie Lavendel wird die Wurzelbildung gefördert, wenn man an den untersten 2 Zentimetern des Stecklings einen Streifen Rinde abreißt. Auch das Bestäuben des unteren Endes mit Bewurzelungspulver verbessert oft den Wurzelaustrieb. Ziehen Sie an einer geschützten Stelle im Garten eine flache Rille in den Boden, dann setzten sie die Stecklinge so ein, dass die unteren zwei Drittel bedeckt sind, wenn die Rille wieder gefüllt ist. Die Stecklinge können dort bis in den folgenden Herbst stehen bleiben; jäten Sie nur rundherum und gießen Sie, wenn es im Sommer zu trocken wird. Mit etwas Glück haben sich dann neue Wurzeln gebildet, und über dem Boden sieht man die ersten Anzeichen gesunden Wachstums. Für Steckhölzer eignen sich gut Sommerflieder, Zwergmispeln, Johannisbeeren, Weißdorn, Geißblatt, Lavendel, Rosen und Weiden.

HALB VERHOLZTE STECKLINGE

Man entnimmt diese Stecklinge im Spätsommer oder Frühherbst. Suchen Sie gesunde Sprossen des aktuellen Wachstumsjahrs und schneiden Sie sie mit einem scharfen Messer oder einer Gartenschere direkt unterhalb eines Blattknotens ab. Wie beim weichen Steckling ist es sehr wichtig, sie sofort weiterzuverarbeiten. Kürzen Sie auf etwa 12 Zentimeter und entfernen Sie die Blätter der unteren Hälfte. Treibt die Triebspitze noch frisch aus, knipsen Sie sie ab. Große Blätter wie die der Passionsblume schneiden Sie mit einem Schnitt im rechten Winkel zur Mittelrippe halb ab: Die kleinere

Blattoberfläche reduziert den Wasserverlust. Tauchen Sie das untere Ende in Bewurzelungspulver und stecken Sie es etwa bis zur Hälfte der Stecklingslänge in einen Topf mit einer halb und halb aus Sand und Kompost bestehenden Anzuchterde. Gießen Sie ausreichend, dann stellen Sie den Steckling in ein Gewächshaus oder unter einem Plastikbeutel aufs Fensterbrett. Wenn alles gut geht, sollte der Steckling im nächsten Frühling bereit zum Umtopfen und Abhärten sein.

Halb verholzte Stecklinge funktionieren gut unter anderem bei Brombeeren, Andenstrauch, Blut-Johannisbeere, Heidekräutern, Efeu, Mahonie, Passionsblume und Himbeeren. Eine Variante des halb verholzten Stecklings ist der sogenannte Rissling, bei dem man einen Seitentrieb von einem älteren Stamm abreißt und dabei auch etwas Rinde mit ablöst. Dieser Seitentrieb wird dann wie oben beschrieben eingekürzt. Bei Säckelblumen funktioniert das besser.

BASALSTECKLINGE

Stauden sterben im Winter in der Regel ab, treiben aber im Frühling kräftig wieder aus. Sehr häufig eignen sich diese wüchsigen Triebe hervorragend als Stecklinge. Schneiden Sie zum Ende des Winters oder ganz zu Beginn des Frühlings mit einem scharfen Messer Triebe direkt unter der Bodenoberfläche ab. Entfernen Sie die unteren Blätter und zwicken Sie oben die Wachstumsspitze ab. Stecken Sie sie in einem Topf 2,5 Zentimeter tief in feuchte Erde. Gießen Sie gut, und sorgen Sie mit einem übergestülpten Plastikbeutel für dauerhaft hohe Luftfeuchtigkeit. Diese Methode funktioniert gut bei Pflanzen wie Sonnenbraut, Margeriten, Taubnesseln und Lupinen.

WURZELSCHNITTLINGE

Wie Steckhölzer werden Wurzelschnittlinge normalerweise im Spätherbst oder Winter entnommen, wenn im Garten weithin Ruhe herrscht. Wurzelschnittlinge machen sich die Fähigkeit einiger Pflanzen zunutze, sich aus kleinen Wurzelfragmenten zu regenerieren – bei Unkräutern wie der Acker-Kratzdistel ist das unerwünscht bis lästig, aber bei Pflanzen, die Sie vermehren wollen, eine sehr nützliche Eigenschaft.

Graben Sie eine Mutterpflanze aus und schneiden Sie Wurzeln ab, die mindestens 1 Zentimeter dick sind. Entfernen Sie das dünne Ende und schneiden Sie die übrige Wurzel in 5 Zentimeter lange Stücke; und zwar unten schräg und oben quer, damit Sie wissen, welches Ende welches ist. Pflanzen Sie die Schnittlinge senkrecht in ein Gemisch aus Erde und Sand, sodass das obere Ende direkt unter der Erdoberfläche liegt, und wässern Sie gut. Idealerweise sollte der Topf in einem ungeheizten Gewächshaus oder Frühbeet stehen; sonst lassen Sie ihn einfach draußen. Mit etwas Glück treibt die Pflanze im nächsten Frühjahr schnell aus.

Mit dieser Methode lassen sich Pflanzen sehr stark vermehren; eine große Beinwell-Pflanze zum Beispiel kann Wurzelmaterial für Hunderte Wurzelschnittlinge produzieren. Außerdem funktioniert diese Methode bei Kugeldistel, Mannstreu, Türkischem Mohn, Passionsblumen, Robinien und Königskerzen. Auch bei manchen Pflanzen mit dünneren Wurzeln kann man so vorgehen, zum Beispiel bei Glockenblumen; verwenden Sie dann aber längere Teilstücke, bis zu 12 Zentimeter, damit die Jungpflanze genügend Wachstumsressourcen hat. Diese langen, dünnen Wurzeln werden am besten waagerecht eingepflanzt.

ABSENKER

Bei manchen Pflanzen bildet jeder Spross, der in Kontakt mit dem Boden kommt, Wurzeln. Brombeeren zum Beispiel tun das ständig – und sind unter anderem deswegen so schwer in Schach zu halten. Die Vermehrung durch Absenker ist eine der einfachsten Methoden, an neue Pflanzen zu kommen; allerdings sind es nie sehr viele, und es dauert auch relativ lang. Am besten geschieht es im Frühling, wenn die Pflanzen aktiv wüchsig sind.

Suchen Sie eine Mutterpflanze mit einem oder mehreren jungen Sprossen, die sich bis an den Boden biegen lassen. Ziehen Sie in der Wuchsrichtung dieses Sprosses eine nur etwa 4 Zentimeter tiefe Rille. Mit einem scharfen Messer schneiden Sie den Spross auf etwa 4 Zentimetern in Längsrichtung ein und durchschneiden dabei eine Blattknospe. Es ist hilfreich, die Wunde mit Bewurzelungspulver zu bestreuen. Fixieren Sie die angeschnittene Stelle in der Rille, zum Beispiel mit einem Zelthering oder mit dem Haken eines Kleiderbügels. Entfernen Sie Blätter in der Rille und füllen Sie diese wieder zu, sodass das Ende des Sprosses herausragt. Der Spross sollte jetzt Wurzeln treiben, und ein Jahr später können Sie die Verbindung zur Mutterpflanze kappen und die neue Pflanze ausgraben.

Absenker eigenen sich für Johannisbeeren, Waldgeißblatt, Efeu, Rhododendron und Blauregen. Brombeeren und Loganbeeren lassen sich dank einer Variation zu diesem Thema vermehren, bei der eine Triebspitze eingegraben wird. Diese bildet Wurzeln und treibt Sprossen aus.

TEILUNG

Die Teilung ist eine der einfachsten und zuverlässigsten Vermehrungsmethoden für viele Stauden. Selbst wenn Sie nicht wirklich viel mehr Volumen möchten, tut es vielen Pflanzen gut, wenn Sie sie im Winter ausgraben, etwas frischen Kompost einfüllen und dann gesunde Teilstücke der alten Pflanze wieder einpflanzen. Die meisten Pflanzen teilt man am besten im Herbst oder Winter, notfalls kann es aber zu jeder beliebigen Jahreszeit stattfinden, wenn eine ausreichende Bewässerung gesichert ist. Schwertlilien werden am besten nach der Blüte im Hoch- oder Spätsommer geteilt.

Graben Sie die Pflanze einfach mit einer Forke aus und zerteilen Sie die einzelnen Triebe, die jeweils eigene Wurzeln haben müssen. Manchmal geht das einfach mit den Händen, aber für besonders robuste Pflanzen braucht man vielleicht einen Spaten. Die einzelnen Teilstücke können dann direkt wieder in den Boden gepflanzt oder auch eingetopft werden, bis sie an ihren endgültigen Standort kommen. Auf diese Weise lassen sich die allermeisten Pflanzen vermehren, zum Beispiel Kriechender Günsel, Glockenblumen, Beinwell, Mannstreu, Storchschnabel, Fetthennen, Schwertlilien, Margeriten, Schlüsselblumen und Salbei.

VEREDELUNG

Bei dieser fortgeschrittenen Methode wird ein Trieb einer Pflanze, der sogenannte Edelreis, auf den Wurzelstock einer anderen gepfropft. Verbreitet ist diese Methode in erster Linie bei Obstbäumen; hier wird die Unterlage vor allem so ausgewählt, dass der Baum am Ende die gewünschte Wuchshöhe erreicht. Üblich ist die Veredelung außerdem bei Rosen. Die Technik ist aber so komplex, dass man sie sich am besten direkt von einem Fachmann beibringen lassen und nicht aus einem Buch abschauen sollte.

KAPITEL 11

Anlegen einer Wildblumenwiese

Von den Veränderungen unserer Landschaften am härtesten getroffen wurde der Lebensraum der blütenreichen, »unverbesserten« Graslandschaften wie unsere einst extensiv genutzten Heuwiesen und kalkigen Downs. Vor hundert Jahren betrieben fast alle Höfe eine Mischwirtschaft mit Viehzucht und Feldbau. Die größte Schwierigkeit beim Anbau von Feldfrüchten bestand damals darin, die Bodenfruchtbarkeit zu erhalten. Daher wurde in der Fruchtfolge ein Feld nach der Ernte häufig ein Jahr lang als Brache stillgelegt, und um den Stickstoffgehalt im Boden zu steigern, wurden Leguminosen wie Ackerbohnen oder Kleegras untergepflügt. Außerdem setzte man Tierdung ein; in einer Zeit, in der Güter überwiegend mit Pferd und Wagen transportiert wurden, machte es ja auch Sinn, auf demselben Hof die Tiere zu züchten und Feldbau zu betreiben, damit der Mist nicht weit angeliefert werden musste. Das Vieh brauchte im Winter Heu, daher hatte fast jeder Bauer auch Heuwiesen, also Flächen, die im Frühling nicht beweidet wurden, damit im Sommer Heu geerntet werden konnte. Einige dieser Heuwiesen wurden über Jahrhunderte hinweg immer gleich genutzt, und mit der Zeit entstand dort eine wunderbare botanische Artenvielfalt. Unsere Höfe waren ein engmaschiges Mosaik aus bebauten Feldern, Brachen, Kleegras, blumenreichen Heuwiesen und Viehweiden. Unser trockenes Hügelland war für den Feldbau zu unfruchtbar und wurde daher von Schafen und Rindern beweidet; es entstanden die blumenreichen südenglischen Downlands.

Zu Beginn des 20. Jahrhunderts kamen mit der Entwicklung der petrochemischen Industrie allmählich billige synthetische Dünger auf. Gleichzeitig breitete sich der motorisierte Transport aus – die Landwirtschaft veränderte sich. Da jetzt billige Dünger verfügbar waren, gaben die Landwirte auf den besten Böden im Zentrum und Osten Großbritanniens die Viehzucht auf und konzentrierten sich auf den Feldbau. Heuwiesen und Weiden brauchten sie nicht mehr, also wandelten sie sie in Äcker um. Die Trockenwiesen der Downlands, die bisher für den Feldbau als zu unfruchtbar galten, wurden umgepflügt und mit Getreide bebaut, das jetzt wuchs, solange ausreichend mit den neuen synthetischen Düngern gedüngt wurde. Die Landwirte im nasseren, weniger fruchtbaren Westen des Landes konnten beim Feldbau nicht mithalten und spezialisierten sich dementsprechend auf die Viehzucht. Allerdings verfütterten sie im Winter zunehmend eher Silage als Heu. Silage wird normalerweise auf schnellwüchsigem eingesätem Wirtschaftsgrünland hergestellt, das großzügig gedüngt und mehrmals pro Jahr geschnitten wird. Wieder fielen dem die Heuwiesen zum Opfer. Auch die Weiden, auf denen das Vieh im Sommer graste, wurden mit den neuen Düngern behandelt, um das Wachstum zu beschleunigen, und verwandelten sich ebenfalls in grüne, blumenlose Flächen. Wenn Sie heute mit dem Zug durch das westenglische Devon fahren, erstreckt sich vor ihnen ein leuchtend grüner Grasteppich bis an den Horizont – kaum eine Blume in Sicht. Es ist schier unvorstellbar: Nur zwei Prozent der blumenreichen Heuwiesen und Downs von vor siebzig Jahren sind heute noch übrig.

Leider war aber genau dieser Lebensraum eines der Paradiese für Hummeln. Viele der seltensten britischen Bienenarten wie die Deich- und die Waldhummel sind genau deswegen so selten, weil sie früher in den blumenreichen Graslandschaften lebten – und ihr Zuhause ist fast vollständig verschwunden. Die letzten kleinen Populationen halten sich noch auf den wenigen übrigen Bruchstücken eines blumenreichen Lebensraums: etwa auf dem Salisbury Plain und auf den hübschen blühenden Küstenwiesen, dem *Machair* im westlichen Schottland.

Ich will Sie mit dieser Schilderung nicht deprimieren, sondern hoffe, Sie zu inspirieren. Wir können in unseren Gärten und Parks Wildblumenwiesen wieder neu schaffen, und wenn wir genug davon anlegen, können diese seltenen Bienen vielleicht in unsere Städte und Dörfer zurückkehren, zusammen mit Schmetterlingen, Schwebfliegen, Spinnen, Wühlmäusen, Käfern und vielem mehr. Vielleicht denken Sie jetzt, Sie haben ja keinen Platz – aber selbst winzige Mini-Wiesen sind wertvoller natürlicher Lebensraum.

Bevor ich die verschiedenen Methoden zum Anlegen einer eigenen Wildblumenwiese vorstelle, brauchen wir eine schnelle Einführung in die Ökologie; es macht Sinn, eine Vorstellung davon zu haben, warum bestimmte Blumen in diesen Ökosystemen gedeihen. Wenn Sie zum Ende des Frühjahrs oder im Frühsommer eine unserer noch existierenden Landschaften mit Heuwiesen oder Magerrasen besuchen, werden Sie dort eine immense Vielfalt verschiedener Blüten vorfinden: Mohn, Wicken, Hornklee, Hopfenklee, Esparsetten, Flockenblumen, Falschen Löwenzahn, Kleinen Klappertopf und so weiter. Viele davon sind Hülsenfrüchtler oder Leguminosen, denn diese Pflanzen nutzen einen Trick, der ihnen gegenüber den meisten anderen Pflanzen einen Vorteil verleiht: Sie haben Wurzelknöllchen, in denen Bakterien leben; und diese Bakterien können aus der Luft Stickstoff binden und ihn in die Nitrate umwandeln, aus denen die Pflanze die für ihr Wachstum benötigten Proteine generiert. Einfach gesagt: Leguminosen stellen ihren eigenen Dünger her, und genau deshalb waren sie auch Teil der traditionellen bäuerlichen Fruchtfolge. Die meisten Böden weisen von Natur aus niedrige Nitratwerte auf; dass Leguminosen Nitrate aus der Luft synthetisieren können, begünstigt sie in der Konkurrenz mit anderen Pflanzen, besonders mit Gräsern, die auf nährstoffarmen Böden sehr langsam wachsen. Gleichzeitig können die Leguminosen es sich auch leisten, mehr Proteine in ihren Pollen zu stecken, was diesen Pollen wiederum zum absoluten Lieblingsschmaus für Bienen macht, weil er nahrhafter ist als bei vielen anderen Pflanzen.

Einige Pflanzen kommen mit anderen Mitteln an ihre Nährstoffe. Der Kleine Klappertopf und ein paar verwandte Pflanzen wie Frühlings-Zahntrost oder Augentrost sind »Halbschmarotzer«, das heißt, sie parasitieren andere Pflanzen, vor allem Gräser. Ihre Wurzeln zapfen die Wurzeln von

Frühlings-Zahntrost

Nachbarpflanzen an und entziehen ihnen Nährstoffe. Das ist deshalb besonders nützlich, weil es Gräser in ihrer Kraft mindert und damit mehr Platz für Blumen lässt. In wissenschaftlichen Experimenten wurde bestätigt, dass die Förderung von Kleinem Klappertopf sehr wirksam die Artenvielfalt blumenarmer Grasflächen steigern kann.

Ein entscheidendes Merkmal von Heuwiesen und Magerrasen ist ihre Nährstoffarmut. Über Jahrhunderte erhielten beide Lebensräume kaum Düngergaben, abgesehen von einer seltenen Ausbringung von Mist auf einigen Heuwiesen und dem Dung, den das Weidevieh auf dem Magerrasen zurückließ. Anders als man spontan vermuten würde, führte aber genau diese Nährstoffarmut zu einer Vielzahl und einer Vielfalt von Blumen, weil unter solchen Bedingungen keine Pflanze eine Dominanz entwickeln konnte. Leider ist diese Biodiversität sehr empfindlich: Um eine Wiese zu zerstören, braucht man nichts weiter als ein paar Tüten Kunstdünger. Dann sprießen sofort die Gräser und ein paar weitere rabiate Pflanzen, die auf sehr fruchtbaren Böden gedeihen, wie Brennnesseln, Ampfer und Bärenklau; Blumen geraten ins Hintertreffen, und Bienen und Schmetterlinge verschwinden. Aus alldem ergibt sich, dass es viel einfacher ist, Ihre Blumenwiese auf nährstoffarmem Boden anzulegen. Wenn Sie aber nur fruchtbaren Boden zur Verfügung haben, müssen Sie unbedingt die Fruchtbarkeit reduzieren, damit er nicht im Nu von Brennnesseln überwuchert wird – und das ist manchmal gar nicht so einfach.

Genauso wichtig ist die Einsicht, dass sowohl Heuwiesen als auch Magerrasenlandschaften vom Menschen gemachte Habitate sind. Ohne Pflege werden sie schnell von Brombeeren und Gestrüpp überwuchert und verbuschen am Ende zu einem Wald. Oft hört man, dass ähnliche blütenreiche Lebensräume auch vor dem Menschen existiert haben und von Auerochsen, Wisenten und Waldelefanten beweidet wurden, die Europa einst besiedelten; für die Gartenpflege ist das aber keine wirklich praktikable Lösung. Wenn Sie eine Wildblumenwiese anlegen und erhalten wollen, werden Sie sich damit abfinden müssen, sie hin und wieder niederzumähen, auch wenn Ihnen das destruktiv erscheinen mag.

Anlegen einer Blumenwiese

OPTION 1: DIE PFLANZTASCHEN-WIESE

Nur wenige von uns sind so glücklich, mehrere Hundert Quadratmeter Garten ihr Eigen zu nennen. Manche haben vielleicht nur Zugang zu einem winzigen Hof, einen kleinen Vorstadtgarten oder auch nur einen Balkon oder einen Dachgarten. Kein Problem: Sie können trotzdem etwas Wertvolles und zugleich Schönes erschaffen. Kaufen Sie eine Pflanztasche

oder befüllen Sie den größten Trog oder sonstigen Behälter, den Sie unterbringen können, mit torffreier Blumenerde und säen Sie eine Wildblumenmischung. Bei den meisten Samenhandlungen und Gartencentern sind verschiedene Saatgutmischungen verfügbar. Meines Erachtens sollte sie enthalten: Rote Lichtnelke, Wiesensalbei, Skabiosen-Flockenblume, Moschus-Malve, Magerwiesen-Margerite, Kleine Braunelle, Mohn, Fingerhut, Gewöhnlichen Hornklee, Gewöhnlichen Natternkopf und Kornblume. Einige davon sind einjährig und sorgen bereits im ersten Jahr für Farbe, andere dagegen blühen erst im zweiten Jahr. Meiden Sie Samenmischungen mit Rispengräsern: Pflanztaschen und Blumenerde sind eher nährstoffreich, sodass die Gräser schnell überhandnehmen können.

Stellen Sie Ihre Pflanztasche oder Ihren Trog an einen Ort, wo zumindest etwas Sonne hinkommt, säen Sie im April oder Mai, und wenn Sie dann regelmäßig gießen, bekommen Sie todsicher ein farbenfrohes Bild, das diverse Insekten anlockt. Bienen sind unglaublich gut darin, Blüten zu wittern, wo immer sie stehen – und sei es auf dem Dach eines Hochhauses. Eine Pflanztasche eignet sich bestens für kleinere Kinder, die mit ganz wenig Hilfe alles selbst bewerkstelligen können – und zur Belohnung können sie zusehen, wie die Samen keimen, wachsen und blühen, wie die Insekten die Blüten besuchen und wie die Blüten Samen ansetzen.

Anlegen einer Blumenwiese

OPTION 2: MACHEN SIE IHREN RASEN ZUR WIESE

Fast jeder, der einen Garten hat, dürfte einen Rasen haben. Wenn er als Fertigrasen angelegt wurde – zum Beispiel in einem Neubaugebiet –, enthält er vielleicht nur eine einfache Gräsermischung. Das ist wohl auch der Fall, wenn Sie Ihren Rasen kürzlich mit einem selektiven Unkrautvernichter behandelt haben, der breitblättrige »Unkräuter« (also Blumen) abtötet und nur das Gras stehen lässt. Andererseits enthalten die meisten älteren oder unbehandelten Rasenflächen eine Vielfalt interessanter Pflanzen, die nur auf eine Gelegenheit warten, zur Blüte zu gelangen. Häufig finden sich Rot- und Weißklee, wahrscheinlich ein paar Löwenzähne und mit ein bisschen Glück auch verschiedene Falsche Löwenzähne, Hahnenfuß, Gänseblümchen, Ehrenpreis, Kleine Braunelle und womöglich etwas Hornklee. So ein Rasen hat wahrscheinlich schon eine geringe Fruchtbarkeit, weil über Jahre hinweg das Abräumen des Rasenschnitts den Nährstoffgehalt im Boden gesenkt hat wie auf einer Heuwiese. Es kann also gut sein, dass Sie, ohne es zu wissen, bereits alle Zutaten für eine wunderbare Wiese in Ihrem Garten haben. Dann brauchen Sie jetzt nur noch Ihren Mäh-Rhythmus herunterzufahren.

Die krautigen Pflanzen, die vielleicht in Ihrem Rasen leben, können alle regelmäßiges Mähen überstehen, weil sie sich an den Boden ducken und waagerecht durch die Gräser kriechen. Diese Eigenschaft haben sie in der Evolution entwickelt, um nicht von grasenden Pflanzenfressern vertilgt zu werden; und um den Messern des Rasenmähers auszuweichen, funktioniert die Strategie genauso. Ihre Blüten bilden sie jedoch alle auf Stängeln, damit die Bestäuber sie leicht finden können; und genau die werden jedes Mal, wenn Sie mähen, einen Kopf kürzer gemacht. Einige Pflanzen wie Gänseblümchen können nach dem Mähen sehr schnell wieder blühen; ihre weiß-gelben Blüten sind also sogar auf sehr kurz gehaltenem Rasen ein vertrauter Anblick. Andere Pflanzen sind meist etwas langsamer, und ihre Blüten bekommen Sie nur zu Gesicht, wenn Sie den Rasen etwas wachsen lassen.

Sie könnten Ihren Rasen wie eine Heuwiese behandeln und nur noch einmal im Jahr, nämlich im August, mähen. Damit würden Sie ziemlich viel Benzin oder Strom sowie Zeit sparen, und die Bienen, Schmetterlinge und Grashüpfer würden es Ihnen danken; allerdings würde das im Großteil des Jahres relativ struppig und ungepflegt wirken, als wären Sie auf Weltreise gegangen oder als stünde Ihr Haus leer. Wenn in öffentlichen Parks der Natur zuliebe Flächen planmäßig ungemäht bleiben, gibt es oft Beschwerden aus der Bevölkerung. Es gibt dafür aber eine praktische Lösung: Mähen Sie die Ränder der Wiesenfläche sauber ab, oder mähen Sie einen gewundenen Pfad mitten hindurch. In Parks hilft auch ein gut sichtbares Schild mit der Aufschrift »Wildblumenwiese«, weil dann klar ist, dass die Vegetation absichtlich hoch stehen bleibt und nicht aus Faulheit; für die öffentliche Wahrnehmung macht das einen riesigen Unterschied.

Selbst wenn Sie nur einen kleinen Rasen haben: Bereits ein einziger Quadratmeter ungemähte Wiese bringt der Natur einen sichtbaren, greifbaren Nutzen. Versuchen Sie es, und außer Blumen werden Sie bald Spinnen beim Weben ihrer Netze beobachten, Raupen, Baumwanzen und Käfer – lauter Tiere, die in einem gemähten Rasen kaum überleben können.

Wenn Sie sehr an einem ordentlichen Aussehen hängen und nicht ganze Teile Ihres Rasens ein ganzes Jahr lang nicht mähen wollen, können Sie

in einer weniger drastischen Alternative Ihre Rasenfläche halbieren und abwechselnd mähen. Statt in der Wachstumszeit das ganze Grundstück wie üblich alle zwei oder drei Wochen komplett zu mähen, schneiden Sie alle drei Wochen nur die Hälfte und drei Wochen später die andere Hälfte. Damit geben Sie den meisten Rasenpflanzen genug Zeit zum Blühen, und daneben gibt es immer eine gemähte Fläche, um einen Liegestuhl aufzustellen, Ball zu spielen oder sie einfach nur anzuschauen.

Wenn Sie Pech haben, haben Sie vielleicht einen Rasen mit wenigen Blumen geerbt. Weniger zu mähen bringt dann höheres Gras, das durchaus einigen Tieren wie Spinnen und Wühlmäusen gefällt, aber nicht die Farbexplosion, auf die Sie vielleicht gehofft haben. In so einer Situation gibt es mehrere Möglichkeiten. Wenn Sie es eilig haben, kaufen Sie Wildpflanzen wie Schlüsselblumen oder Acker-Witwenblumen und setzen Sie sie in Ihre Wiese; schneiden Sie vorher das Gras kurz, um ihnen etwas Raum zu verschaffen. Sehr viel billiger ist es, Ihre eigenen Wildblumen aus dem Samen zu ziehen (siehe »Vermehrungsmethoden«). Mit ein klein wenig Aufwand kann ein Samentütchen, das nur wenige Euro kostet, Hunderte Pflanzen hervorbringen. Damit die jungen Pflanzen in Ihrer Wiese anwachsen, müssen Sie nach der Pflanzung vielleicht rundum ein paar Wochen lang per Hand jäten.

Wenn Ihnen all dieses mühsame Pflanzen und Jäten zu viel Arbeit ist, können Sie auch im September oder April das Gras auf der niedrigstmöglichen Stufe sehr kurz mähen, die Fläche kräftig durchharken, eine Wildblumen-Saatgutmischung ausstreuen und festtreten. Es ist ein bisschen Glückssache, und der Erfolg hängt von der Bodenfruchtbarkeit ab, von der Vitalität der bestehenden Gräser und von der Begeisterung, mit der Ihre Schneckenpopulation die Sämlinge wegfuttert, aber gewöhnlich können sich wenigstens ein paar der Blumen in der Samenmischung ansiedeln. Ein paar Samen von Kleinem Klappertopf helfen besonders effizient, Gräser zu verdrängen und Blumen zu fördern.

Anlegen einer Blumenwiese, OPTION 3: DIE MINI-WIESE

Wenn Sie einen oder zwei Quadratmeter Fläche haben (je größer, desto besser, aber zu klein gibt es nicht), verwandeln Sie sie doch in eine Mini-Wiese. Wenn Sie knapp bei Kasse sind, graben Sie den Boden einfach im Herbst oder Frühling um und entfernen so viele Unkrautwurzeln, wie Sie können, und dann lassen Sie ihn in Ruhe. In etwa so machten die Bauern das früher mit ihren Brachflächen. Bestimmt werden Sie staunen, was da aufkeimt, denn jeder Boden enthält eine seit Langem angelegte »Samenbank« – manche Samen liegen schon viele Jahre dort. Vielleicht möchten Sie offensichtliche Unkräuter wie Brennnesseln oder Ampfer herausjäten, obwohl auch die als Wildkräuter natürlich ihren Wert haben. Mähen Sie Ihre Brache im September, und sonst tun Sie nichts. Was am Ende herauskommt, ähnelt mit ziemlicher Sicherheit nicht gerade einer Heuwiese, aber egal, was Sie bekommen: Ich möchte wetten, dass alle möglichen interessanten Insekten dort aufmarschieren werden.

Alternativ säen Sie im Spätsommer oder Frühling eine Blumenwiesenmischung. Auch dafür bietet der Handel Etliches, und am Ende dieses Kapitels empfehle ich eine Auswahl geeigneter Wiesenblumen für verschiedene Standorte. Welche Mischung am besten passt, hängt von der Beschaffenheit des Bodens, der Durchlässigkeit und dem Sonneneinfall ab. Wie bei der »Pflanztaschen-Wiese« könnten Sie ein paar bunte einjährige Feldblumen dazugeben wie Mohn und Kornblume, damit schon im ersten Jahr eine Augen- und Bienenweide entsteht.

Zur Vorbereitung können Sie den Boden wie oben umgraben und per Hand Unkraut entfernen, oder Sie legen für ein paar Monate eine Unkrautfolie aus; eine schwarze Plastikplane oder ein alter Teppich tut es auch. Dann harken Sie die Fläche fein durch und werfen Ihre Samen aus. Stampfen Sie sie fest, damit die Samen sicher in Kontakt mit der Erde sind, und halten Sie sie feucht. Wieder sollten Sie keimendes Unkraut sofort entfernen. Diese Methode funktioniert normalerweise ziemlich gut, außer es regnet kurz nach der Keimung der Samen längere Zeit – dann könnten Schnecken bis auf die am wenigsten schmackhaften Sämlinge alles wegfressen. Mit etwas Glück haben Sie im Sommer einen üppigen Blütenteppich. Wie eine Heuwiese sollten Sie auch solche kleinen Wiesen im Spätsommer mähen und das Schnittgut entfernen. Die so geschaffene Blumenvielfalt wird sich mit der Zeit verändern, und in einem Garten werden Sie wahrscheinlich viele der Blumen verlieren, weil sie von Gras und Unkraut verdrängt werden. Möglicherweise ist es am besten, den ganzen Prozess zu wiederholen und alle drei oder vier Jahre neu auszusäen.

Anlegen einer Blumenwiese

OPTION 4: DIE VOLLWERTIGE WIESE

Dieser Abschnitt richtet sich an die wenigen glücklichen Leser, die Zugang zu zweitausend Quadratmetern oder mehr Land haben, um es in eine eigene Wildblumenwiese umzuwandeln. Als Erstes ist dabei die Fruchtbarkeit des Standorts zu betrachten. Ist der Boden zu nährstoffreich, werden die Saatbettbereitung und die Aussaat von Wildblumensamen langfristig wahrscheinlich nicht gut funktionieren. Ein hoher Nährstoffgehalt fördert Kräuter und Gräser, die schnell dominieren und die eigentlich erwünschten Pflanzen verdrängen dürften. Fall Sie das befürchten, können Sie Ihre Bodenqualität von einem professionellen Labor testen lassen (siehe »Nützliche Adressen«). Am wichtigsten sind die Phosphatwerte, denn ein hoher Phosphatgehalt begünstigt das Wachstum von Gräsern. Idealerweise sollte der Phosphorindex des Standorts unter 20 Milligramm pro Liter liegen; bei Werten darüber wird es problematisch. Wenn Sie sich einen Bodentest nicht leisten können, lässt sich schon an der bestehenden Vegetation einiges ablesen. Bei großen Beständen von Brennnesseln, Ampfer, Bärenklau oder hohen horstigen Gräsern wie Glatthafer (*Arrhenatherum elatius*) oder Wiesen-Knäuelgras (*Dactylis glomerata*) ist Ihr Boden wahrscheinlich zu fruchtbar, und Sie sollten ihn am besten aushagern. Das lässt sich mit unterschiedlichen Methoden erreichen:

a) Der nährstoffreichste Boden liegt normalerweise an der Oberfläche; wenn Sie also die oberen 5 Zentimeter abtragen, reduzieren Sie sehr effizient die Fruchtbarkeit. Am besten finden Sie einen Ort, wo Sie den Boden unterbringen können, denn es wäre zu schade, guten Mutterboden in die Deponie zu bringen. Sie können ihn auf Freecycle.org verschenken oder zur Anlage eines Hoch- oder Blumenbeets verwenden.
b) Statt den Mutterboden abzutragen, kann man ihn durch Tiefpflügen mitsamt den Unkrautwurzeln und -samen weit unter die Erde bringen. Dazu braucht man spezielle Maschinen, die das Bodenprofil umbrechen; mit einem Spaten und sehr viel Schweiß ist das natürlich auch möglich. Wenn Sie es per Hand angehen, graben Sie zunächst einen 40 Zentimeter tiefen Graben, tragen Sie dann die oberen 20 Zentimeter des Nachbarstreifens ab und legen Sie sie unten in den Graben, und bedecken Sie sie mit dem Boden aus 20 bis 40 Zentimeter Tiefe. Wiederholen Sie diesen Ablauf über das ganze Grundstück und befüllen Sie den letzten Graben mit dem umgebrochenen Boden aus dem allerersten.
c) Langwieriger ist es, die Vegetation mindestens ein Jahr lang im Frühling und Sommer monatlich sehr bodennah zu mähen und sämtliches Schnittgut abzuräumen. Jeder Schnitt entnimmt einen Teil der Nährstoffe. Diese Methode funktioniert sehr gut auf sandigen Böden, die nur wenige Nährstoffe einlagern können, dauert aber auf Lehm mit hohen Phosphat- und Nitratgehalten sehr viel länger.
d) Ähnlich können Sie ein oder zwei Jahre lang Feldfrüchte anbauen und ernten, ohne Dünger beizugeben; mit der Ernte werden die Nährstoffe abgetragen. Zehrende Pflanzen wie Kartoffeln oder Kohl eignen sich am besten. Besteht das Problem vor allem in hohen Phosphatwerten, kann die Gabe von Stickstoffdüngern den Anbau fördern und damit die Phosphat-Absorption erhöhen.

Als letzter Schritt vor der Aussaat einer Wildblumenmischung wird verbreitet ein systemischer Unkrautvernichter wie Glyphosat angewandt, um Unkräuter abzutöten; wegen der ernsten Bedenken zu den Umweltauswirkungen solcher Chemikalien rate ich aber von ihrer Benutzung ab. Wenn die Nährstoffwerte gesenkt wurden, dürften Unkräuter weniger Kraft bekommen und keine Dominanz mehr ausbilden können; ein Herbizid sollte damit unnötig sein.

Zur Aussaat muss zunächst ein Saatbett bereitet werden. Auf großen Flächen kommen dazu normalerweise Egge und Walze zum Einsatz, um eine glatte, krümelige Oberfläche herzustellen. Auf kleineren Flächen genügt auch ein Grubber – es sei denn, Sie nehmen die Herausforderung an und graben in Knochenarbeit den Boden selbst um und harken ihn.

Die Saatgutmischung sollte sehr sorgfältig ausgewählt werden und so weit wie möglich die Geländemerkmale und den Bodentyp berücksichtigen. Für große Projekte werden erhebliche Samenmengen benötigt, die entsprechend viel kosten; man sollte sich also besser keine Fehler leisten. Vorschläge für Pflanzen, die zu unterschiedlichen Bodentypen passen, stehen am Ende dieses Kapitels. Wenn Sie in der Nachbarschaft eine blütenreiche Wiese auf ähnlichem Boden vorfinden, sollten Sie unbedingt notieren, welche Arten dort wachsen, weil die wahrscheinlich auch für Sie am geeignetsten sind. Kommerzielle Anbieter von Wildblumensamen liefern Fertigmischungen für bestimmte Bedingungen und passen ihre Mischungen in der Regel auch gerne an Ihre Vorlieben an, vor allem natürlich bei größeren Projekten.

Enthält Ihre Samenmischung Mohn, Saat-Esparsette oder Hornklee, achten Sie darauf, dass es wilde Sorten sind. Von diesen Arten gibt es auch kommerzielle Stämme, die für schnelles, hohes Wachstum selektiert wurden; häufig sind das polyploide Sorten (also mit mehrfachem Chromosomensatz) mit sehr viel stämmigerem Wuchs als die wilden Verwandten. Samen dieser Stämme sind viel billiger als die der Wildpflanze, aber wegen ihrer relativen Kurzlebigkeit für Wildblumenwiesen nicht geeignet.

Der beste Zeitpunkt für die Aussaat Ihrer Mischung ist September: Einige Wildblumen keimen dann direkt zu dieser Jahreszeit, während andere erst die Winterkälte brauchen und zu Beginn des Frühlings keimen. Die zweitbeste Option ist eine Aussaat im April, aber Pflanzen wie der Kleine Klappertopf, die eine Kälteperiode benötigen, keimen dann, wenn überhaupt, erst im Folgejahr. Nach der Aussaat sollten die Samen gewalzt oder untergeharkt werden, um sie in festen Bodenkontakt zu bringen.

Zu gekauftem Saatgut gibt es noch eine viel billigere und attraktivere Alternative, für die Sie nur ein klein wenig Glück brauchen. Wenn es in Ihrer Nähe Parzellen mit blütenreichem Grasland gibt – vielleicht in einem Naturschutzgebiet –, dann kontaktieren Sie einfach die Besitzer und fragen, ob Sie etwas »Heumulch« entnehmen dürfen. Traditionelle Heuwiesen werden Ende Juli oder im August gemäht. Dieses frische, noch grüne Heu kann sofort auf Ihren Standort verbracht und dort auf das vorbereitete Saatbett gestreut werden, und die reifen Samen fallen beim Trocknen auf den Boden. Wenn man eine Kuhherde darüberlaufen lässt oder mit der Walze darüberfährt, kommt der Samen noch besser in den Boden. Allerdings muss das Heu unbedingt innerhalb weniger Stunden übertragen und verteilt werden, denn wenn es längere Zeit in Haufen gelagert wird, beginnt es zu verrotten, und die Samen verbrennen.

Die Heumulch-Methode hat große Vorteile: Die vorhandenen Arten sind wahrscheinlich die, die an Ihrem Standort gut wachsen, und die Samen sind lokaler Herkunft und an Ihre Umwelt dementsprechend gut angepasst. Zudem ist Heumulch normalerweise billig oder sogar kostenlos; von einem Geberstandort, dessen Betreibern der Naturschutz am Herzen liegt, bekommen Sie oft sehr bereitwillig Hilfe. Der einzige Nachteil ist ganz einfach der, dass es vielleicht keinen passenden Geberstandort gibt oder dass die Besitzer nicht so großzügig sind.

Egal, wie sorgfältig Sie Ihre Wiese vorbereitet haben, Sie werden in den ersten Jahren wahrscheinlich mit Unkraut zu kämpfen haben. Normalerweise sollten Sie die Vegetation in den ersten zwei Jahren ab Mitte Juli zwei oder drei Mal etwa 10 Zentimeter hoch mähen und das Schnittgut entfernen. Damit entziehen Sie dem Boden weitere Nährstoffe, hindern Unkraut wie Disteln daran, Samen anzusetzen, und gleichzeitig können sich die mehrjährigen Wildblumen ausdehnen und etablieren.

Danach müssten Sie die Wiese so bewirtschaften können wie eine alte Heuwiese. Schneiden Sie sie einmal im Jahr Ende Juli oder im August, lassen Sie das Heu vor Ort trocknen und wenden Sie es mindestens einmal.

So können die Samen reifen und ausfallen; anderenfalls werden Pflanzen wie der Kleine Klappertopf verschwinden. Wenn Sie langfristig einen guten Heuertrag sichern wollen – zum Beispiel wenn Sie das Heu als Viehfutter benötigen –, ist die Gabe einer kleinen Menge an gut verrottetem Mist akzeptabel; nur verwenden Sie auf keinen Fall synthetischen Dünger, sonst war all Ihre harte Arbeit für die Katz.

Wenn möglich, ist eine Beweidung im Frühjahr und/oder Herbst nützlich, um Gräser niedrig zu halten; außerdem entstehen so freie Flächen, auf denen Blumensamen keimen können. Rinder sind dabei in der Regel Schafen vorzuziehen, weil sie gerne härtere, horstige Gräser fressen, während Schafe eher Blätter und Blütenknospen herausknabbern. Wenn keine Tiere vorhanden sind oder eine geeignete Umzäunung fehlt, ist manchmal ein zusätzlicher Frühjahrsschnitt von Nutzen.

Im Sommer Heu zu schneiden fühlt sich an wie ein Sakrileg, weil viele Pflanzen dann noch in voller Blüte stehen und eine Wiese von Insekten brummt. Schmetterlinge und Bienen müssen dann fliehen, und viele weniger mobile Insekten wie Grashüpfer und Grillen müssen wohl sterben.

Ich tröste mich damit, dass ohne den Schnitt die Heimat dieser Insekten irgendwann ganz verschwinden würde. Der Schaden lässt sich freilich mindern, indem man eine Ecke oder einen Streifen der Wiese bis September stehen lässt. Auf diese ungeschnittene Fläche ziehen sich die weniger mobilen Tiere zurück, und bis im September gemäht wird, steht der Großteil der Wiese schon wieder gut im Wachstum. Am besten lässt man jedes Jahr einen anderen Teil der Wiese bis September stehen.

BESTÄUBERFREUNDLICHE ARTEN FÜR WILDBLUMENWIESEN-SAATGUT

Jede Pflanzenart gedeiht am besten unter bestimmten Bedingungen, besonders was den Bodentyp angeht. Nur wenige Arten wie Scharfer Hahnenfuß kommen offenbar mit den meisten Bedingungen zurecht, doch die meisten sind nicht so anpassungsfähig; es wäre Zeit- und Geldverschwendung, sie an den falschen Standorten zu säen. Die folgende Tabelle gibt an, welche Arten von Wiesenblumen am besten zu bestimmten Bodentypen passen.

	Neutral	Sauer, z. B. Kalk	Leicht sauer	Feucht
Acker-Witwenblume, *Knautia arvensis*	●	●		
Bach-Nelkenwurz, *Geum rivale*				●
Echte Betonie, *Stachys officinalis*	●	●	●	●
Echte Schlüsselblume, *Primula veris*	●	●	●	●
Echter Dost, *Origanum vulgare*	●	●		
Echter Wundklee, *Anthyllis vulneraria*		●		
Echtes Johanniskraut, *Hypericum perforatum*	●			

	Neutral	Sauer, z. B. Kalk	Leicht sauer	Feucht
Echtes Mädesüß, *Filipendula ulmaria*			●	●
Englischer Quendel, *Thymus polytrichus*		●		
Futterwicke, *Vicia sativa*	●			
Gemeine Schafgarbe, *Achillea millefolium*	●	●	●	●
Gemeiner Wirbeldost, *Clinopodium vulgare*		●		
Gewöhnlicher Hornklee, *Lotus corniculatus*	●	●	●	
Gewöhnlicher Hufeisenklee, *Hippocrepis comosa*		●		
Gewöhnlicher Natternkopf, *Echium vulgare*	●	●		
Gewöhnlicher Teufelsabbiss, *Succisa pratensis*	●			●
Gewöhnlicher Wasserdost, Eupatorium cannabinum	●			
Gewöhnliches Ferkelkraut, *Hypochaeris radicata*	●			
Großes Flohkraut, *Pulicaria dysenterica*				●
Herbst-Löwenzahn, *Scorzoneroides autumnalis*	●			●
Kleine Braunelle, *Prunella vulgaris*	●		●	●
Kleiner Klappertopf, *Rhinanthus minor*	●	●	●	●
Kleines Mädesüß, *Filipendula vulgaris*		●		
Knolliger Hahnenfuß, *Ranunculus bulbosus*	●	●		
Kriechender Günsel, *Ajuga reptans*				●
Kuckucks-Lichtnelke, *Silene flos-cuculi*			●	●
Leinkraut, *Linaria vulgaris*	●			

	Neutral	Sauer, z. B. Kalk	Leicht sauer	Feucht
Magerwiesen-Margerite, *Leucanthemum vulgare*	●	●	●	●
Moschus-Malve, *Malva moschata*	●	●		
Rotklee, *Trifolium pratense*	●	●	●	●
Rundblättrige Glockenblume, *Campanula rotundifolia*		●		
Saat-Esparsette, *Onobrychis viciifolia*		●		
Scharfer Hahnenfuß, *Ranunculus acris*	●	●	●	●
Schwarze Flockenblume, *Centaurea nigra*	●	●	●	●
Skabiosen-Flockenblume, *Centaurea scabiosa*		●		
Steifhaariger Löwenzahn, *Leontodon hispidus*	●	●		
Sumpf-Hornklee, *Lotus pedunculatus*				●
Tauben-Skabiose, *Scabiosa columbaria*		●		
Vogelwicke, *Vicia cracca*	●	●		●
Wiesensalbei, *Salvia pratensis*	●	●	●	
Wiesen-Platterbse, *Lathyrus pratensis*	●		●	●
Wiesen-Schaumkraut, *Cardamine pratensis*				●
Wilde Möhre, *Daucus carota*	●	●		
Zaun-Wicke, *Vicia sepium*	●	●	●	●

KAPITEL 12

Nisthilfen für Bienen und Hummeln

Eines der verbreitetsten und zuverlässigsten Naturgarten-Produkte sind Vogelkästen. Fast jeder Naturgarten hat einen, oft auch mehrere; dabei unterscheiden sich die Dimensionen je nach vorgesehener Vogelart, ob Blaumeisen, Sperling oder Rotkehlchen. Besonders Meisen nehmen diese Kästen sehr gerne an, und wir alle beobachten begeistert das emsige Kommen und Gehen der Vogeleltern, wenn sie ihr Nest bauen und ihre Jungen versorgen. Natürlich brauchen auch Bienen und Hummeln Wohnraum, und seit etwa zehn Jahren sind die Regale der Gartencenter gefüllt mit »Bienenhotels« in allen möglichen Farben und Formen. Doch bevor Sie losrennen und eine teure, putzige Kiste mit Schieferdach kaufen, seien Sie gewarnt: Vieles von dem, was angeboten wird, funktioniert ganz einfach nicht. Ein Bienenhotel kann man im Übrigen mit ein paar einfachen Werkzeugen und minimalen Kosten ganz leicht selbst bauen. Sehen wir also zunächst, was Bienen und Hummeln überhaupt brauchen.

HUMMELN

Wenn der Winter zu Ende geht, erwachen die Hummelköniginnen aus der langen Winterruhe und stillen ihren Heißhunger, um ihre verbrauchten Fettreserven wieder aufzufüllen. Danach gilt ihre Aufmerksamkeit der Nistplatzsuche – eine der größten Herausforderungen in ihrem Lebenszyklus. Finden sie keinen Nistplatz oder wählen sie einen, der nicht geeignet ist, so ist ihr Ende besiegelt.

Alle Hummeln brauchen zum Nisten eine geräumige, dunkle Höhle; je nach Art sollte sich die Größe dieser Höhle irgendwo zwischen der einer großen Orange und der einer Schuhschachtel befinden, wobei der Eingang idealerweise gerade so groß sein sollte, dass die Königin sich hinein- und herauszwängen kann. In der Natur liegen die meisten Hummelnester unter dem Erdboden; nur wenige Arten wie die Ackerhummel bevorzugen einen Laubhaufen direkt an der Bodenoberfläche. Hummeln sind schlecht im Graben und können sich ihr Nest nicht selbst bauen, weshalb sie diese Aufgabe Mäusen, Ratten, Wühlmäusen, Kaninchen oder Menschen überlassen. In Wäldern, altem Weideland und unter Hecken muss es riesige Netze untereinander verbundener unterirdischer Tunnels und Kammern geben, die Generationen von grabenden Säugetieren angelegt haben; und genau die nutzen die meisten Hummeln. Auch in Gärten gehen sie in Tierbauten, aber sie sind opportunistisch genug, um auch verschiedene vom Menschen gemachte Höhlungen anzunehmen – zum Beispiel unter dem Straßen- oder Terrassenpflaster, in Hohlwänden, in die sie etwa über Belüftungsziegel gelangen, oder unter dem Holzboden von Gartenhäuschen. Hohlräume in alten Komposthaufen scheinen besonders attraktiv zu sein, vielleicht weil die beim Kompostieren entstehende Wärme es dort gemütlich macht. Eine Art, die Baumhummel (*Bombus hypnorum*), geht sehr gerne in Meisenkästen. Dass sie so erfolgreich ist, liegt vielleicht zum Teil daran, dass wir ihr ungewollt so viele Vogelkästen zum Nisten anbieten. Sehr häufig nistet die Baumhummel auch unter der Dachisolierung, in die sie durch irgendeinen Riss in der Traufe gelangt; unter meinem Dach habe ich in den meisten Jahren mindestens ein Nest.

Im Handel werden auch verschiedene Hummelnistkästen angeboten, aber nach jahrelangen Versuchen mit Dutzenden Modellen kann ich sagen, dass die meisten davon selten bis nie von Hummeln genutzt werden (wogegen sie, wenn sie als Assel-, Ohrwurm- oder Spinnenkästen vermarktet würden, jedes Qualitätsranking gewinnen würden). Die meisten dieser Kästen sehen aus wie hölzerne Meisenkästen: Sie sind quaderförmig, sollen auf dem Boden stehen, und in eine Seite wurde ein Eingangsloch gebohrt. Ein Eingang an einer glatten, vertikalen Wand macht allerdings den Zugang für die Königinnen der meisten Hummelarten schwierig; die landen in der Regel gerne kurz vor dem Loch und krabbeln zu Fuß hinein. Ideal ist also ein Loch in Bodennähe, was aber viele Modelle nicht haben. Wenn ein Kasten aus Nadelholz auf dem Boden steht, beginnt er zwangsläufig innerhalb weniger Jahre morsch zu werden, und das gewöhnlich lange bevor irgendeine Hummel Interesse dafür gezeigt hat – diese Kästen sind also meistens reine Geldverschwendung.

Zwei kommerzielle Produkte funktionieren sehr viel besser. Die Nisthilfen der deutschen Firma Schwegler bestehen aus Holzbeton, einem mehr oder weniger unzerstörbaren, atmungsaktiven Material (erhältlich bei NHBS, dem *Natural History Book Service:* siehe »Nützliche Adressen«). Unter dem Eingangsloch befindet sich ein Vorsprung, auf dem Hummeln landen können, was offenbar funktioniert. Die Kästen sind recht klobig, schwer und teuer, aber sie locken oft Hummeln zum Nisten, sofern geeignetes Nistmaterial zur Verfügung steht (siehe unten).

Das zweite ist ein hölzerner Nistkasten, ein Entwurf der Firma Nurturing Nature, die auf hochwertige Naturprodukte spezialisiert ist (siehe »Nützliche Adressen«). Hier liegt das Eingangsloch nicht in einer senkrechten, sondern in einer schrägen Wand, sodass die künftigen Bewohner leichter hereinkommen; außerdem gibt es eine raffinierte Eingangsklappe, die die Hummeln zu benutzen lernen, die aber das Eindringen der hummelschädigenden Wachsmotten verhindert.

Wenn Sie nicht viel Geld ausgeben möchten, um einen fertigen Nistkasten zu kaufen, können Sie ganz einfach auch Höhlen anlegen, in denen womöglich Hummeln nisten; ein paar Modelle stelle ich hier vor. Ich muss

Schwegler-Nisthilfe

allerdings dazusagen, dass sie in der Mehrzahl der Fälle nicht von Hummeln besiedelt werden; aber dann bieten sie häufig Wohnraum für andere Tiere, zum Beispiel Kröten, Wühlmäuse, Hausmäuse, Käfer und Spinnen, außerdem für die unvermeidlichen Asseln; irgendjemand wird Ihnen also Ihre Mühe danken. Probieren Sie gerne aus, was Ihnen einfällt – seien Sie kreativ! Nichts ist unmöglich, nutzen Sie alte Ziegel, Natursteine oder Holzblöcke.

Idealerweise sollte das Nest an einem geschützten Standort entlang eines »linearen Objekts« aufgestellt werden (an einer Hecke, Böschung, einer Mauer oder einem Zaun), denn dort sieht man Hummelköniginnen im Frühling am häufigsten nach einem Nistplatz suchen. Am einfachsten ist es, einen Hohlraum etwa von der Größe eines halb leeren Fußballs zu graben und ihn mit einer Terrassenfliese oder einer Sperrholzplatte abzudecken; an ein oder zwei Seiten sollte ein Spalt offen bleiben, damit die

Nurturing-Nature-Nisthilfe

Hummeln hinein- und hinauskönnen und für Belüftung gesorgt ist. Wenn Sie eine Terrasse haben, können Sie in einer ruhigen Ecke einfach ein oder zwei Steine anheben und darunter ein Loch ausheben. Ich hatte in solchen Nistkammern schon Helle und Dunkle Erdhummeln. Sehr wichtig für jede Nisthöhle ist jedenfalls eine gute Drainage. Meiden Sie Stellen, die bei einem Sommergewitter womöglich überflutet werden; daran scheitern viele Hummelnester. Ein trockener, gut entwässerter Standort mit guter Belüftung ist ideal, denn außer Überflutung droht Hummelnestern auch Schimmel, wenn sie zu feucht werden.

Einige Bücher empfehlen einen umgedrehten Ton-Blumentopf: Bedecken Sie das Abflussloch mit einem flachen Stein oder Ziegel und lassen Sie unten einen Spalt offen, damit die Bienen hinein- und herauskrabbeln können. Ich hatte mit dieser Methode noch keinen Erfolg – offenbar ist da viel Glück im Spiel –, aber es schadet ja nichts, es zu versuchen.

Einige Hummelarten bevorzugen eine Eingangsröhre – 18 Millimeter oder mehr im Durchmesser und 30 bis 50 Zentimeter lang. Wenn die Röhre sehr lang ist, macht das gar nichts: Ich habe einmal versucht, ein Nest von Dunklen Erdhummeln auszugraben, und bin dem gewundenen waagerechten Tunnel über etwa 8 Meter gefolgt, bis er unter einer Asphaltdecke verschwand. Wahrscheinlich bieten Nester am Ende einer langen Röhre mehr Schutz vor räuberischen Dachsen, die dicht an der Oberfläche gelegene Nester häufig aufgraben. Als künstliche Eingangsröhre für Ihre Nistkammer eignet sich ein Stück alter Gartenschlauch oder Rohr. Ein Nagel quer durch das Eingangsloch verhindert, dass große Schnecken die Röhre blockieren (das scheinen sie nämlich erstaunlich gerne zu tun, mir sind schon ganze Hummelkolonien eingegangen, weil sie von einer großen Nacktschnecke in ihrem Nest eingesperrt wurden). Kleine Drainagelöcher verhindern, dass sich in der Röhre Wasser staut. Neben der Standardversion des oberirdischen Hummelnistkastens baut Schwegler auch ein Modell, das zum Erdeinbau gedacht ist und über eine Eingangsröhre zugänglich ist; das habe ich allerdings noch nicht ausprobiert.

Egal, ob Ihr Nest ober- oder unterirdisch ist, es scheint etwas zu bringen, wenn Sie das Eingangsloch so natürlich wie möglich wirken lassen. Ein Schatten spendender Überhang aus einer Tonscherbe oder einem Ziegel scheint Königinnen auf Nestsuche anzuziehen; auch vor eindringendem Regen schützt er. George Pilkington von Nurturing Nature nutzt bei seinen Nistkästen ein kurzes Eingangsrohr, das er geschickt mit Moos besetzt und damit wie ein natürliches Loch in einer Moosbank aussehen lässt.

Egal, was für einen Nistkasten Sie bauen oder kaufen, entscheidend ist die Einstreu. Die größte Schwäche der meisten kommerziellen Hummelnistkästen ist, dass sie keine geeignete Befüllung mitliefern oder zumindest Empfehlungen, wie man sie selbst herstellen kann. Hummelköniginnen sind in diesen Dingen sehr wählerisch, und ohne ein gemütliches Bett rümpfen sie die Nase und verziehen sich. Heu, das manchmal bei kommerziellen Nistkästen mitgeliefert wird, bringt gar nichts. In der Natur nutzen Hummeln ein gemütliches altes Nest, das ein kleines Säugetier angelegt hat; meist besteht es aus einer behaglichen Kugel fein verwobener Grashalme, die mit Moos und Haaren ausgefüttert sind. Auch ein leeres, mit Federn gepolstertes Vogelnest tut es. Die Königin rückt das Material zurecht und formt es mithilfe ihrer borstigen Beine nach ihrem Geschmack um, aber wenn Sie ihr nicht das richtige Ausgangsmaterial anbieten, verschwenden Sie ihre und Ihre eigene Zeit.

Ein Mäuse- oder Vogelnest lässt sich perfekt durch Hamsterwatte (Kapok) ersetzen. Hervorragend ist auch Polsterwolle, die man im Internet kaufen kann; erst recht, wenn Sie sie zu einer gemütlichen, hohlen Kugel formen können wie beim Nest eines kleinen Säugetiers. Soll das Nistmaterial auf dem Boden platziert werden, legen Sie ein paar Zweige oder ein Gerüst aus Maschendraht unter, um es etwas zu erhöhen; damit wird es nicht so feucht.

Keine Einigkeit besteht in der Frage, ob man auch etwas Mäusedreck oder Material aus einem alten Mäuse- oder Wühlmausnest in die Einstreu geben sollte. Das Verhältnis zwischen Hummeln und kleinen Säugetieren ist noch nicht gut erforscht; Hummeln nutzen zwar deren unterirdische

Gänge und verlassene Nester, aber gleichzeitig sind viele kleine Säugetiere wie Waldmäuse wahrscheinlich Räuber von Hummeln und besonders von ihrer Brut. Lange wurde vermutet, Hummeln würden sich auf der Suche nach einem gemütlichen Nistplatz am Geruch von Mäusen oder Wühlmäusen oder dem ihres Kots oder ihres Urins orientieren. Haben Sie Zugang zur Streu eines Nagetiers, zum Beispiel aus einem Mäuse-, Springmaus- oder Hamsterkäfig, könnte es sich lohnen, etwas davon in Ihre Nisthöhle zu geben. Ich habe es mit Mäusestreu versucht, bisher aber ohne messbare Auswirkung. Alternativ könnte es helfen, Mäuse zur Überwinterung in Ihr Hummelnest zu locken, indem Sie dort Erdnussbutter auslegen. Da aber andererseits einige Säugetiere wahrscheinlich Räuber der Hummelbrut sind, könnten die Königinnen auch Orte, die vor sehr kurzer Zeit von ihnen bewohnt wurden, meiden. Vielleicht können sie den Unterschied zwischen einem verlassenen und einem aktuell bewohnten Mäusenest riechen? Bevorzugen sie den Geruch bestimmter Arten von Säugetiernestern? Wir wissen es nicht – jedenfalls ist da noch Spielraum für den eifrigen Liebhaber, mehr herauszufinden: darüber und über andere Aspekte der Frage, wie sich Hummelköniginnen am besten in künstliche Nester locken lassen.

SOLITÄRBIENEN

Die meisten der 565 deutschen Bienenarten leben solitär: Anders als Hummeln und Honigbienen baut eine weibliche Biene also ihr Nest ganz alleine. Sie hat keine Arbeiterinnen, und es gibt keine Königin. Angesichts der Vielzahl von Solitärbienenarten ist es vielleicht nicht verwunderlich, dass sie auch an vielen verschiedenen Stellen nisten. Die meisten – auch die große Gattung der Sandbienen (*Andrena*) – graben dazu Röhren in den Boden. Anders als Hummeln schaufeln sie froh und zufrieden ihre eigenen Löcher und hinterlassen dabei häufig ein ordentliches Häufchen Erde, an dem wir das Loch überhaupt erst erkennen. Einige bodennistenden

Bienen wie die Pförtner-Schmalbiene (*Lasioglossum malachurum*) graben am liebsten in vegetationsfreiem Boden, während andere wie die Rotpelzige Sandbiene gerne im Rasen nistet. Obwohl sie solitär leben, bauen viele bodennistende Bienen, zum Beispiel die Efeu-Seidenbiene, ihre Nester am liebsten dicht nebeneinander in Nest-»Aggregationen«; dabei ist unklar, ob sie sich in Gesellschaft sicherer fühlen, ob die jeweiligen Stellen sich besonders gut als Nistplatz eignen oder ob Nachkommen einfach nur ihrem eigenen Geburtsort treu bleiben.

Bodennistende Bienen zu fördern ist nicht gerade einfach. Ich habe mit vegetationsfreien Stellen experimentiert, aber sie werden selten besiedelt. Auf dem Land findet man bodennistende Bienen häufig am Rand von Fahrspuren, wo der Boden etwas komprimiert ist, aber das ist in einem Garten schwer nachzuahmen. Einige Bienenarten nisten am liebsten in sandigen Böden und können mit einem Sandhaufen angelockt werden (bei meinem Haus in Frankreich beherbergt ein vergessener Haufen Bausand jetzt viele Solitärbienen, außerdem Eier legende Mauereidechsen und Östliche Smaragdeidechsen).

In künstliche »Bienenhotels« lassen sich am einfachsten Mauerbienen und ihre Verwandten locken – also Arten, die natürlich in waagerechten Röhren nisten. In der Natur nutzen sie etwa Löcher, die Holz bohrende Insekten in Bäumen hinterlassen haben, die ausgehöhlten markhaltigen Stängel von Pflanzen wie Brombeeren, oder sie graben selbst in Kreidefelsen und Böschungen. In der modernen, sauber geputzten Welt haben sie wahrscheinlich Mühe, ausreichend natürliche Nistplätze zu finden, zum Beispiel weil zu wenig Totholz liegen bleibt und vor Ort verrotten beziehungsweise von grabenden Insekten konsumiert werden kann. Der weiche Mörtel in einer alten Backsteinmauer kommt bei einigen Mauerbienenarten sehr gut an, und die Mauern alter Häuser sind manchmal von großen Populationen besiedelt. Ganz langsam schwächen sie beim Graben ihrer winzigen Wohnungen den Mörtel, aber ich vermute, es würde Jahrhunderte dauern, bis sie ernsthaften Schaden anrichten.

Jedes Gartencenter verkauft heutzutage mindestens eine Sorte Bienenhotels für Solitärbienen, und im Internet werden sie zu Dutzenden angeboten. Einige funktionieren ganz gut, aber wie bei den Hummelnistkästen gibt es auch viel Ramsch, der dem menschlichen Auge gefallen soll, für Bienen aber wertlos ist. Viele bestehen aus Bündeln kurzer Bambusstöcke, die in eine Art Holzkasten oder -rohr gepackt wurden, oder aus Bohrlöchern in einem Holzklotz. Gegen beides ist nichts einzuwenden, nur mangelt es bei diesen Modellen leider oft am Detail. Häufig sind die Löcher viel zu groß: Bei Durchmessern von mehr als 12 Millimetern zeigen Bienen in der Regel kein Interesse, sie stehen eher auf hautenge Passformen. Viele Rohre sind so kurz, dass eine Biene jeweils nur sehr wenige Nachkommen darin unterbringen kann; idealerweise sollten die Rohre mindestens 10 Zentimeter lang sein. Bambusrohre sind oft an den Knoten blockiert und müssen aufgebohrt werden. Außerdem ist der Bambus häufig nicht sauber abgesägt, oder Bohrlöcher haben ausgefranste Ränder; so kommen Bienen schwer hinein und verletzen sich beim Vorbeikriechen womöglich die Flügel. Bei manchen kommerziellen Bienenhotels sind die Löcher auf der Rückseite nicht verschlossen, was wieder die meisten potenziellen Mieter abschreckt.

Angesichts all dieser Mängel spricht doch sehr viel dafür, sich sein Bienenhotel selbst zu bauen. Man braucht dazu nur einfache Werkzeuge, die Sie wahrscheinlich zu Hause haben, und ein Minimum an Basteltalent.

MODELL 1: BAMBUSROHRE

Beschaffen Sie sich Bambusrohre mit einem Innendurchmesser von 5 bis 10 Millimetern. Rostrote Mauerbienen (*Osmia bicornis*), häufig die eifrigsten Bewohner von Bienenhotels, scheinen Löcher von etwa 8 Millimeter Durchmesser zu bevorzugen; daran können Sie sich orientieren. Schneiden Sie den Bambus in gleich lange Stücke von 15 bis 30 Zentimeter Länge. Bohren Sie innen mit der richtigen Bohrergröße alle Hindernisse aus. Schneiden Sie ein Stück Plastik-Regenrohr zu, und zwar etwa 1 Zentimeter länger als die Bambusrohre, und verschließen Sie ein Ende mit Gewebeband. Stecken Sie die Bambusrohre so in das Regenrohr, dass es noch 1 Zentimeter übersteht (der kleine Überhang bietet einen gewissen Regenschutz). Befestigen Sie das Rohr waagerecht an einer Mauer, einem Zaun oder einem Pfosten, entweder mit einer Rohrschelle oder mit Draht, den Sie darumwickeln und mit einer Schraube an der Wand festmachen. Statt Regenrohr können Sie auch eine leere Konservendose nehmen, und statt oder neben Bambus eignen sich auch andere Hohlstängel von Pflanzen wie Schilf, Bärenklau oder *Leycesteria.* Wenn Sie weder ein Regenrohr noch eine Konservendose zur Hand haben, können Sie auch einfach mit einer dicken Schnur die Bambusrohre bündeln.

Am besten funktionieren Bienenhotels offenbar, wenn sie stabil an einer Mauer oder einem Zaun hängen, am besten in einer sonnigen Lage. Meiden Sie Bäume, weil sie dort oft von Ohrwürmern besiedelt werden, und wenn möglich auch Halbschatten, weil der Bienen abzuschrecken scheint. Weniger wichtig ist dagegen offenbar die Höhe: Bei mir hängen gut benutzte Bienenhotels irgendwo zwischen 30 Zentimetern und 3 Metern über dem Boden.

MODELL 2: LÖCHER IN HOLZKLOTZ

Einfacher geht es nicht. Nehmen Sie einfach einen nicht zu kleinen Holzklotz und bohren Sie waagerecht so viele Löcher hinein, wie Ihre Begeisterung hergibt. Wechseln Sie hin und wieder die Bohrergröße und machen Sie viele Löcher mit 8 Millimeter Durchmesser und ein paar mit 10, 6 und 4 Millimeter. Bohren Sie so tief, wie Ihr Bohrer und der Holzblock es hergeben (Achtung, nicht nach hinten durchbohren): Wenn Platz ist, krabbeln die Bienen gerne 30 Zentimeter tief oder noch weiter, und je tiefer das Loch ist, umso mehr Nachkommen passen hinein. Versuchen Sie die Löcher gut zu säubern, sodass keine Splitter oder andere Hindernisse hineinragen. Befestigen Sie den Holzblock wie oben an einer stabilen Aufhängung.

Sie können auch einfach Löcher in irgendeine Holzstruktur bohren,

Von oben nach unten:

(l) Mauerbiene und Goldwespe

(r) Bienenhotel aus Bambus

Bienenhotel, innen

Bienenhotel, belegt

die Sie bereits im Garten haben, zum Beispiel Zaunpfähle, einen toten Baum oder die Eckpfosten Ihres Gartenschuppens.

Übrigens brauchen die Löcher durchaus nicht rund zu sein: Sie können auch parallele Rillen in ein paar Bretter fräsen und diese dann zu einem Bündel zusammenbinden. Die rechteckigen oder quadratischen Löcher, die so entstehen, nehmen Bienen sehr gerne an.

Weniger langlebige, aber ebenfalls akzeptable Bienenwohnungen können Sie auch einfach mit einem Bleistift in ein Stück Steckschaum bohren, wie er für Blumengestecke verwendet wird. Mauerbienen nisten auch in Pappröhren oder Papierstrohhalmen, wenn sie wasserdicht gelagert sind. Ich habe auch schon Mauerbienen in Plastik- und Glasröhren nisten sehen, aber wegen der schlechten Belüftung sind die Larven vermutlich schimmelanfällig, sodass man davon wohl am besten absehen sollte.

Ein großes Plus von einigen gekauften Bienenhotels ist etwas komplizierter selbst nachzubauen: ein mit einer Klappe verschließbares Plexiglasfenster, durch das man beobachten kann, was in den Röhren vor sich geht. Das ist faszinierend und fesselt gerade auch Kinder. Bei Mauerbienen platziert die Mutter eine Portion hellgelben Pollen hinten in das Loch – gerade genug Futter für das einzelne Ei, das sie darauflegt; die Zelle wird dann mit einer Lehmwand verschlossen. Wenn diese erste Zelle fertig ist, fängt die Biene von vorne an, und am Ende hat sie eine saubere Reihe von Zellen, jede mit einem Ei beziehungsweise einer sich entwickelnden Larve. Wie bei den meisten Insekten schlüpfen die Männchen gerne vor den Weibchen, damit sie gut platziert sind, um sich die frisch geschlüpften jungen Weibchen zu schnappen und sich mit ihnen zu paaren; die Mutter legt also schlauerweise weibliche Eier hinten ins Rohr und männliche vornan. Merkwürdigerweise scheint es die Bienen kaum zu stören, wenn das Sichtfenster zu ihrem Nest geöffnet ist; auch im Tageslicht verrichten sie fleißig weiter ihre Geschäfte.

Anders als Honigbienen und Hummeln, die auf der Futtersuche von ihrem Nest aus kilometerweit fliegen können, bleiben Solitärbienen lieber in einem Umkreis von wenigen Hundert Metern; daher brauchen sie in der Nähe Trachtpflanzen und bei Mauerbienen Zugang zu Schlamm.

Wenn Sie Mauerbienen wirklich fördern wollen, können Sie in der Nähe des Hotels eine Pflanzschale mit feuchter, lehmiger Erde aufstellen oder ein Loch graben, damit sie leicht selbst an den feuchten Boden herankommen. Ich nehme dazu eine alte Schubkarre, in die ich Erde aus einem Maulwurfshaufen schaufele und mit etwas Wasser befeuchte. Die weiblichen Bienen sammeln fleißig Schlamm und rollen ihn zu einer Kugel, die sie mit den Mundwerkzeugen davontragen.

Außer Rostroten Mauerbienen lockt Ihr Hotel, wenn Sie Glück haben, vielleicht auch die etwas kleinere Stahlblaue Mauerbiene (*Osmia caerulescens*), die ihren Nesteingang mit einem dunklen, graugrünen Pflanzenmörtel aus zerkauten Blättern verschließt. Die meisten Mauerbienen sind zeitig im Frühling aktiv, aber im Lauf des Jahres können auch noch andere Solitärbienen und -wespen auftauchen. Kleinere Löcher ermutigen Maskenbienen (Arten der Gattung *Hylaeus*), die schlanken gelb-schwarzen Lehmwespen (*Eumeninae),* die ihre Nester mit Raupen bevorraten, oder die noch kleineren rot-schwarzen Grabwespen (*Sphecidae*), die gerne Blattläuse, winzige Fliegen oder Spinnen als Vorrat einlagern. Größere Löcher von etwa 9 oder 10 Millimetern Durchmesser bevorzugen Blattschneiderbienen; sie brauchen mehr Platz, weil sie ihre Höhle mit halbkreisförmigen Blattsegmenten auskleiden, die sie mit ihren Mundwerkzeugen ausschneiden und mit Seide verkleben.

Diese Bienen und Wespen können wiederum andere interessante Tiere anziehen, zum Beispiel Kuckucksbienen wie die Kegelbienen, die blitzschnell in die Nester von Blattschneiderbienen eindringen und dort Eier legen. Auch Schlupfwespen legen ihre Eier in oder auf die sich entwickelnden Bienenlarven, etwa die Schmalbauchwespenart *Gasteruption jaculator*; deren Weibchen bohrt sich mit ihrem Legebohrer, der länger ist als ihr ganzer Körper, durch den Lehmverschluss von Mauerbienen bis zu den armen Larven dahinter durch. Vielleicht erwischen Sie auch einmal die verblüffend schönen Goldwespen (*Chrysididae*), grün-lila schillernde Insekten, die sich in die Nester von Solitärbienen und -wespen schleichen, wo ihre Jungen sich am Futtervorrat und dem Nachwuchs des Wirtstiers bedienen. Einige dieser Tiere sind viel seltener als ihre Wirte, und dass sie unseren Bienen schaden, heißt für mich nicht, dass wir sie bekämpfen sollten.

Wenn Sie Spechte im Garten haben, sollten Sie auch überlegen, Ihr Bienenhotel vor ihnen zu schützen. Spechte ziehen Bambusrohre und Pappröhren aus der Verschalung und angeln mit ihrer langen Zunge die Larven heraus. Es ist sehr schwer, sie davon abzuhalten, denn sie sind erstaunlich kräftig; aber Kaninchen- oder Maschendraht vor dem Hotel kann helfen. Andererseits kann ich auch ganz gut mit ansehen, wenn ein paar Mauerbienen verzehrt werden, und freue mich, dass einige meiner bienenfreundlichen Blumen am Ende diese attraktiven Vögel ernähren. Ich habe überall im Garten diverse Bienenhotels, einige davon mit tiefen Bohrlöchern in schweren Eichenklötzen, sodass zumindest einige der Bienenlarven außer Reichweite der Spechte sind.

Obwohl die meisten Menschen einsehen, dass auch Spechte Futter brauchen und dass Goldwespen und Kegelbienen ihren Platz in der Natur verdienen, sind wir interessanterweise meist weniger großherzig, wenn es um Milben, Pilze und Bakterien geht, die ebenfalls unsere Bienen angreifen. So leiden Bienen etwa unter dem Befall vieler verschiedener Milben (das sind entfernte Spinnenverwandte), von denen manche so winzig sind, dass man sie mit bloßem Auge gar nicht erkennen kann. Unter dem Mikroskop finden die meisten Menschen diese gedrungenen Achtbeiner eher abstoßend. Am verbreitetsten sind bei Mauerbienen pollenfressende Milben, die sich als blinde Passagiere von den erwachsenen Bienen mitnehmen lassen und dann in die Pollenvorräte im Nest abspringen. Manchmal können Bienen am ganzen Körper mit Tausenden winzigen Milben stark infiziert sein und verbringen dann viel Zeit damit, sich zu »lausen«. Mich juckt es zwar schon beim Zusehen, aber die Milben ernähren sich nicht von der Biene und schaden ihr nicht direkt, außer durch das erhöhte Fluggewicht.

Hocken die Milben einmal im Pollenvorrat, beginnt ein Wettfressen zwischen Larve und Milben. Wenn es nicht zu viele Milben sind, geht der Großteil des Futters meist an die Larve, und sie wird groß genug, um sich erfolgreich verpuppen zu können. Bei einem schweren Milbenbefall oder wenn die Larve krank ist oder sich aus anderen Gründen nicht entwickelt, vermehren sich die Milben und füllen die Lehmkammer mit Tausenden Nachkommen. In einem Bienenhotel mit Sichtfenster kann man diese Zellen im Herbst erkennen – statt eines warmbraunen Kokons scheint die Zelle eine dichte Masse rosa-bräunlicher Sporen zu enthalten; lauter Milben in Ruhestellung, die geduldig auf die Gelegenheit warten, ein neues Mauerbienennest zu infizieren. Jede Biene, die im Frühling von weiter hinten in der Röhre schlüpft, muss durch diese Masse winziger Parasiten hindurch und wird unweigerlich selbst befallen – und der Zyklus geht weiter.

Einen Befall mit pollenfressenden Milben zu verhindern ist praktisch unmöglich. Die Milben springen bei der Paarung von Biene zu Biene, gehen auch auf Blüten und warten, bis eine andere Biene vorbeikommt – damit tragen die meisten Mauerbienen ein paar Milben mit sich herum. Ein großes Bienenhotel, das ein paar Jahre lang stehen bleibt, enthält unweigerlich viele Milben, und manchmal kann es so weit kommen, dass nur noch wenige Bienennachkommen überleben und die Bienenpopulation kollabiert.

Wenn Sie unbedingt Ihre Mauerbienenpopulation stärken und die Milben vertreiben wollen, brauchen Sie ein Bienenhotel, das sich im Winter auseinandernehmen und desinfizieren lässt. Bei Hotels aus Bambusrohren oder mit Löchern in Holzklötzen ist das nicht möglich, aber ein paar im Handel befindliche Modelle wie die von Nurturing Nature erlauben das, ebenso selbst gebaute Modelle aus zusammengebundenen Brettern mit herausgefrästen Rillen. Die kann man im Herbst oder Winter zerlegen und die Bienenkokons vorsichtig herausnehmen und bis zum Frühling an einem sicheren, kühlen und dunklen Ort aufbewahren. Das Hotel selbst kann man dann mit kochendem Wasser sterilisieren und vor Beginn des Frühlings wie neu wieder aufhängen.

Aufgrund solcher Probleme mit der Vermehrung von Milben und auch von Krankheiten ist es etwas umstritten, ob Bienenhotels für Bienen wirklich nützlich sind. Liefern sie dringend benötigten Nistraum und vergrößern damit die Bienenpopulationen, oder locken sie sie in überfüllte Wohnsilos, wo sie zu Krankheit und Parasitenbefall verdammt sind? Bis heute weiß das niemand, und weitere Forschung ist sicher notwendig. Bis dahin schätze ich, dass Bienenhotels mehr Gewinn als Schaden verursachen, besonders wenn man die erweiterte Artenvielfalt betrachtet und nicht nur die Mauerbienenpopulationen an sich. Ich mache lieber keine so gigantischen Bienenhotels, wie sie einem manchmal begegnen, und verteile mehrere kleine überall im Garten. Ein paar davon sind gekaufte, die habe ich geschenkt bekommen, aber die meisten habe ich einfach selbst gebastelt. Manchmal stapfe ich mit einem Akkubohrer durch den Garten und mache in jedem Stück Holz, das ich finden kann, ein paar neue Löcher. Mein größter Komposthaufen besteht aus mehreren alten Holzpaletten, in deren Eckpfosten ich Löcher gebohrt habe, außerdem in verschiedene herumliegende Holzklötze. Diese Strategie scheint zu funktionieren: Sie sind nicht alle ständig belegt, aber in meinem Garten gibt es ordentliche Populationen der verschiedensten Bienen, Wespen, Milben und wahrscheinlich auch Bienenkrankheiten, dazu ein paar fette Buntspechte – und genau so, finde ich, soll es sein.

KAPITEL 13

Nisthilfen für andere Bestäuber

Wie gesagt besteht die Welt der Bestäuber bei Weitem nicht nur aus Bienen – bei aller Liebe. Andere Bestäuber sind etwa Schwebfliegen, Schmetterlinge, Nachtfalter, Käfer und viele Sorten von Wespen, Mücken und Fransenflüglern. Man kann nicht allen Nistplätze bieten, und vielleicht braucht man das auch gar nicht zu versuchen. Als Bestäuber betätigen sich bei diesen Insekten die erwachsenen Tiere, mit verschiedenen Trachtpflanzen kann man sie also gut unterstützen. Die Übergangsstadien dieser Insekten dagegen, die Raupen, Larven, Maden oder Nymphen, fressen andere Dinge. Wenn Sie ein oder zwei ruhige Ecken haben, vielleicht etwas hohes Gras, einen kleinen Teich, und wenn Sie wenige oder gar keine Pestizide verwenden, finden normalerweise viele von ihnen in Ihrem Garten die Bedingungen vor, die sie brauchen.

SCHMETTERLINGE UND NACHTFALTER

Die Raupen von Schmetterlingen und Nachtfaltern sind bei ihrer Ernährung oft sehr wählerisch; häufig fressen sie höchstens wenige eng verwandte Pflanzenarten, und die weiblichen Schmetterlinge wählen zur Eiablage sehr sorgfältig die richtige Futterpflanze aus. Bekannt ist, dass viele unserer hübschesten Gartenschmetterlinge, etwa Pfauenauge und Kleiner Fuchs, ihre Eier auf Brennnesseln legen. Leider bevorzugen sie dafür of-

Wiesen-Schaumkraut

fenbar große Bestände in sonnigen Lagen; wenn Sie also Brennnesseln in Ihrem Garten tatsächlich fördern, werden Sie damit kaum Schmetterlinge locken, außer Sie haben Platz für sehr viele. Als glücklicher Besitzer eines ansehnlichen Brennnesselbestandes sollten Sie ihn Anfang Juni teilweise zurückschneiden, weil die Schmetterlinge ihre Eier gerne auf frische Jungtriebe legen, die im Hochsommer eher selten sind (aus dem Brennnesselschnitt kann man großartigen Flüssigdünger herstellen). Und selbst wenn Sie keine Schmetterlinge an Ihre Brennnesseln locken können, ist das kein Grund zur Verzweiflung; Brennnesseln sind auch Raupennahrung für etwa 30 Nachtfalterarten, darunter Schönheiten wie Messingeule, Brauner Bär und Achateule, und viele von ihnen begnügen sich auch mit kleineren Beständen. Junge Brennnesselspitzen sind außerdem für uns Menschen

Adela reaumurella

ein wunderbarer Spinatersatz – aber versuchen Sie bitte nicht, sie roh zu verspeisen.

Verlockender finden es wohl die meisten Gartenbesitzer, Klee und Hornklee anzubieten; mit etwas Glück locken die Eier legende Hauhechel-Bläulinge – das sind die mit den leuchtend blauen Flügeln beim Männchen, während die Weibchen braun mit orangefarbenen Flecken sind. Ein Kohlbeet zieht höchstwahrscheinlich Große und Kleine Kohlweißlinge an, ob es Ihnen recht ist oder nicht. Wiesen-Schaumkraut könnte Aurorafalter anlocken, meine liebsten Frühlingsschmetterlinge. Eine sonnige Wiesenfläche kann Große und Rotbraune Ochsenaugen, Braune Waldvögel und Dickkopffalter zur Brut ermuntern, weil ihre Raupen sich von Gräsern ernähren. Wenn Sie ein kleines Stück hohes Gras von einem Sommer bis zum nächsten stehen lassen können, bieten Sie diesen Schmetterlingen Gelegenheit, ihre Entwicklung voll zu durchlaufen, denn den Großteil des Jahres verbringen sie als Raupen auf dem Gras; damit schadet ihnen jedes Mähen, außer im Hochsommer, wenn die Falter fliegen.

In einem schattigen Garten mit großen Bäumen werden Sie kaum Wiesenfalter locken, aber wenn Sie ein Stück Gras stehen lassen, könnten Ihnen das womöglich Waldbrettspiele danken. Die adulten Männchen tragen an sonnigen Flecken oft Schlachten aus, bei denen sie spiralförmig immer weiter aufsteigen und Gott weiß wie Gewinner und Verlierer ausmachen. In einem Waldbestand kann es auch gut sein, dass Sie dem Faulbaum-Bläuling begegnen: Dessen Raupen fressen die Beeren von reifen Stechpalmen und Efeu. Wenn Sie Kreuzdorn pflanzen, bestehen gute Chancen, dass Zitronenfalter bei Ihnen einziehen.

Welche Schmetterlinge Sie in Ihren Garten locken können, hängt zum Teil davon ab, wie nah es zu einer Quellpopulation ist, aber mit ein klein wenig Mühe dürften Sie sogar in einem Stadtgarten mindestens ein halbes Dutzend Schmetterlingsarten zum Brüten bringen.

Auch von Nachtfaltern gibt es derart viele verschiedene Arten, dass fast jede heimische Pflanzenart in Ihrem Garten zwangsläufig den Raupen von mindestens einer oder zwei davon Futter liefert. Besonders nützlich sind heimische Büsche und Bäume: Eine schöne gemischte Hecke kann Hunderte Nachtfalterarten beherbergen. In einem großen Garten liefert schon eine einzige Eiche Nahrung für Dutzende verschiedene Sorten, vielleicht auch *Adela reaumurella*, einen kleinen tagaktiven, metallisch grünen Falter aus der Familie der Langhornmotten, dessen unglaublich lange, weiße Fühler vier Mal so lang sind wie sein Körper.

Einige bei Bestäubern beliebte Trachtpflanzen dienen gleichzeitig auch als Futterpflanze für Nachtfalterraupen. Mit dem bereits vielfach erwähnten Hornklee bekommen Sie außer Hauhechel-Bläulingen vielleicht auch Blutströpfchenraupen. Wenn Sie Glück haben, können Weidenröschen oder Fuchsien Nahrung für Mittlere Weinschwärmer bieten, deren Larven große falsche Augen besitzen, mit denen sie aussehen wie kleine braune

Schlangen. Mit etwas Jakobs-Kreuzkraut bekommen Sie sehr wahrscheinlich die schwarz-orange gestreiften Raupen des Jakobskrautbärs.

Trotz der Geheimnistuerei der Nachtfalter, wegen der Sie die meisten Arten, die in Ihrem Garten leben, womöglich nie zu Gesicht bekommen, ist es wirklich sinnvoll, ihnen Wohnraum zu bieten, weil ihre Raupen dringend als Nahrung für Wildvögel wie Kohlmeisen benötigt werden und die Falter Vögel und Fledermäuse ernähren.

SCHWEBFLIEGEN

Bis man Schwebfliegen ins Herz schließt, dauert es einige Zeit. Wie bei allen Fliegen sind ihre Nachkommen Maden: farblose, beinlose, sich windende Würmchen. Schwebfliegenlarven sind meistens mehr oder weniger durchsichtig, daher schimmern ihre inneren Organe durch – das ist bei keinem Organismus besonders attraktiv. Trotzdem sind diese Insekten

Schwebfliege

von riesiger wirtschaftlicher und biologischer Bedeutung, denn die Larven vieler Schwebfliegenarten sind gefräßige Räuber von Blattläusen. Auch ohne Gliedmaßen können sie behände auf Pflanzen klettern und sogar über die Blattunterseite kriechen, bis sie ihre Beute finden, die sie mit ihren hakenförmigen Mundwerkzeugen packen und aussaugen. Ein Angebot von Blumen, die adulte Schwebfliegen in Ihren Garten locken, möglichst in der Nähe Ihres Gemüsebeets, ist damit eine hervorragende, umweltfreundliche Methode zur Bekämpfung dieser Schädlinge.

Die Larven einiger anderer Schwebfliegensorten sind aquatisch, leben also in stehenden Pfützen oder in Mulmlöchern in Bäumen, wo sich zum Beispiel in einem morschen Baumstumpf oder in einer großen Astgabel Wasser und totes Laub ansammeln. Solche Stellen sind nicht mehr so häufig wie früher, weil wir unsere Landschaften gerne ordentlich herausputzen und alte, tote oder sterbende Bäume hinauswerfen. Zum Glück lassen sich leicht künstliche Bruthabitate für diese Tiere schaffen, wie Dr. Ellie Rotheray in ihrer Dissertation über Schwebfliegen an der Sussex University belegte. Die Annahmerate ihrer künstlichen »Schwebfliegen-Lagunen« ist sehr hoch.

Sie brauchen dazu nichts weiter als einen wasserdichten Behälter mit mindestens einem Liter Fassungsvermögen. Größe und Form sind wohl nicht besonders wichtig: Auch ein oben abgeschnittener Milchkarton tut es, obwohl der nach ein paar Jahren im Sonnenlicht in seine Einzelteile zu zerfallen droht. Aber auch eine alte Salatschüssel, ein ausrangierter Kochtopf oder ein Eimer aus dem Sandkasten funktionieren. Befüllen Sie den Behälter mit Grasschnitt oder Laub und stellen Sie ein paar Zweige hinein, sodass sie oben überstehen. Füllen Sie bis zum Rand Regenwasser ein, und stellen Sie das Ganze in eine ruhige Ecke des Gartens, wo es nicht aus Versehen umgestoßen wird.

Wenn Gras und Laub zu verrotten anfangen, vermehren sich in der Brühe Bakterien und andere Mikroorganismen, und der Geruch lockt adulte Fliegenweibchen zur Eiablage. In meinem Garten kommt normalerweise als Erstes die Große Sumpfschwebfliege (*Helophilus pendulus*); die Männchen hocken auf dem Teichrand oder auf den vorstehenden

Von oben nach unten:

(l) Schwebfliegenlarve

Rattenschwanzlarven

(l und r) Schwebfliegenlagunen

Zweigen und halten Ausschau nach eintreffenden Weibchen und der Aussicht auf schnellen Sex. Wenn das Wasser richtig zu stinken anfängt, was offenbar nur passiert, wenn viele frische grüne Blätter hinzugegeben werden, treffen verschiedene Mistbienen (*Eristalis*) ein. Wenn Sie Glück haben, entdecken Sie schon bald Cluster mit weißen, würstchenförmigen Eiern, die auf einem heraussstehenden Blatt oder Zweig direkt über der Wasseroberfläche hängen, und wenn Sie ganz genau hinsehen, finden Sie winzige bleiche Maden, kleiner als ein Stecknadelkopf, die direkt unter der Oberfläche treiben. Bei warmem Wetter wachsen diese Larven schnell, schmausen von der Bakteriensuppe im Wasser und werden zu fetten, gelblich braunen oder cremeweißen Maden, die man wegen ihrem langen, fadenartigen Schwanz gern als Rattenschwanzlarven bezeichnet.

Ellie hat versucht, sie auf den Namen »Langschwanzlarven« umzutaufen, was weniger abstoßend klingt. Der teleskopartige Schwanz kann viel länger als die übrige Körperlänge ausgefahren werden. Eigentlich ist es ein Luftrohr, ein Madenschnorchel, der nach oben gereckt wird, um lebenswichtigen Sauerstoff zu atmen, weil das stehende Wasser in Mulmlöchern davon normalerweise sehr wenig enthält. Dank des langen Schwanzes können die Larven ihre plumpen Körper ein gutes Stück unter der Oberfläche des trüben Gewässers halten, wo räuberische Vögel sie nicht so leicht finden. Diese Schwebfliegen können in einem Jahr mehrere Generationen durchlaufen, im Frühling und Sommer trifft man verschiedene Larvenstadien an, und einige überwintern als Larven im Wasser.

Wenn sie ausgewachsen sind, klettern die Larven an den Zweigen hinauf, die genau zu diesem Zweck ins Wasser gestellt wurden, und lassen sich auf den Boden fallen, wo sie sich in dunkelbraune Puppen verwandeln; der immer noch vorhandene lange Schwanz hat dann wahrscheinlich keine Funktion mehr. Die Puppen sind recht niedlich, weil sie außer dem Schwanz vorne auch noch ein Paar augenähnliche Strukturen aufweisen, sodass sie ein bisschen aussehen wie winzige Mäuse. Wenn Sie Ihre Lagune in eine Wanne voller totem Laub oder Holzhäckseln und mit Ablauflöchern am Boden aufstellen, werden die Larven sich gerne dort verpuppen, und die Kokons sind ganz einfach zu finden.

Im Moment wissen wir noch nicht viel darüber, welches organische Material am besten funktioniert oder welche Maße für Größe oder Tiefe der Lagunen optimal sind – es gibt also noch viel Spielraum zum Experimentieren. Es scheint wahrscheinlich, dass die verschiedenen Schwebfliegenarten in diesen Lagunen unterschiedliche Vorlieben haben, aber das wurde bisher nicht untersucht. Wenn Sie an einem großen Experiment zur Optimierung von Schwebfliegenlagunen teilnehmen wollen, um möglichst viele Schwebfliegen in Ihren Garten zu locken, informieren Sie sich beim Buzz Club (siehe »Nützliche Adressen«).

KAPITEL 14

Schädlingsbekämpfung

Leider reagieren viele Gärtner auf den Anblick von ein paar Blattläusen auf ihren Rosen oder von mampfenden Schmetterlingsraupen auf ihrem Kohl mit einem schnellen Griff zu einem giftigen »Insektenspray«. Meines Erachtens sind solche Pestizide viel zu leicht zugänglich, man kann sie ja online, in jedem Gartencenter oder Baumarkt und sogar in normalen Supermärkten kaufen. Einige dieser Produkte sind potente Gifte, und viele sind vermutlich oder erwiesenermaßen krebserregend; trotzdem werden sie einfach an jedermann verkauft, ohne nach Alter oder Erfahrung zu fragen, und bei der Anwendung wird oft wenig oder gar nicht auf die Anleitung geachtet und manchmal nicht einmal die einfachste Schutzkleidung wie Handschuhe getragen. Hersteller und Händler werden Ihnen erzählen, dass diese Chemikalien alle unbedenklich sind, aber vor 40 Jahren hieß es auch, DDT wäre unbedenklich, und vor Kürzerem waren Neonicotinoide für Bienen angeblich ganz harmlos – bis sich herausstellte, dass beide Behauptungen von der Wahrheit weit entfernt waren.

In einem Gartenumfeld sind chemische Pestizide absolut unnötig, und man sollte sie aus guten Gründen gänzlich meiden. Abgesehen von den Risiken für Sie und Ihre Familie: Wenn Sie extra Blumen gepflanzt haben, um Bestäuber anzulocken und zu ernähren, sollten Sie sie auf keinen Fall mit Chemikalien besprühen, die die herbeigelockten Insekten vergiften. Viele Gärtner, auch ich, setzen gar keine Pestizide mehr ein, und wie man sieht, schaffen wir es trotzdem noch, jede Menge Blumen und schmackhaftes Obst und Gemüse anzubauen.

Auch wenn Sie selbst keine Pestizide benutzen, sollten Sie aufpassen, wo Sie die Pflanzen für Ihren Garten kaufen, weil Sie sonst womöglich aus

Versehen Pflanzen heimbringen, die mit Pestiziden vollgepumpt wurden. 2016 führte meine Forschungsgruppe an der Sussex University ein Screening von Pollen- und Nektarpflanzen durch, die in Gartencentern als »bienenfreundlich« oder »perfekt für Bestäuber« verkauft wurden (nach dem Label der Royal Horticultural Society); wir stellten fest, dass sie fast alle einen Chemiecocktail enthielten, auch Insektizide mit Neonicotinoiden. Das kann man schwerlich »perfekt« nennen. Um sicherzugehen, dass Sie pestizidfreie Pflanzen bekommen, können Sie daher nur in Bio-Gärtnereien kaufen (einige mit Online-Vertrieb, siehe »Nützliche Adressen«), Ihre eigenen Pflanzen vermehren oder mit Ihren Freunden Pflanzen tauschen.

Um zu verstehen, wie Schädlinge sich ohne Chemikalien in Schach halten lassen, lohnt ein weiterer kurzer Exkurs in die Theorie der Ökologie. In natürlichen Ökosystemen herrscht normalerweise eine Artenvielfalt mit Hunderten oder Tausenden Pflanzen-, Tier-, Pilz- und Bakterienarten, die gemeinsam komplexe Interaktionsnetzwerke bilden. Jede Blumenart wird vielleicht von Dutzenden verschiedenen Bestäubern besucht, von vielen verschiedenen Pflanzenfressern angeknabbert, und über ihre Wurzeln interagiert sie unterirdisch mit unzähligen Mikroorganismen, Pilzen und wirbellosen Tieren. Diverse Räuber wie Spinnen, Spitzmäuse, Zaunkönige und Hundertfüßer machen Jagd auf Pflanzenfresser, Bestäuber und bodenbewohnende Organismen. Jede Art wird durch Konkurrenz und Räubertum dezimiert. Das Ökosystem befindet sich im Gleichgewicht, und obwohl die Anzahl der Arten mit der Zeit vielleicht schwankt, gibt es normalerweise weder wilde Fluktuationen noch verheerende Schädlingsausbrüche. Aus der jüngeren Forschung geht hervor, dass ein Interaktionsnetz umso stabiler ist, je mehr Organismen daran beteiligt sind; in der Ökologie spricht man dann von höherer Resilienz eines Systems.

Im Gegensatz zu natürlichen Systemen enthält eine große landwirtschaftliche Monokultur wie ein Weizenfeld nur sehr wenige verschiedene Organismen. Es gibt praktisch kein biologisches Netz, und daher ist das System äußerst instabil. Tritt ein Schädling auf, der sich gerne von Weizen ernährt (und das wird er unweigerlich), so findet er Unmengen seines Lieb-

Marienkäfer

lingsfutters vor, ohne dass natürliche Feinde in Sicht wären. Der Schädling vermehrt sich rasant, und im Nu ist das ganze Feld befallen. Vielleicht halten sich in den Hecken noch ein paar natürliche Feinde auf, aber bei großen Feldern sind sie nie genug, um sich schnell darin auszubreiten und den Schädling zu vernichten. Der Landwirt sieht dann oft kein anderes Mittel, als ein Pestizid auszubringen. Wir können daraus lernen und durch ein paar kleine Anpassungen unsere Gärtnermethode so planen, dass wir fast keine Schädlingsprobleme bekommen.

Zunächst einmal besitzt praktisch jeder Garten bereits ein komplexes biologisches Netz mit Hunderten verschiedenen Arten. Normalerweise ist die Artenvielfalt in Gärten sehr viel größer als auf landwirtschaftlichen Flächen, mit diversen Stauden, Gräsern, Büschen und vielleicht einem Teich und ein oder zwei Bäumen. Wenn Sie Pestizide meiden, ein paar Trachtpflanzen anbauen und eine kleine Wiese haben, bekommen Sie in Ihrem Garten wirklich Tausende Arten, darunter auch ein paar Schädlingsarten und zugleich ihre verschiedenen natürlichen Feinde. Vielleicht finden Sie ein paar Blattläuse auf Ihren Rosen oder Saubohnen, aber wenn Sie sie ignorieren, kommt früher oder später ein Marienkäfer, eine Florfliege, ein Weichkäfer oder eine Schwebfliegenlarve daher und frisst sie

Pestizide

auf. Im schlimmsten Fall haben Sie hinterher immer noch ein paar Blattläuse auf Ihren Rosen – ist das wirklich so eine Katastrophe? Greifen Sie nämlich zum Pestizid, können Sie sich für die nähere Zukunft auf sehr viel schlimmere Schädlingsprobleme gefasst machen, denn außer dem Schädling haben Sie dann auch seine natürlichen Feinde vernichtet, und es ist typisch für schädliche Insekten, dass ihre Populationen sich viel schneller erholen als die ihrer Feinde.

Wenn Sie Pflanzen in Ihrem Garten haben, die regelmäßig schwer von Schädlingen befallen werden, ist das ein sicheres Zeichen dafür, dass es der Pflanze nicht gut geht. Vielleicht versuchen Sie da einfach eine Pflanze anzubauen, die nicht zu Ihrem Boden oder Ihrem Klima passt; zum Beispiel wachsen manche Pflanzen wie Blaubeeren nur auf sauren Böden. Wenn Sie versuchen, sie auf neutralen oder alkalischen Böden wachsen zu lassen, geraten sie unter Stress und werden anfällig für Schädlinge und Krankheiten. Sie könnten sie in Kübeln mit passender saurer Erde anbauen, oder Sie können einfach etwas anderes pflanzen, Blaue Heckenkirschen zum Beispiel, die ganz ähnlich schmecken, aber in Sachen Bodenqualität viel weniger heikel sind. Pflanzen auszusuchen, die unter Ihren Standortbedingungen gedeihen, ist die sicherste Methode für stressfreies Gärtnern, und das sowohl für Sie als auch für Ihre Pflanzen.

Im Gemüsegarten werden häufig Streifen mit bestimmten Pflanzen angelegt, also lauter kleine Monokulturen. Einige Gemüsesorten sind anfällig für Schädlingsbefall: Karotten für Karottenfliegen, Bohnen für Kriebelmücken, Zucchini und Kopfsalat für Nacktschnecken. Um den Schaden zu mindern, gibt es mehrere einfache Methoden:

a) *Fruchtwechsel.* Lassen Sie Ihr Gemüse von einem Jahr zum anderen immer rotieren, sodass eine Sorte idealerweise nicht öfter als alle vier Jahre auf demselben Boden steht – wenn möglich sogar noch seltener. Besonders wichtig ist das bei Schädlingen, die im Boden leben, etwa dem Kartoffelzystennematode, der sich sonst von Jahr zu Jahr aufbaut und schnell einen Punkt erreichen kann, an dem die Ernte komplett vernichtet wird.
b) *Wählen Sie resistente Sorten.* Wenn Sie wiederholt Probleme mit einem bestimmten Schädling auf einer bestimmten Pflanze haben, erkundigen Sie sich nach einer resistenten Sorte. So gibt es zum Beispiel ziemlich viele Karottensorten, etwa die treffend benannte Sorte »Flyaway«, die stark resistent gegen Karottenfliegen ist. Genauso gibt es Kartoffeln, die gegen bestimmte Schädlinge resistent sind: Eine meiner Lieblingssorten ist zum Beispiel die »Kestrel« mit einer hohen Schneckenresistenz.
c) *Locken Sie Nützlinge an.* Viele natürliche Feinde, etwa parasitische Wespen, Weichkäfer und Schwebfliegen, brauchen Nektar und/oder Pollen. Die winzigen parasitischen Wespen, die ihre Eier in Blattläuse legen, brauchen zum Beispiel selbst Pollennahrung, um ihre Eier überhaupt bilden zu können; dasselbe gilt für weibliche Schwebfliegen. Wenn Sie also die richtigen Blumen, etwa Studentenblumen oder Doldenblütler (*Apiaceae*), neben oder zwischen Ihr Gemüse setzen, lassen sich diese Räuber bestens dorthin locken, wo sie gebraucht werden. Dieser Ansatz wird sogar in der Landwirtschaft genutzt: In Neuseeland pflanzen viele Landwirte *Phacelia*-Streifen neben ihre Getreidefelder,

um räuberische Schwebfliegen anzulocken. Natürliche Feinde lassen sich auch durch geeignete Unterschlüpfe fördern. Ohrwürmer zum Beispiel sind gefräßige Blattlausräuber, besonders in Obstgärten, aber sie brauchen tagsüber sichere Verstecke, und eine mit Stroh ausgestopfte Stofftasche oder Konservendose, die an einem Ast hängt, ist dafür offenbar sehr geeignet.

d) *Mischkulturen und Begleitpflanzen.* Eine Anpflanzung von Gemüse nicht in Blöcken, sondern gemischt zum Beispiel in abwechselnden Reihen hilft offenbar, Schädlinge in ihrer Anzahl zu reduzieren. Die meisten Schädlingsinsekten sind auf nur eine oder auf wenige nah verwandte Gemüsesorten spezialisiert. Um ihre Wirtspflanze zu lokalisieren, nutzen sie deren typischen Geruch; eine Mischung mit stark riechenden Pflanzen erschwert das also. Besonders der scharfe Geruch

Begleitpflanzen

von Zwiebeln (und ihren Verwandten wie Lauch und Knoblauch), die zwischen Gemüse wie Karotten und Kohlarten gepflanzt werden, soll diese schützen; und da sich natürlich auch die Zwiebeln ernten lassen, wird kein Platz verschwendet. Auch die stark riechenden Laubblätter von Studentenblumen können Schädlinge verwirren oder vertreiben; ich setze sie zwischen meine Tomaten und stelle fest, dass sie Mottenschildläuse fernhalten. Auch Küchenkräuter wie Rosmarin, Thymian, Pfefferminze und Basilikum sollen ähnlich wirken, wobei ich sie nicht so effizient finde. Obwohl Mischkulturen seit Jahrhunderten praktiziert werden und Generationen erfahrener Gärtner darauf schwören, war sie bisher leider kaum einmal Gegenstand einer strikten wissenschaftlichen Evaluation. Besonders die Frage, welche Pflanzenkombinationen am besten funktionieren, wurde nie systematisch erforscht,

Kapuzinerkresse als Köderpflanze

und wir kennen weder das optimale Verhältnis von Nutz- und Begleitpflanze noch ihre beste räumliche Anordnung. Es gibt noch jede Menge Forschungsspielraum für Eigenversuch und Neuentdeckung.

e) *Köderpflanzen.* Einige Pflanzen sind für Schädlinge sehr attraktiv und locken sie von Ihrem Gemüse weg. Ich pflanze Kapuzinerkresse neben meine Sau- und Feuerbohnen, um Kriebelmücken fernzuhalten. Manchmal ist die Kapuzinerkresse übersät von ihnen und sieht ziemlich schlimm aus; man kann sie dann herausziehen und im Komposthaufen vergraben, aber ich lasse sie normalerweise als Futter für die vielen Nützlinge stehen.

f) *Mechanischer Schutz.* Einige Schädlinge lassen sich ganz leicht mit Netzen fernhalten. So können in der Tat die Raupen des Kleinen und Großen Kohlweißlings erheblichen Schaden an Kohl anrichten, aber die adulten weiblichen Falter lassen sich leicht durch ein Netz mit weniger als 2 Zentimeter großen Maschen stoppen. Viel kleiner sind Karottenfliegen, man braucht also ein feines Netz oder Gewebe; doch da sie immer tief über dem Boden fliegen, brauchen Sie Ihre Karotten nicht vollständig zu bedecken; ein 60 Zentimeter hoher Schutzzaun genügt.

Schnecken

Der problematischste Schädling sind für mich Nacktschnecken. Anders als die meisten Insektenschädlinge sind Schnecken keine Spezialisten: Sie vertilgen mit Vergnügen die meisten Gemüsesorten, wenn auch mit einer absoluten Vorliebe für Bohnen-, Kürbis- und Salatsämlinge. Außerdem sind sie fast überall, wenn auch schattige Gärten und Gärten auf schweren Lehmböden tendenziell noch schlimmer betroffen sind. Am liebsten würde ich ja sagen, wenn Sie sie in Ruhe lassen und einen gesunden, pestizidfreien Garten haben, werden die natürlichen Feinde schon mit ihnen fertig, aber meistens stimmt das leider nicht. Ich könnte nur wenig Gemüse anbauen, wenn ich nichts gegen Schnecken unternehmen würde. Es gibt jede Menge Schutzmaßnahmen, aber keine absolute Patentlösung:

a) *Bierfallen.* Versenken Sie einfach ein Gefäß wie einen Plastikbecher oder eine alte Konservendose im Boden und füllen Sie es mit einer 1:1-Mischung aus Bier und Wasser. Achten Sie darauf, dass noch ein Rand übersteht, denn bei ebenerdigem Rand besteht die Gefahr, dass Sie auch nützliche Tiere wie Laufkäfer ertränken. Ein Regenschutz – zum Beispiel ein alter Dachziegel – verhindert die Überflutung und dass das Bier bei starkem Regen herausgespült wird. Sicher ertrinken in Bierfallen einige Schnecken, auf die Gesamtpopulation wirkt sich das aber wohl nicht besonders stark aus.
b) *Einsammeln.* Wenn Sie wirklich motiviert sind, können Sie an feuchten Abenden mit der Taschenlampe losziehen und Schnecken zur »Entsorgung« sammeln (oder ihnen einfach mit einem scharfen Messer den Kopf abtrennen). Sehr angenehm ist diese Arbeit natürlich nicht, und die nötige Regelmäßigkeit übersteigt den Enthusiasmus der meisten Gärtner. Exekutieren Sie keine Tigerschnegel (*Limax maximus*: große graue Schnecken mit schwarzen, oft länglichen Flecken), denn die sind selbst nützliche Fressfeinde der schädlichen Nacktschnecken. Der größte Schneckenschädling ist in den meisten Gärten die Genetzte Ackerschnecke (*Deroceras reticulatum*), eine mittelgroße, blassgrau

fleckige Nacktschnecke mit milchiger Schleimspur: Auf sie sollten Sie Ihren Guillotinier-Eifer richten. Wenn Sie kein Fan davon sind, in dunklen Regennächten herumzukriechen, legen Sie zwischen dem Gemüse Kohlblätter oder leere Grapefruit-Hälften auf den Boden; darunter verkriechen sich die Schnecken, und Sie können sie bei Tageslicht herausholen.

c) *Ansiedelung von Fressfeinden.* Diverse Fressfeinde helfen Ihnen bei der Dezimierung von Schnecken. Blindschleichen lieben sie – sie sind eine der wenigen Arten, denen in Sachen Futter wirklich nichts über Schnecken geht –, aber leider habe ich keine Blindschleichen im Garten, und da sie heutzutage selten sind, Sie wahrscheinlich auch nicht. Wenn Sie ein Stück Wellblech in eine schattenfreie Ecke Ihres Gartens legen, werden Sie herausfinden, ob Sie zu den wenigen Glücklichen gehören,

denn an sonnigen Tagen wärmen Blindschleichen sich mit Vorliebe unter solchen Blechen auf; um sie zu fördern, können Sie aber kaum mehr tun außer dem allgemeinen Grundsatz, einen floristisch vielfältigen und pestizidfreien Garten zu haben.

Auch Igel verspeisen bekanntlich gerne Schnecken, aber wieder können Sie von Glück reden, wenn Sie einen im Garten haben. Wenn Sie Platz haben, empfehle ich, sich ein paar Enten zu halten: Ich habe einen kleinen Trupp Welsh-Harlequin- und Indische Laufenten, die fleißig Laub und Unterholz nach Schnecken durchsuchen, sie hinunterschlingen und in köstliche (und gar nicht schneckenschleimige) Enteneier verwandeln. Der einzige Nachteil von Enten ist, dass sie auch Frösche fressen, und Frösche (besonders junge) fressen selbst auch Schnecken. Für die meisten Gärtner dürfte es praktischer sein, mit einem kleinen Teich Frösche und Kröten zu fördern, als Enten zu halten.

Die wirksamsten Schneckenräuber in den meisten Gärten dürften Laufkäfer (*Carabidae*) sein: Die schwarz glänzenden, schnell laufenden, nachtaktiven Käfer sind immer bereit zu einem mitternächtlichen Schneckenschmaus, und fördern kann man sie mit einem Streifen hohem Gras neben dem Gemüsebeet. Diese Technik setzt sich auch in der Landwirtschaft durch, wo quer durch die Felder breite Grasstreifen als »beetle bank« (Käferbank) angelegt werden, die diesen nachtaktiven Käfern tagsüber Raum zum Verkriechen bieten.

d) *Schneckenbarrieren.* Um die Sämlinge herum Kaffeesatz, zerstoßene Eierschalen oder Asche auszustreuen ist meiner Erfahrung nach immer teils erfolgreich, doch bei richtigem Regenwetter überwinden die Schnecken sie irgendwie immer. Bei besonders beliebten Pflanzen sind Zäune aus Kupferdraht bei jedem Wetter einigermaßen wirksam, aber es ist schwer, auf diese Weise mit vertretbarem Aufwand viele Pflanzen zu schützen.

e) *Opferpflanzen.* Ich rate hier nicht dazu, ein paar Pflanzen den Göttern zu opfern, damit sie dafür Ihr Gemüse schützen, obwohl es einen Versuch ja vielleicht wert ist. Aber Sie könnten in der Nähe Ihres Gemüsebeets etwas anbauen, was Schnecken noch unwiderstehlicher finden als Ihre Kopfsalatsämlinge. So gilt etwa Römische Kamille (*Chamaemelum nobile*) als absoluter Magnet für Schnecken, aber sie mag durchlässige Böden, sodass ich sie gar nicht so lange am Leben halten kann, dass sie zum Schneckenfutter taugen würden.

f) *Biologisches Schneckenkorn.* Sein Wirkstoff ist Eisenphosphat, das angeblich viel weniger umweltschädlich ist als das Metaldehyd, das in konventionellem Schneckenkorn zum Einsatz kommt. Laut Versuchen der Royal Horticultural Society funktioniert es, aber nur wenige überzeugende Forschungsarbeiten attestieren ihm Unbedenklichkeit, weshalb ich es lieber meide.

g) *Fadenwürmer.* Meiner Erfahrung nach ist das die wirksamste und einfachste Form der Schneckenbekämpfung, wenn auch die teuerste. Unter den winzigen Fadenwürmern gibt es viele parasitische Arten, die im Darm des Menschen und anderer Tiere leben; andere Arten sind erhebliche Schädlinge von Nutzpflanzen, etwa der Kartoffelzystennematode. Eine Art, die unter dem unaussprechlichen Namen *Phasmarhabditis hermaphrodita* firmiert, ist als Parasit auf Schnecken spezialisiert und für die Schneckenbekämpfung im Handel erhältlich. Man kann Tütchen mit einem Pulver kaufen, das junge, mikroskopisch kleine Würmer enthält; das vermischt man mit Wasser und benetzt damit bei feuchtwarmem Wetter die Stelle, die man schützen will. Man kann diese Fadenwürmer im Versandhandel bestellen, aber ich finde es besser, sie im Gartencenter zu kaufen, weil sie vor dem Einsatz idealerweise gekühlt oder zumindest eher kühl gelagert werden sollten, und das ist in der Post nicht zu garantieren. Faszinierenderweise ist der Fadenwurm eng mit einer symbiotischen Bakterie assoziiert. Der junge Fadenwurm bohrt sich in seinen unglücklichen Wirt, infiziert ihn mit der Bakterie – getötet wird die Schnecke am Ende durch die Vermehrung der Bakterie. Der Fadenwurm schlägt sich in der Schnecke den Magen mit der Bakteriensuppe voll, und am Ende werden weitere Jungfadenwürmer gebildet, die auf der Suche nach einem neuen Wirt durch den Boden kriechen. So abstoßend das alles klingt, der Prozess ist doch recht wirksam und offenbar unbedenklich für alle anderen

Organismen. Der einzige Nachteil neben dem Preis ist, dass man das Ganze etwa alle sechs Wochen wiederholen muss, weil die Fadenwürmer dann anscheinend absterben.

Im Umgang mit Schädlingen sollte man immer im Kopf behalten, dass, was immer Sie tun, ein gewisser Schaden an Ihrem Gemüse unvermeidlich ist. Keine Methode (auch nicht der Pestizideinsatz) bietet hundertprozentigen Schädlingsschutz. Ein paar Schädlinge sind sogar nützlich, weil sie die Population der Fressfeinde ernähren; und ohnehin können viele Nutzpflanzen eine kleine Belastung auch ohne Ernteverlust verkraften. Obwohl meine Kapuzinerkresse sie weglocken soll, habe ich in den meisten Jahren doch auf ein paar Saubohnen Schwarze Bohnenläuse. So böse es auch aussehen mag, ich warte ab, und ein paar Wochen später rückt die Einsatztruppe an – in Form eines Schwarms räuberischer Insekten. Die Läuse werden vertilgt, die Pflanze erholt sich, und ich habe eine prima Ernte von pestizidfreien Bohnen. Die Räuber schwärmen dann in den Gemüsegarten aus und saugen sämtliche sonst aufzutreibenden Blattläuse aus. All diese Interaktionen zwischen den Pflanzenfressern (Schädlingen) und ihren Feinden sind Teil eines gesunden Garten-Ökosystems.

KAPITEL 15

Bezug von Pflanzen und Samen

WILDBLUMENSAMEN SELBST SAMMELN

Sie können Ihre Samen ganz einfach draußen in der Natur sammeln. Achten Sie darauf, dass die Samen wirklich reif sind: Normalerweise sind sie dann dunkelbraun oder schwarz und hart und lösen sich leicht vom Blütenkopf; unreife Samen dagegen sind blass, häufig cremefarben, weiß oder grün und weich. Natürlich dürfen Sie keine Samen von gefährdeten Pflanzen oder aus geschützten Flächen wie Naturschutzgebieten sammeln. Die meisten Wildblumen, die hier für Bestäuber empfohlen wurden, lassen sich aber mit ein bisschen Beharrlichkeit an Straßenböschungen, Fußwegen und Feldrändern finden. Sie brauchen keine Gewissensbisse zu haben (manche Leute haben die tatsächlich), wenn Sie ein paar Samen von relativ häufigen Blumen abnehmen. In der Natur sterben die allermeisten Samen ohnehin ab, denn es werden sehr viel mehr produziert, als überhaupt keimen könnten; es gibt also sehr große Spielräume für Naturgärtner. Direkt vor Ort Samen zu sammeln, ist nicht nur die billigste Lösung, sondern garantiert außerdem, dass die Arten, die Sie so anbauen, auf Ihrem Boden und in Ihrem Klima höchstwahrscheinlich wachsen. Sogar innerhalb von Pflanzenarten kann es übrigens lokale Rassen und Genotypen geben, die an die ganz speziellen lokalen Bedingungen angepasst sind. Wenn Sie Samen im Handel kaufen, kommen sie wahrscheinlich von weit her. Diese

Pflanzen gedeihen in Ihrer Gegend vielleicht gar nicht, und wenn doch, durchmischen sie Ihre lokale Rasse womöglich mit exotischen Genotypen.

Wenn nötig, können bei den meisten Arten die Samen ein oder mehrere Jahre halten, wenn sie gut getrocknet in geschlossenen Papiertüten oder Briefumschlägen an einem kühlen, trockenen Ort gelagert werden. Schlauerweise verstauen Sie sie in einer alten Keksdose, damit sie nicht von Mäusen weggefressen werden.

Die Lebensdauer von Samen ist von Art zu Art sehr unterschiedlich; Mohnsamen zum Beispiel bleiben über Jahrzehnte lebensfähig, während Pastinaken schon nach einem Jahr oft nicht mehr keimen. Da Informationen dazu für die meisten Wildblumenarten nicht sehr leicht zu finden sind, ist es grundsätzlich am sichersten, selbst gesammelte Samen sofort in Pflanzschalen auszusäen und sie im Frühbeet oder draußen zu überwintern. Viele Wildblumensamen keimen nur, wenn sie eine Kälteperiode erlebt haben; dann wissen sie, dass der Winter vorbei ist und der Frühling vor der Tür steht.

Natürlich werden Sie kaum Samen von allen Wildblumenarten sammeln können, die Sie anbauen möchten. Zum Glück ist eine gute Auswahl von Wildblumensamen bei Speziallieferanten im Angebot, und die meisten von ihnen verschicken Samen mitsamt einer Pflanzanleitung. Die Websites von einigen solchen Anbietern sind unten aufgelistet. Auch die meisten großen Gartencenter-Ketten verkaufen Wildblumensamen und Container mit Wildblumen, aber die Auswahl ist dort meistens recht begrenzt. Leider sind Gärtnereien mit Publikumsverkehr, die auf Wildblumen spezialisiert sind, selten und weit verstreut.

ONLINE-LIEFERANTEN FÜR WILDBLUMENSAMEN UND -PFLANZEN

Deutschland

Übersichten von Biopflanzenversand-Anbietern in Deutschland
https://www.oekolandbau.de/bio-im-alltag/bio-erleben/im-garten/bienenfreundlich-biogaertnern/
https://www.nabu.de/umwelt-und-ressourcen/oekologisch-leben/balkon-und-garten/trends-service/empfehlungen/00592.html

Firmen, die garantiertes Regionalsaatgut anbieten und versenden, sind unter anderem
https://www.rieger-hofmann.de/
https://www.saaten-zeller.de/

Weitere Anbieter sind:
https://www.gaissmayer.de/web/gaertnerei/
https://www.syringa-pflanzen.de/

Kunden sollten beim Kauf von heimischen Gehölzen auf die Regio-Zertifizierung achten. Hinweise zu den Zertifizierungssystemen gibt es hier:
https://www.bfn.de/themen/artenschutz/gefaehrdung-bewertung-management/gebietseigene-herkuenfte/gebietseigene-gehoelze.html

Großbritannien

Bee-Friendly Wild Flower Seeds
Attraktiv verpackte Bienen- und Schmetterlingspflanzen in Saatgutmischungen, ideal als Geschenk oder Give-aways für Hochzeiten.
http://beefriendlyseeds.com

Herbiseed
Internationales Unternehmen mit Farmbetrieben in Großbritannien und im Ausland, spezialisiert auf Anbau und Lieferung ungewöhnlicher und spezialisierter Wildblumensamen. Herbiseed bietet eine umfassende Artenauswahl sowie maßgeschneiderte Wiesenmischungen. Wahrscheinlich besser geeignet als Samenlieferant für große Wiesen-Restaurierungs-Projekte.
www.herbiseed.com

Organic Gardening Catalogue
Kleine Auswahl von Wildblumensamen und Wiesensaatgut, außerdem Obst- und Gemüsesamen und -pflanzen sowie eine kleine Auswahl an Obstbäumen, alles aus *biologischem* Anbau.
https://www.organiccatalogue.com/seeds/wild-flower-seeds/wild-flower-single-species/

rosybee: plants for bees
Wunderbarer Lieferant speziell für bienenfreundliche Pflanzen, mit sehr informativer und übersichtlicher Website, die auch die hauseigene Forschung zu den Pflanzenvorlieben verschiedener Bienensorten vorstellt. Alle Pflanzen sind garantiert *pestizidfrei* und auf torffreier Erde gewachsen, Sie können also mit gutem Gewissen einkaufen.
http://www.rosybee.com

ANBIETER FÜR OBSTBÄUME UND BEEREN

Deutschland

Eine große Auswahl an alten Baum- und Strauchsorten, die auch versendet werden, gibt es hier:
https://biobaumversand.de/
https://www.biogartenversand.de/

Großbritannien

Keepers Nursery
Grandiose Auswahl an über sechshundert Obstbaumsorten auf verschiedenen Unterlagen, außerdem Beeren, mit tüchtigem Lieferdienst.
Gallants Court, East Farleigh, Maidstone ME15 0LE
https://www.keepers-nursery.co.uk/

Walcot Organic Nursery Ltd
Einer der ganz seltenen Anbieter von Obstbäumen aus biologischem Anbau, mit 80 Apfel- und 30 Pflaumenarten, dazu weitere Obstbäume und Beeren. Sehr hilfsbereiter, freundlicher Service.
Walcot Lane, Drakes Broughton, Pershore, Worcestershire, WR10 2AL
https://walcotnursery.co.uk

Nützliche Adressen

GESELLSCHAFTEN, VEREINE UND PROJEKTE

Deutschland

Übersicht entomologischer Vereine und Gesellschaften in Deutschland:
http://entomologische-literatur.de/vereine/entomologische-vereine-und-gesellschaften-deutschland/
http://www.entomologie.de/vereine.htm

App Schmetterlinge für Deutschland
Seit 2019 existiert die App Schmetterlinge Deutschlands, die in der Zusammenarbeit des Bundesamtes für Naturschutz mit Naturkundemuseen in Baden-Württemberg und Sachsen entwickelt wurde. Die dahinterliegende Datenbank enthält bundesweite Funddaten.
https://www.schmetterlinge-d.de/

App Insektenwelt des Bund Naturschutz
https://www.nabu.de/tiere-und-pflanzen/aktionen-und-projekte/insektensommer/index.html

Bürger schaffen Wissen
Bürger schaffen Wissen ist eine Plattform für Citizen-Science-Projekte in Deutschland seit 2013.
https://www.buergerschaffenwissen.de/

Initiative Deutschland summt
Die Stiftung für Mensch und Umwelt setzt sich für die Erhaltung der natürlichen Ressourcen, insbesondere der biologischen Vielfalt, ein. Vor allem engagiert sie sich dafür, unterschiedliche Akteursgruppen für den Naturschutz zu begeistern.
https://www.deutschland-summt.de/home.html

Institut für Biodiversitätsinformationen e. V.
Themenschwerpunkt ist der Schutz von Wildbienen und allem, was mit ihnen in Verbindung steht: Blühflächen, Nistgelegenheiten, Seminare etc.
https://www.ifbi.net/

Naturschutzbund Deutschland e. V.
Bietet unter anderem ein Citizen-Science-Projekt, das Insekten in den Fokus rückt. Jeder kann mitmachen und Daten für die Artenvielfalt sammeln. Jedes Insekt zählt!
https://www.nabu.de/tiere-und-pflanzen/aktionen-und-projekte/insektensommer/index.html

Tagfaltermonitoring
Deutschlandweit ist das am Helmholtz Zentrum für Umweltforschung angesiedelte Tagfaltermonitoring das am längsten laufende Insekten-Erfassungs-Projekt, das in allen Bundesländern verankert und wissenschaftlich gut betreut ist.
https://www.ufz.de/tagfalter-monitoring/

Großbritannien

Amateur Entomologist's Society
Freizeitklub für Insekten-Fans jeden Alters, mit alljährlichem Insektenmarkt an der Pferderennbahn von Kempton Park bei London, mit einem Angebot von vielerlei Büchern, Ausrüstung, lebenden Insekten und vielem mehr. Die AES hat eine engagierte Jugendabteilung mit eigener Zeitschrift.
https://www.amentsoc.org/

Bees, Wasps and Ants Recording Society (BWARS)
Im Fokus dieses Vereins stehen die Hautflügler (*Hymenoptera*), mit dem Hauptziel, die Verteilung all unserer Bienen, Ameisen und Wespen zu kartieren – eine unabdingbare Arbeit, wenn wir ernsthafte Schutzstrategien für seltene Arten entwerfen wollen. Die Mitglieder sind gebeten, Berichte über Sichtungen bestimmter Arten einzusenden, die dann zur Erstellung landesweiter Landkarten benutzt werden. Halbjährlicher Newsletter und freier Zugang zu den Karten für Mitglieder.
http://www.bwars.com

Buglife
Ausgerichtet auf den Schutz der britischen Wirbellosen (Insekten, Spinnen, Schnecken usw.). Buglife beteiligt sich aktiv an der Schaffung von Lebensräumen für Insekten überall in Großbritannien und setzt sich lautstark gegen die übelsten Pestizide ein.
https://www.buglife.org.uk

Bumblebee Conservation Trust

Großartiger kleiner, gemeinnütziger Verein zur Schaffung von Lebensräumen für Hummeln und andere Bestäuber. Betreibt auch »Citizen Science«-Projekte wie »Beewalks«: Auf diesen Wanderungen werden wertvolle Daten zur Entwicklung von Hummelpopulationen gesammelt.

https://www.bumblebeeconservation.org/

Butterfly Conservation

Weltweit ältester gemeinnütziger Insektenschutzverein; Butterfly Conservation setzt sich großartig für Schmetterlinge und Nachtfalter ein.

https://butterfly-conservation.org/

Buzz Club

Wenn Sie der Wissenschaft helfen möchten, mehr über die Bestäuber in unseren Gärten zu erfahren, damit wir herausfinden können, wie wir ihnen am besten helfen können, treten Sie doch dem Buzz Club bei, einer landesweiten Organisation mit Sitz an der University of Sussex. Sie können bei jedem unserer verschiedenen Freizeit-Gartenexperimente mitmachen, etwas über wissenschaftliche Forschungsarbeit lernen und herausfinden, was alles in Ihrem Garten lebt. Zur Einführung bekommen Sie ein Infopaket mit Insektenbeschreibungen, Lupe und Wildblumensamen zum Eigenanbau. Es gibt einige Langzeit-Experimente, die, so hoffen wir, ewig weiterlaufen werden; andere sind punktuelle Experimente zur Klärung bestimmter Fragen, etwa welche organischen Substrate sich am besten für Schwebfliegen-Lagunen eignen oder welche Solitärbienenhotels am besten angenommen werden. Egal, wo Sie mitmachen, Sie bekommen immer einen regelmäßigen Newsletter, Feedback zu Ihren eigenen Ergebnissen und Einladungen zu neu aufgelegten Experimenten.

www.thebuzzclub.uk

Royal Society for the Protection of Birds

Trotz seiner Hauptausrichtung auf Vögel hat der RSPB seine Aktivitäten in letzter Zeit auf alle wild lebenden Tiere ausgeweitet. Die große, mächtige Organisation managt in Großbritannien aktuell über einhundert Naturreservate.

https://www.rspb.org.uk/

Wildlife Trusts

Jedes County, jede Region hat ihren eigenen Naturschutzbund. Über sie managen die Wildlife Trusts etwa 2300 Naturreservate von entlegenen Wäldern bis hin zu städtischen Naturgärten. Die Wildlife Trusts verfügen über ein ausgedehntes Netzwerk von ehrenamtlichen Helfern und tun viel dafür, Kinder für die Natur zu begeistern. Kontakt zu Ihrem Ortsverein ist online leicht zu finden.

AUSSTATTUNG UND BÜCHER

Naturschutzbund Deutschland e. V.
Anleitung, wie man Insektenhotels selber bauen kann.
https://www.nabu.de/umwelt-und-ressourcen/oekologisch-leben/mission-gruen/index.html

NHBS (Natural History Book Service)
Verkauft die hervorragenden Hummelnistkästen aus Holzbeton von Schwegler, auch die zum unterirdischen Erdeinbau; außerdem eine große Auswahl an Ausrüstung für Hobbyökologen, zum Beispiel Schmetterlingsnetze, Lichtfallen, Käfige zur Aufzucht von Insekten und so weiter. Wie der Name nahelegt, haben sie auch eine riesige Auswahl von naturkundlichen Büchern auf Lager.
https://www.nhbs.com

Nurturing Nature
Vertreibt exzellente Solitärbienenkästen mit Sichtfenstern, sorgfältig designte Hummelnistkästen, die wirklich funktionieren, Wurmfarmen und vieles mehr.
www.nurturing-nature.co.uk

Watkins & Doncaster
Großartige Auswahl für entomologische Ausrüstung, Bücher usw., darunter Schmetterlingsnetze (ideal zur genauen Untersuchung und Bestimmung von Hummeln).
www.watdon.com

BODENANALYSEN FÜR WIESEN-PROJEKTE

Um Ihren Boden analysieren zu lassen, müssen Sie zunächst etwa 500 Gramm Erde von der geplanten Wiesenfläche aufsammeln. Nehmen Sie mithilfe eines Spatens Erde aus der Schicht direkt unter der Oberfläche bis zu einer Tiefe von 15 Zentimetern, und das an fünf verschiedenen Stellen auf der Fläche; die fünf Proben vermischen Sie zu einer einzigen Sammelprobe. Verpacken Sie sie in einer verschlossenen, beschrifteten Plastiktüte. Mehrere Labore bieten Bodenanalysen für Proben, die Sie auf dem Postweg einsenden:

Deutschland

Bodenanalysen bieten z. B. der Raiffeisen-Laborservice und etliche Landwirtschaftliche Untersuchungs- und Forschungsanstalten (LUFA) an. Durchführen kann das an sich jedes Labor, das Bodenuntersuchungen macht, und das sind in Deutschland unzählige.
https://www.raiffeisen-laborservice.de/boden/gartenbau/bodenanalysen-gartenbau

Großbritannien

ELAB Ltd
Etwa 15 Pfund je Probe, aber mit einem Mindest-Rechnungswert von 60 Pfund – passend also nur, wenn Sie mehrere Proben testen lassen wollen.
The Environmental Lab Ltd, Unit A2, Windmill Rd, St Leonards-on-Sea, East Sussex, TN38 9BY. 01424 718618; sknight@elab-uk.co.uk
www.elab-uk.co.uk

Eurofins
Etwa 17 Pfund je Probe.
sales@eurofins.co.uk
http://agriculturaltesting.co.uk/samples/soil.html

NRM laboratories
Coopers Bridge, Braziers Lane, Bracknell, Berkshire, RG42 6NS
enquiries@nrm.uk.com
www.nrm.uk.com

Leseempfehlungen

Amiet, F. und Krebs, A., *Bienen Mitteleuropas – Gattungen, Lebensweise, Beobachtung* (Haupt Verlag, 2019).

Gokcezade, J.F., Gereben-Krenn, B.-A. und Neumayer, J., *Feldbestimmungsschlüssel für die Hummeln Deutschlands, Österreichs und der Schweiz* (Quelle & Meyer, 2017).

Scheuchl, Erwin & Wolfgang Willner, *Taschenlexikon der Wildbienen Mitteleuropas. Alle Arten im Porträt* (Quelle & Meyer, 2016).

Weitere Informationen über Bestäuber und Naturgärtnern finden Sie in folgenden Büchern:

Benton, T., *Bumblebees* (Harper Collins New Naturalist, 2006). Hervorragende, detaillierte Darstellung aller britischen Hummelarten einschließlich der Bestimmung und der bisher genauesten Beschreibung ihrer Ökologie.

Edwards, M. und Jenner, M., *A Field Guide to the Bumblebees of Great Britain & Ireland* (Ocelli, 2005). Sehr nützliche Bestimmungshilfe auf der Grundlage von Farbfotografien und einer einfachen Farbtafel.

Else, G. R. und Edwards, M., *Handbook of the Bees of the British Isles* (Ray Society Monographs). Teures zweibändiges Werk, das ultimative Buch über britische Bienen für den sehr eifrigen Enthusiasten.

Falk, S., *Field Guide to the Bees of Great Britain & Ireland* (Bloomsbury, 2015). Hervorragender Führer für die Bienen Großbritanniens, hübsch illustriert.

Goulson, D., *Bumblebees; their behaviour, ecology and conservation* (Oxford University Press, 2010). Detaillierte Übersicht zur Ökologie der Hummeln weltweit. Enthält keinen Bestimmungsschlüssel.

ders., *Und sie fliegt doch: eine kurze Geschichte der Hummel* (Ü Sabine Hübner, Hanser, 2014). *Sunday Times*-Bestseller über das Leben der Hummeln.

ders., *Wenn der Nagekäfer zweimal klopft = Das Summen in der Wiese* (Ü Sabine Hübner, Hanser, 2016/Ullstein, 2018). Populäres Sachbuch über das wunderbare Leben der Insekten.

ders., *Wildlife Gardening: die Kunst, im eigenen Garten die Welt zu retten* (Ü Elsbeth Ranke, Hanser, 2019). Beschreibt das enge Netzwerk faszinierender kleiner Tiere in unseren Gärten und Parks.

Kirk, W.D.J. und Howes, F. N., *Plants for Bees: A guide to the plants that benefit the bees of the British Isles* (International Bee Research Association, Cardiff, 2012).

Prys-Jones, O. E. und Corbet, S. A., *Bumblebees* (Richmond Publishing Co., 1991). Sehr nettes Büchlein über britische Hummeln, mit hübschen Zeichnungen aller britischen Arten und gutem Schlüssel.

Stubbs, A. E. und Falk, S. J., *British Hoverflies* (British Entomological & Natural History Society, 2002). Hervorragender Schwebfliegen-Führer mit hübschen Bildern.

Thompson, K., *The Book of Weeds* (Dorling Kindersley, 2009).

ders., *No Nettles Required: The Reassuring Truth about Wildlife Gardening* (Eden Project Books, 2007).

ders., *The Sceptical Gardener* (Icon, 2016).

Tolman, T. und Lewington, R., *Schmetterlinge Europas und Nordwestafrikas: alle Tagfalter, über 2000 Arten* (Ü Matthias Nuß, Kosmos, ^{2}2012).

Walker, J., *Digging Deep in the Garden,* Bd. 1 und 2 (Earth-friendly, 2015 und 2016).

ders., *How to Create an Ecogarden* (Aquamarine, 2011).

Waring, P., Townsend, M. und Lewington, R., *Field Guide to the Moths of Great Britain and Ireland* (Bloomsbury, ^{3}2018).

Register

B

F

G

H

I

J

K

N

O

P

T

V

W

Y

Z